北斗語言學刊

第十二辑

主编　乔全生
顾问　鲁国尧

创于1897 商務印書館 The Commercial Press

图书在版编目(CIP)数据

北斗语言学刊.第12辑/乔全生主编.—北京:商务印书馆,2024
ISBN 978-7-100-23301-9

Ⅰ.①北… Ⅱ.①乔… Ⅲ.①汉语—语言学—文集 Ⅳ.①H1-53

中国国家版本馆CIP数据核字(2024)第003796号

北斗语言学刊
第十二辑
乔全生 主编
鲁国尧 顾问

商务印书馆出版
(北京王府井大街36号 邮政编码100710)
商务印书馆发行
北京虎彩文化传播有限公司印刷
ISBN 978-7-100-23301-9

2024年1月第1版 开本787×1092 1/16
2024年1月北京第1次印刷 印张14½
定价:128.00元

陕西师范大学中国语言文学
“世界一流学科建设”支持计划资助

陕西师范大学优秀学术著作出版资助

刊　　名：北斗语言学刊
主办单位：陕西师范大学文学院/语言科学研究所
主　　编：乔全生
顾　　问：鲁国尧
编辑部主任：余跃龙
执行主编：王晓婷　辛睿龙

编辑部
地　　址：陕西省西安市长安区陕西师范大学文汇楼A段311
邮政编码：710119
电　　话：029-85318940
投稿邮箱：bdyyxk@sina.com
网　　址：http://www.lit.snnu.edu.cn
微信公众号：北斗语言学刊bdyyxk

目　　录

音韵研究

方言研究

文字研究

词汇研究

史 林

访 谈

· 音韵研究 ·

关于古见母字的音读

张振兴

（中国社会科学院语言研究所，北京 100732）

提　要：本文讨论闽语“个”字的读音，其用法不同，读音也不同，声韵调都会出现歧异。其实这是汉语方言里的一个很普遍的现象。所以在汉语方言里，古今语音的演变有一定的规律，但常常有例外。例外也反映规律。

关键词：方言；闽语；古声母；文读；白读

一

我的母语是福建漳平（永福）方言，属于闽语闽南话。常见的“个”字用法不同，读音也不一样。例如：

① 做量词，一个、两个等的“个”，音 kai^{21}，阴去调。

② 做助词，相当于北京话的“的”：许是我个（那是我的）；伊个安爹（他的父亲），音 kai^{22}，阳平调。

③ 做指示词，在名词前指示名、物：个人真好（这 / 那个人真好）；个物好食（这 / 那东西好吃），音 kai^{33}，变音调值。

“个”字古音是见母去声字，《广韵》去声箇韵古贺切，《集韵》去声箇韵居贺切。今读 k- 声母 -ai 韵，符合许多闽语方言果摄一等字白读音的古今语音演变规律。文献上这个“个”也作“介”。“介”《集韵》去声怪韵居拜切：“独也”，又去声箇韵居贺切：“《说文》竹枚也”，通“箇个個”。文献上“一个”也作“一介”。我们更需要注意的是，声调读法不一致，做量词读阴去是本调；做助词读阳平；做指示词读变音是语法性声调变异，这个在汉语方言里并不少见。闽南方言里“个”字的声调变异是常例，见下文。吴语里也常见这个现象。例如《江苏资源汇编》第十五卷 4 页，江苏吴语“个”字音很多地方有两个读音。做一般量词读去声，做助词等经常读作入声：

苏州	吴江	太仓	常熟	张家港	无锡	江阴	宜兴	丹阳
kəu44	kəu51	kəu523		kɤɯ224				kə31
kəʔ43	kəʔ13	gəʔ23	kəʔ5	kəʔ5	kəʔ5	kəʔ45	kəʔ4	kəʔ3

常州、金坛、启东等地都有类似情况。《汇编》同页还提到江淮官话洪巢片洪泽方言“个”字音，老年人读 kəɯ55，青年人两读：ko55、kəʔ4，跟吴语苏州等地相同。（钱乃荣，1992：974、975）“我的，你的，他的”的“的”，都读入声，分别写作“葛”“辩”“□”等，跟赵元任《现代吴语的研究》保持一致。这里“葛”“辩”“□”等也是“个”字来历的。

其实，“个”字分别去、入两读的语音现象也广见于南北各地的其他方言，包括一些有入声读法的官话方言。例如晋语“个”读入声是一个普遍现象。（黑维强，2016：98）绥德周边的蜜汁、子洲、清涧、吴堡、佳县、神木、府谷、榆林、延川、延安、志丹、子长、安塞等地有 kəʔ、kuəʔ，内蒙古的呼和浩特、集宁、二连浩特、包头、临河、东胜……，山西的沁县、襄垣、左权、屯留、大同、长治……，河北武安等地读 kəʔ……。这里大多数地方都是晋语方言。（支建刚，2020：257）“个”字音：修武 kɯʌ꜄、kəʔ꜆ 去声、入声两读；焦作 kʌʔ꜆，沁阳 kuʔ꜆，都读成入声。其实晋语“个”读入声是非常常见的读音现象，只是字形上都写作“圪”了，形成了晋语里大量的“圪”字词。“圪”字词很多就是“个”字词。又例如徽语，（曹志耘，2017：260）316 号“这个”，建德说“圪个”kəʔ^{2}kəʔ^5；“那个”建德说“末个”məʔ^{2}kəʔ^5；“这里”建德说“圪里”kəʔ^{2}li^{55}。其中“个”是 kəʔ^5，是入声，“圪个”“圪里”其实就是“个个”“个里”，跟永福方言一样也是表示指示，读成 kəʔ^2 是“个”的异读之一。根据黑维强（2016）研究，“个”在晋语等方言的入声读法，是“个”字上古入声读法在今方言的遗留，这是可以姑存一说的。

二

可是闽语里古见母字还有 k- 声母以外的其他读法。例如“个”字在厦门等地的闽南话里有文白异读：文读都读 k- 声母，白读读为 ø- 零声母或 g- 声母：

	厦门	同安	漳州	龙海	长泰	漳浦	东山	龙岩	霞浦三沙	霞浦沙埕
文读	ko^{21}	ko^{112}	kɔ^{53}	kɔ^{52}	keu^{53}	kɔ^{21}	ko^{33}	ko^{213}	ko^{21}	kɔʔ^{4}
			ko^{21}	ko^{41}	kɔ^{21}			kie^{11}		
白读	e^{24}	ge^{24}	ge^{13}	e^{312}	ge^{24}	gɛ^{412}	ge^{33}	kai^{213}	ge^{35}	ge^{24}

霞浦不在闽南境内，属于闽东北地区，境内三沙、沙埕说的也是闽南话，是闽南话方言岛。同属于闽南地区的平和和诏安两地的客家话，受闽南方言的影响，“个”字读音跟以上闽南话地点相同：

	平和客家	诏安客家
文读	kɔ^{35}	kɔuʔ^{23}
白读	kai^{31}	kai^{31}

以上这些方言“个”字的文读音都读 k- 声母，白读音多读 ø- 零声母或 g- 声母。闽南话里，古疑、影、喻母字一般读零声母，但前面经常带有舌根部位的摩擦成分，记音是通常以 g- 或 ŋ- 表示。所以在很多闽南话里，g- 声母和 ø- 声母经常可以看成等值。白读音的读法一般都被认为是“俗读”“俗音”，字形上经常写作“兮”，（北京大学中国语言文学系语言学教研室编，1995）记作方框“□”，认为无字可写。声调的读法各异，甚至有的读为入声，也是属于语法性的声调变异，参见上文。但 ø- 零声母或 g- 声母音读的声调都是阳平调，都是做助词的，跟漳平永福方言一致。

其实，见母字读 ø- 零声母，并不只见于“个”字。“夹夹子”字在闽南话里系统性形成文白异读，文读都是 k- 声母，白读都是 ø- 零声母或 g-（ŋ-）声母：

	石狮	惠安	永春	德化	云霄	龙岩	霞浦三沙	霞浦沙埕
文读	kiap^{5}				kiap^{5}	kiak^{5}	kiaʔ^{24}	
白读	giap^{5}	ŋep^{5}	ŋiap^{32}	ŋiap^{42}	giap^{5}	gie^{55}	ŋiaʔ^{5}	giat^{24}

另外，据（李荣主编，周长楫编纂，1998）记录，厦门锅类口语都是说［e^{55}］，阴平调，通常认为就是见母“锅”字的本音。其他闽语方言也有类似例证。例如：

	过过来		解解开		讲		紧	
	文	白	文	白	文	白	文	白
涵江	ko^{42}	kɒ^{42}、o^{42}						
莆田			kai^{453}	e^{11}				
尤溪					koŋ^{55}	ŋ^{55}		
漳平永福							kin^{31} 系紧	an^{22} 绑紧

见母字还可以读成擦音的 x- 或 h-。例如把东西系住，或系在身上，如“系围

裙”，这个动词性成分闽语都说“结”，漳平永福读 hat^{5}，海口读 xak^{55}，屯昌读 hat^{5}，万宁读 xak^{5}，琼海读 xat^{5}。

古见母字读 ø- 零声母，或读 x-（h-）声母，也常见于闽语的闽北地区方言。如闽北地区“高、狗、肝、橘”四字在建瓯等地的读法：

	建瓯	政和	建阳	武夷山	浦城石陂	南平夏道
高效开一平豪见	au^{21}	xo^{53}	au^{51}	au^{51}	$ɦɔ^{42}$	
狗流开一上侯见	e^{21}	xu^{213}	$əu^{21}$	u^{31}	$ɦu^{21}$	au^{33}
肝山开一平寒见	$xuiŋ^{54}$	$xueiŋ^{53}$	$xueiŋ^{51}$	$xuaiŋ^{51}$	$xuaiŋ^{53}$	
橘臻合三入术见	xi^{24}	xi^{24}	xi^{35}	xi^{35}	xi^{24}	

这种现象还见于闽中地区的方言。如“狗”字在永安等地的读音：

	永安	沙县	三明
文读	$kø^{21}$	kau^{21}	
白读	$ø^{21}$	au^{21}	$œ^{31}$

甚至还累及跟见母有关联的古群母、匣母字。如群母字“跪”，浦城石陂读 gy^{35}；匣母字“厚”，武夷山文读 $xiəu^{55}$、白读 $iəu^{22}$。

古见母字读 ø- 零声母，或读 x-（h-）声母，也见于闽语周边的其他方言，例如江西一些地方的赣语或客家话，不但见母字如此，甚至还涉及其他的见组字：①

	婺源	浮梁	都昌	修水	南丰	井冈山	玉山	永新
假	y^{22}	uei^{24}						
嫁	y^{53}	uei^{33}						
箍~桶			gu^{42}	$g^{h}u^{334}$				
去					u^{22}			
渠~道					u^{213}			
句						y^{33}	gye^{231}	
该			gai^{42}					
开			gai^{42}					
块						$uæ^{33}$		$uæ^{33}$
桂							gue^{231}	
看				$g^{h}œn^{24}$				

① 以下有的不是见母字，如“去”“渠”“开”“块”“看”。“箍”在南方方言多有读为溪母的表现，可能是韵书漏收。都昌、修水读浊音，应该是全浊与次清合流之后再浊化，这在鄱阳湖周边的方言并不罕见。表中“开”“看”可能都属于这种性质。

另外，余干“公”字在“虾～”一词里读成ŋ̍^{33}。

粤语方言里也常有见母字今读 ø- 零声母的现象。（李新魁等，1995：177）同音字表“勾钩动词”读 ŋɐu^{53}（上阴平调）；“钩名词”读 ŋɐu^{55}（下阴平调），跟“牛”ŋɐu^{11}（阳平调）、“偶耦藕”ŋɐu^{13}（阳上调）、“吽痴呆貌”ŋɐu^{22}（阳去调）的声母、韵母相同，类似于闽南话 g- 声母和 ø- 零声母与 g-（ŋ-）等值的道理。（李新魁等，1995：182）同音字表“锅”读 wɔ^{53}，同音的还有“窝、涡、蜗、倭”等字。（李新魁等，1995：209）古今对比，见母字通常读 k，kw，例外字是“酵侥”读 h，“锅会会计”读 w，“勾钩”读 ŋ。

三

以上方言例证说明，古声母在今方言的读法有一个大致趋势、大致对应规律，但不是绝对的。每一个古声母的今读存在多种可能。很多口语的字眼也可以成为规律的例外，所以例外经常验证规律。

闽语等方言“个”字的 ø- 零声母读音，有时也带来某种困惑。现在回到漳平永福方言的讨论。漳平永福方言禽畜的性别最常用通称字眼雄性是“公 ꜀kaŋ、牯 ꜂kou”，雌性是“母 ꜂bo”，例如：

	牛	猪	猫	狗	鸡	鸭
雄性	牛 ꜂kaŋ	猪 ꜀aŋ	猫公	狗公	鸡 ꜀aŋ	鸭公
	牛牯	猪牯	猫牯	狗牯	阉鸡牯	
雌性	牛母	猪母	猫母	狗母	鸡母	鸭母

漳平永福方言受到客家话的强烈影响。禽畜性别说“公、母”是随从闽语多数方言的说法。雄性说“牯”跟很多客家话一致。这都无需过多讨论。但以上雄性“牛、猪、鸡”的通称值得注意。公牛通称［꜂kaŋ］，阴上调，通常写作方言字“犺”或“犅”，叫牛犺或牛犅；猪、鸡通称［꜀aŋ］，阴平调，通常写作“翁”，叫猪翁、鸡翁。“犺”或“犅”不见于韵书，“翁”《广韵》平声东韵，乌红切，《集韵》乌公切，均注曰“老称”；闽南话早期韵书《增补汇音妙悟》见于第 11 字母“东”，注为“老者之称”。《辞源》三 2504 页义项 3 注为“泛指老年男子”，《辞海》上 676 页注为“男性老人”。这种词义注释，在闽语里随处可证，例如《现代汉语方言大词典》4 卷 3312 页：老年男子福州话说［uŋ55］，厦门话丈夫通称叫［aŋ55］，夫妻特指的说法叫“翁姐［aŋ55 tsia53］”，雷州闽语特指夫妻则叫“翁婆［aŋ24po11］”。但是

上面说到的几种韵书辞书所收“翁”下都不指称禽畜之雄性者。所以，根据上文论证，我们有理由说“牛 ᶜkaŋ”之［ᶜkaŋ］实为“牛公”之白读声调变异，以此区别于祖辈男性“阿公$_{\text{祖父}}$ ꜀koŋ”之文读读音。“猪 ꜀aŋ、鸡 ꜀aŋ”之［꜀aŋ］也是见母字“公”读为 ø- 零声母造成的。《方言》六：“凡尊老……周晋秦陇谓之公，或谓之翁。”《辞源》三 2504 页据此特别引《方言》“翁公通用”。梁刘孝胜《升天行》诗：“少翁俱仕汉，韩终苦入秦。”

又，关中一带方言东边、西边叫“东岸、西岸”。哈萨克斯坦的东干族，其实就是东岸族，是从东边来的。俄语翻译成 Дунгане，英文翻译成 Dungane，或 Tungani。《诗经·伐檀》：“坎坎伐檀兮，置之河之干兮”，干者，岸也。这是干、岸谐音相通的例子。“岸”古疑母字，关中一带方言今读 ø- 零声母。由此可证，见母字读 ø- 零声母早已有之。

参考文献

北京大学中国语言文学系语言学教研室编　1995　《汉语方言词汇》（第二版），语文出版社。

曹志耘　2017　《徽语严州方言研究》，北京语言大学出版社。

黑维强　2016　《绥德方言调查研究》，北京师范大学出版社。

李　荣主编，周长楫编纂　1998　《厦门方言词典》（第 2 版），江苏教育出版社。

李　荣主编　2002　《现代汉语方言大词典》（综合本），江苏教育出版社。

李新魁等　1995　《广州方言研究》，广东人民出版社。

钱乃荣　1992　《当代吴语研究》，上海教育出版社。

汪　平等执行主编　2015　《江苏语言资源资料汇编》，凤凰出版社。

赵元任　1956　《现代吴语的研究》，科学出版社。

支建刚　2020　《豫北晋语语音研究》，中西书局、上海辞书出版社。

从中古音到北京话汉语韵母在等呼方面的变化

胡安顺

（陕西师范大学文学院，西安，710062）

提　要：从中古到北京话，汉语韵母在等呼方面变化的主要趋向是：开口一、二等字多数仍读开口呼，开口三、四等字多数读齐齿呼。合口一、二、三等字多数仍读合口呼，合口四等字多数读撮口呼。一、四等韵的变化相对较小，二等韵的变化相对较大，三等韵的变化最大。一等韵的主要变化是开、合口各向相反的口呼转化。二等韵中的开口字逢见系音不少字变成了齐齿呼，另有部分字仍读开口呼或撮口呼。合口字除四等字外的变化不大。三等韵无论开、合今音都有开、齐、合、撮四读。

关键词：汉语中古韵母；北京话韵母；等呼；变化

本文旨在考察从中古到北京话汉语韵母在等呼方面的变化结果。文章所用材料取自丁声树、李荣先生的《古今字音对照手册》（以下简称《手册》），每个字在中古的音韵地位及今音一依《手册》，唯“东、鱼”二韵《手册》作开口，本文据《韵镜》《七音略》归入开口。《手册》所收汉字主要取自《广韵》，少数取自《集韵》，包括《补遗》部分，共6900余字。《补遗》所收字如正文已见，两者中古音义同而今音口呼不同，本文分别计入，如正文zòng音下有“糉$_1$”字，子宋切，注“牡豕”，《补遗》zèng音下亦收“糉$_2$”字，子宋切，注“牡豕”，本文在两个不同的今音下均收“糉”字。如果《补遗》所收字正文已见，两者中古音韵同且今音无别，本文只收所在正文者。例如《补遗》zài音下有“载”字，注“满载”，切语为“昨代切”，该字正文zài音下已收，注“装载”，切语为“作代切”。本文只收正文今音zài下的“载”字，略收《补遗》之“载”。另外，《手册》还收入了少数《广韵》《集韵》未收的字（如“咱”字）以及古、今义不相干的字（如“票”字，其字形《广韵》作“㶾”（在宵韵），释义为“火飞”，与今义“车票”无关。《手册》于今音 piào 下列有此字，注作“车票”①），这类字《手册》均未标中古音，无从与今音比较，故本文不作统计。本文用以统计的字共 6971 个，占《手册》收字的绝大多数。下文所谓《手册》共收每类字多少个，均对 6971 字而言。本文的统计结果举例如下②：

1. 中古开口一等韵在北京话中读开口呼的字举例：

a 大［泰］阿他它［歌］哪［哿］大那［箇］笪妲怛靼達砸擦撒薩剌獺闥撻捺［曷］紮［黠］辣落［鐸］搭答沓納衲颯卅趿鞁帀咂雜踏搨拉［合］褡厺剔塌溻塔榻邋遢臘蠟鑞［盍］

o 博搏薄$_1$薄$_2$③泊泊箔摸膜莫寞漠［鐸］墨默［德］

2. 中古开口一等韵在北京话中读合口呼的字举例：

uo 多拖他它陀駝跎紽酡沱馱鼉挪羅鑼籮蘿邏羅搓蹉鹺瘥嵯抄娑［歌］④舵左瑳我［哿］馱佐［箇］度踱託托侂柝橐拓魄籜擇諾洛落駱絡作昨鑿柞酢怍錯剒索鐸濼［鐸］

u 醭卜撲仆濮僕瀑曝木沐獨讀牘犢瀆櫝禿祿碌琭鹿漉麓簏轆鏃族簇蔟速穀轂谷哭斛槲縠彀屋［屋］母姆拇畝牡［厚］戊［候］幕［鐸］

3. 中古合口一等韵在北京话中读合口呼的字举例：

u 逋鋪蒲菩脯葡匍模都徒屠途塗圖荼盧爐鑪顱瀘蘆鱸壚纑鸕奴孥駑轤艫租粗徂殂蘇酥穌甦姑沽辜蛄箍孤觚枯刳骷呼軤虖謼滹胡鶘湖糊葫餬鬍醐瑚弧狐瓠壺乎蝴烏嗚污杇吳吾梧峿浯鼯蜈［模］補部簿譜圃普溥浦姥堵賭肚覩杜肚土吐努弩魯滷虜擄$_1$祖組估$_2$古估$_1$牯鹽羖股鼓瞽賈蠱苦虎滸琥户滬扈怙祜鄠五伍午仵塢$_1$櫓鹵［姥］哺捕布佈怖步埠鋪暮慕墓募妬蠹度渡鍍吐兔菟怒路賂露潞璐輅鷺醋素嗉訴愬塑溯故固錮雇顧庫褲戽互冱護瓠忤誤悟寤晤塢$_2$惡汙瓠［暮］餑督毒篤鵠梏酷嚳鵠［沃］突$_1$突$_2$

---

① 《集韵》笑韵收有“票”字，释义为“劲疾皃”。

② 例中的［ ］所括者为中古韵目，本文统计时所加。《手册》对取自《集韵》的字左上角加 * 表示，本文略去。《手册》对部分字加有注释，或释义、或释形，本文亦略去。例中标音为汉语拼音，取自《手册》。例中字均按照《广韵》206 韵的序次排列，全用繁体。

③ 《手册》将多数多音字分别排列，于字的右下角加不同数字表示，例如“薄$_1$”读去声，“薄$_2$”表示阳平。又如“浮$_1$”读 fú，“浮$_2$”读 fóu。还有少数多音字，《手册》只是分列，而未于字的右下角加 1、2 的标记，如赚字，今音有 zuàn、zhuàn 两音，《手册》分别排列而未加 1、2。对于这两种情况，本文均照例重复计之。

④ 中古韵目外加［ ］表示，《手册》本于《广韵》《集韵》中没有音韵地位的字加［ ］，于取自《集韵》的字左上角加 *，今均取消不加。其余标注形式包括字号及括号，一律保留原书的形式，下同。

揬凸腯卒捽$_2$猝骨汨窟矻忽惚核鹘笏兀杌扤［没］

4. 中古合口一等韵在北京话中读开口呼的字举例：

a 跋鈸魃茇［末］

ei 杯肧坯$_2$醅培陪赔裴梅枚媒煤莓脢禖玫雷擂［灰］倍蓓每浼餒蕾磊儡［賄］輩背（脊背）背（背弃）悖焙哱配佩珮妹昧内累酹擂類［隊］没［没］

5. 中古合口一等韵在北京话中读齐齿呼的字举例：

i 坯$_1$［灰］

6. 中古合口一等韵在北京话中读撮口呼的字举例：

ün 巽噀遜［慁］

一、从中古到北京话一等韵在等呼方面的变化

《手册》共收一等字 1915 个，其中开口字 1153 个，合口字 762 个。从中古到北京话，开、合一等韵在等呼方面的变化都较小。开口一等韵在北京话中只有开、合两读，其中开口读是主流。合口一等韵在北京话中基本上也是开、合两读，其中合口读是主流，此外有个别读齐、撮呼的现象。

1. 中古开口一等韵在北京话中的变化

《手册》共收中古开口一等字 1153 个。大多数在北京话中读开口呼，共 959 字，约占开口字总数的 83%。少数读合口呼，共 194 字，约占开口字总数的 17%。读齐、撮二呼的字未见。

（1）今音读开口者

开口一等韵今读开口的字遍及开口一等“歌、泰、咍、豪、侯、覃、谈、寒、痕、唐、登、东$_一$”12 韵及入声“合、盍、曷、没、铎、德”6 韵，声母涉及帮组、端系和见系音。

（2）今音读合口者

开口一等韵今读合口的字，主要来自“东$_一$、歌、侯”韵（举平以赅上去，下同）和入声“屋$_一$、铎”韵，声母涉及帮组、端系和见系音。其中“东”韵的多数字今音都变成了合口，读开口的是少数，如“篷、蓬”等唇音字。

2. 中古合口一等韵在北京话中的变化

《手册》共收中古合口一等字 762 个。大多数在北京话中读合口呼，共 599 字，约占合口字总数的 78.5%。少数读开口呼，共 159 字，约占合口字总数的 21%。读

齐、撮呼的字很少，属个别现象，总共只有4字，两项合计约占合口字总数的0.5%。

（1）今音读合口者

合口一等韵今读合口的字遍及合口一等“戈$_{一}$、模、泰、灰、桓、魂、唐、登、冬”9韵及入声“末、没、铎、德、沃”5韵，声母涉及帮组、端系和见系音。

（2）今音读开口者

合口一等韵今读开口的字主要来自“戈$_{一}$、灰、桓、魂”4韵和入声“末、没”韵，少数来自“模、冬”韵和入声“陌”韵；声母主要是帮组音以及泥、见、晓组音。

（3）今音读齐齿者

合口一等韵今读齐齿的字只有一个“坯”，属“灰”韵“滂”母。

（4）今音读撮口者

合口一等韵今读撮口的字有3个，均属“恩”韵“心”母。

二、从中古到北京话二等韵在等呼方面的变化

《手册》共收二等字800个，其中开口字687个，合口字113个。从中古到北京话，开口二等韵的变化很大，有开、齐、合、撮四读，其中开口读是主流，其次读齐齿的字也较多，合、撮二读的字数均较少。合口二等韵的变化则很小，绝大多数仍读合口，只有个别字读开口，齐、撮二读均未见。二等韵的变化主要体现在开口韵上，不少字变成了齐齿呼，另外有少数字变成了合、撮呼。

1. 中古开口二等韵在北京话中的变化

《手册》共收中古开口二等字687个，这些字今音读开、齐、合、撮的现象都有。其中读开口的者最多，共408字，约占开口总数的59%。读齐齿者也不少，共229字，约占开口总数的33%。读合口者较少，共38字，约占开口总数的6%。读撮口者最少，共12字，约占开口总数的2%。

（1）今音读开口者

开口二等韵今读开口的字遍及开口二等“麻$_{二}$、夬、皆、佳、肴、咸、衔、删、山、江、庚$_{二}$、耕”12韵及入声“洽、狎、辖、黠、觉、陌$_{二}$、麦”7韵，声母涉及到帮、知、庄、见、晓组音及泥母。

（2）今音读齐齿者

开口二等韵今读齐齿的字遍及除“夬”韵以外的11个开口二等韵及入声“辖、黠、洽、觉、帖、狎、麦”等韵，声母均属见系音。“夬”韵今音实际也有读齐齿

者，如“犗、褯”二字音 jiè，只是《手册》未收。

（3）今音读合口者

开口二等韵今读合口的字主要来自“江”韵和入声“觉”韵，少数字来自“肴、删、谏、陷”韵，声母大多数属知系音，个别字属帮组音。

（4）今音读撮口者

开口二等韵今读撮口的字均来自“觉”韵，声母均属见系音。

2. 中古合口二等韵在北京话中的变化

《手册》共收中古合口二等字 113 个，今音绝大多数读合口，共 110 字，约占合口总数的 97%。另外 3 字均读开口，约占合口总数的 3%。读齐、撮呼者未见。

（1）今音读合口者

合口二等韵今读合口的字遍及合口二等“麻、夬、皆、佳、删、山、庚$_{二}$、耕”8 韵及入声“辖、黠、陌$_{二}$、麦”4 韵，声母主要是见系音，有少数字是知、庄组音。

（2）今音读开口者

合口二等韵今读开口的字来自“删、庚$_{二}$”韵，声母属于见系音。

三、从中古到北京话三等韵在等呼方面的变化

中古三等韵的字数最多，《手册》所收的字也最多，共有 3603 个。其中开口字 2613 个，合口字 990 个。和一、二、四等韵相比，三等韵的变化最为复杂，无论是开口还是合口，北京话中都有开、齐、合、撮四读。在开口三等韵中，今读齐齿的字最多，是主流。在合口三等韵中，今读合口的字最多，是主流。三等韵变化的突出表现有二：一是变化复杂，今读四呼的字都有；二是向洪音转化的现象较多，即开口三等今读开口的字较多，合口三等今读合口的字较多。

1. 中古开口三等韵在北京话中的变化

《手册》共收中古开口三等字 2613 个。这些字在北京话中读开、齐、合、撮的现象都有。其中读齐齿的字最多，共有 1421 字，约占开口三等字总数的 54%。其次是读开口的字也较多，共有 859 字，约占开口三等字总数的 33%。读合口的字较少，共有 180 个，约占开口三等字总数的 7%。读撮口的字最少，共有 153 个，约占开口三等字总数的 6%。

（1）今音读开口者

开口三等韵今读开口的字分别来自“支、脂、之、祭、麻、宵、尤、仙、盐、

真、臻、侵、阳、清、蒸、东$_{三}$”及入声“薛、叶、质、栉、缉、药、昔、职、屋$_{三}$”等韵，声母主要是帮系、精组和知系音。开口三等字变为开口呼的原因主要有三：一是受精组和知系声母的影响，止摄字的韵母由舌面元音变成了舌尖元音 ï；二是止摄字受日母脱落的影响，韵母变成了 er 类韵；三是受帮、知系声母的影响，部分三等韵的原有韵头脱落。

（2）今音读齐齿者

开口三等韵今读齐齿的字遍及除“鱼、东$_{三}$”和“臻、栉”以外的所有开口三等韵，包括“支、脂、之、微、祭、废、戈$_{三}$、麻、宵、尤、幽、元、仙、盐、严、真、殷、侵、阳、庚$_{三}$、清、蒸”及入声“月、薛、叶、业、质、迄、缉、药、陌、昔、职、屋$_{三}$”，声母为帮组、泥组音和见系音。“栉”韵今音有读齐齿者，如“蟋”音 xī，《手册》只收在“质”韵，“臻”与“东$_{三}$”今音均无读齐齿者。

（3）今音读合口者

开口三等韵今读合口的字主要来自“鱼、尤、阳、东$_{三}$”和入声“药、缉、屋$_{三}$”等韵，声母主要是非组和知系音，少数字是明母、来母和见组音。

（4）今音读撮口者

开口三等韵今读撮口的字多数来自“鱼、东$_{三}$”入声“药、屋$_{三}$”韵，声母以见系音居多，其次是泥、精组音。

2. 中古合口三等韵在北京话中的变化

《手册》共收中古合口三等字 990 个。这些字在北京话中读开、齐、合、撮的现象都有。其中读合口的字最多，共有 490 字，约占合口三等字总数的 49%。其次是读撮口的字也较多，共有 333 字，约占合口三等字总数的 34%。读开口的字较少，共有 141 个，约占合口三等字总数的 14%。读齐齿者最少，仅有 26 个，约占合口三等字总数的 3%。按照开口三等韵今音多变为齐齿的结果推论，合口三等韵今读撮口的字应最多，但实际情况却是读合口的字最多。

（1）今音读合口者

合口三等韵今读合口的字不仅数量多，且来源广泛，除“戈、凡、清”和“乏、陌、职、昔”外，涉及到合口三等韵所有其他韵，包括“支、脂、祭、虞、废、微、谆、文、元、仙、阳、庚$_{三}$、钟”及入声“术、物、月、薛、药、烛”等，声母主要是非、精组和知系音，少数字是泥组和见系音。

（2）今音读开口者

合口三等韵今读开口的字来自“支、脂、微、元、凡、谆、文、阳、钟”和入声“乏、月、物”等韵，声母主要是非组音，少数字属于来母和章母。

（3）今音读齐齿者

合口三等韵今读齐齿的字来自“脂、微、谆、仙、庚、清”和入声“薛、昔”等韵，声母主要是见系音，少数字属于来母和微母。

（4）今音读撮口者

合口三等韵今读撮口的字分别来自“戈、虞、元、仙、真、谆、文、庚$_{三}$、清、钟”及入声“月、薛、术、物、迄、药、陌、职、烛”等韵，声母主要是精组音和见系音，个别字属于来母。与今读合口的字相比，读撮口者主要是没有知系音。

四、从中古到北京话四等韵在等呼方面的变化

中古四等字最少，《手册》所收的字也最少，共收653字。其中开口字599个，合口字54个。从中古到北京话，开口四等字的变化比较简单，绝大多数都读齐齿呼，读他呼的现象是个别的。合口四等字的变化相对复杂，有齐、合、撮三读，其中读撮口的字最多，是主流。四等韵的突出变化是，开口字几乎全变成了齐齿呼，合口字多数变成了撮口呼。

1. 中古开口四等韵在北京话中的变化

《手册》共收中古开口四等599个。这些字在北京话中绝大多数读齐齿呼，共595字，约占开口四等字总数的99%。读合口者未见。读开口者3字，读撮口者1字，两者合计不到开口四等字总数的1%。

（1）今音读开口者

开口四等韵今读开口的字只有3个，分别来自“齐”韵和入声“锡”韵，声母分属帮组音和溪母。

（2）今音读齐齿者

开口四等韵今读齐齿呼的字遍及开口四等“齐、萧、先、添、青”和入声“屑、帖、锡”韵，声母均为帮组、端系、见系音。

（3）今音读撮口者

开口四等韵今读齐齿的字只有一个“壻”字，属“霁”韵“心”母。

2. 中古合口四等韵在北京话中的变化

中古合口四等字本身较少，《手册》共收有54个。其中读撮口的字最多，共37字，约占合口四等字总数的68%。读齐齿的字共8个，约占合口四等字总数的15%。

读合口的字共9个，约占合口四等字总数的17%。读开口的字未见。

（1）今音读合口者

合口四等字今读合口的字均来自“齐”韵，声母均属见、晓组音。

（2）今音读齐齿者

合口四等字今读齐齿的字来自“齐、先、青”和入声“屑”韵，声母均属“见”系音。

（3）今音读撮口者

合口四等字今读撮口的字来自“先、青”和入声“屑、锡”韵，声母均属见系音。

结　论

从中古到北京话，汉语韵母在等呼方面变化的特点主要有以下几个方面：

1. 开口一等字多数读开口呼，合口一等字多数读合口呼。开口二等字多数读开口呼，合口二等字多数读合口呼。开口三等字多数读齐齿呼，合口三等字多数读合口呼。开口四等字多数读齐齿呼，合口四等字多数读撮口呼。

2. 一、四等韵的变化相对较小，二等韵的变化相对较大，三等韵的变化最大。

3. 一等韵的发展比较稳定，主要变化是开、合口各向相反的口呼转化，变为齐、撮呼的现象没有或极少。开口一等韵今读合口的字主要来自“东、歌”韵和入声“屋、铎”韵；合口一等韵今读开口的字多数来自“戈、灰、桓、魂”4韵和入声“末、没”韵。

4. 二等韵中的开口韵不够稳定，合口韵相对稳定。开口二等韵逢见系声母多数字变成了齐齿呼；另有少数字变成了撮口呼，均来自“觉”韵。开口二等韵今读合口的字主要来自“江”韵和入声“觉”韵。合口二等字绝大多数今音仍读合口。

5. 三等韵的发展最不稳定，无论开、合口今音都有开、齐、合、撮四读。开口三等韵今读齐齿的字最多；开口三等韵今读开口的字也较多，这主要是与之相拼的精组音和知系音所致。合口三等韵今读合口的字最多；合口三等韵今读撮口的字也较多，这主要是与之相拼的精组音和见系音较多。

6. 四等韵中的开口韵比较稳定，合口韵则不很稳定。

7. 非组音容易导致韵母开口化或合口化。开口三等韵今读开口、合口，合口三等韵今读合口、开口，声母都涉及到非组音。

8. 知系音容易导致韵母开口化或合口化。开口二等韵今读合口，开口三等韵今读开口、合口，合口三等韵今读合口、开口，声母都涉及到知系音。

9. 见系音（以母除外）是对韵母适应性最强的声母。开口一等韵今读开口、合口，合口一等韵今读合口、开口；开口二等韵今读开口、齐齿、撮口，合口二等韵今读合口、开口；开口三等韵今读齐齿、合口、撮口，合口三等韵今读合口、撮口、齐齿；开口四等韵今读齐齿，合口四等韵今读撮口、齐齿、合口，声母都涉及到见系音。唯开口二等韵今读合口、开口三等韵今读开口、合口三等韵今读开口的字未见有见系音。

10. 入声“觉”韵的变化很复杂。今音有读开、齐、合、撮四读，其中开、合口又各分好几类。开口：e（殼$_1$）、o（剥駁）、ao（剥雹）；齐齿：iao（角餃殼$_2$）；合口：uo（卓桌涿琢啄戳濁濯擢捉鐲朔槊數蒴握渥幄齷）、u（璞樸）；撮口：ué（覺角$_2$桷玨傕確愨搉嶽岳樂$_{音樂}$學）。

参考文献

（一）古籍

（宋）陈彭年、丘　雍等　1982 《宋本广韵》，中国书店。

（宋）丁　度等　1983 《集韵》，中国书店。

（二）现代论著、期刊

丁声树、李　荣　1981 《古今字音对照手册》，中华书局。

丁声树、李　荣　1981 《汉语音韵讲义》，《方言》第 4 期。

胡安顺　2003 《音韵学通论》（第 2 版），中华书局。

李　荣　1982 《音韵存稿》，商务印书馆。

王　力　2004 《汉语史稿》（第 2 版），中华书局。

据谐声系统性校《四声等子》效摄图疑难字二例*

王　曦[1]　李　鑫[2]

（1. 安徽大学语言学与汉语史研究中心，合肥，230039；
2. 安徽大学文学院，合肥，230039）

提　要：同一谐声系列的形声字在声、韵上都具有内在的一致性，利用谐声系统性可以为韵书韵图的校勘提供理校依据。从谐声系统性角度对《四声等子》第二图效摄外五的列字“爊”“鷕”进行考察，论证“爊”字形误，正确字形当为“熝”；“鷕”字小韵以母音为讹音，当以同小韵之“溔”替换。

关键词：形声字；谐声系统性；《四声等子》；疑难字；校勘

《四声等子》是宋元时期五种传世的切韵学著作之一，在宋元切韵学著作中颇具转型色彩。该书对明清等韵学影响深远，后世或据以制作新韵图，或依其体制阐明等韵理论。元代学者熊泽民赞其为“流传之正宗”（第1页）①，明代学者袁子让推崇其为“分母辨等，字学之神圣”（第145页下栏）。

我们积十数年之力，通过各种途径查访海内外藏书机构，得十七种不同版本，其中有善本多种，如广东省中山图书馆藏清咸丰九年（1859）番禺赵齐婴钞本、江

* 本文是教育部人文社会科学研究规划基金项目“《唐写本王仁昫刊谬补缺切韵》多音字研究”（编号：19YJA740055）、安徽省哲学社会科学规划一般项目“宋元切韵学视阈下《四声等子》综合研究”（编号：AHSKF2022D12）阶段性成果。本文在写作过程中，得到业师复旦大学刘晓南先生的悉心指导，安徽大学曾良教授、湖南师大郑贤章教授、浙江大学真大成教授、南京林业大学周阿根教授、南京图书馆赵彦梅副研究馆员、中国人民大学郑林啸副教授、安徽大学夏大兆副教授、广西大学龚元华副教授、哈尔滨工业大学肖祎科博士为本文热情提供资料和帮助，谨致谢忱！

① 《芋园丛书》1935年影明万历刊本收录有熊泽民《经史正音切韵指南·序》，文渊阁、文津阁《四库全书》本《经史正音切韵指南》皆不载熊泽民此序。

苏省南京图书馆藏清庞锺璐校本和八千卷楼钞本、国家图书馆藏清朱墨抄本、上海图书馆藏清钞本、日本静嘉堂藏皕宋楼抄本、吴文祺批校南方大学铅印本等。这些善本价值颇高，研究者多未提及。不过，颇为遗憾的是，我们目前搜集到的所有版本中没有早于乾隆四十六年（1781）抄成的文渊阁四库全书本。《四库全书总目》卷四十二载："《四声等子》一卷。浙江范懋柱家天一阁藏本。"（第 362 页下栏）然多方寻访，此本已不知下落。

我们在对《四声等子》韵图列字进行校勘时，利用诸本互勘，时有所得。但也碰到一些单纯凭版本对校解决不了的问题，试着依据谐声系统性展开理校。所谓谐声系统性，是指同一谐声系列的形声字的构形与读音之间具有相对稳定的关系，且这种关系具有较强的系统性。这一特征可为《四声等子》校勘从语言学角度提供理校依据。龙宇纯《唐写全本王仁昫刊谬补缺切韵校笺》就有据此校勘的精彩案例，如效摄影母於刀切"爊"字，龙先生校曰："爊字《切三》《王一》《王二》《集韵》并同。《广韵》字作（鏖）〔爊〕。案《广雅 · 释诂四》:（鏖）〔爊〕，煴也。曹宪音乌高反。字当是从麀为声，鹿、麀声绝异也。"（第 182 页）[①] 龙先生正是据"鹿、麀声绝异"并结合《广韵》《广雅》而确认"爊"为正体。不过，可能限于篇幅，龙先生没有对"鹿""麀"二声所异之处作进一步说明。

其实，形声字"以事为名，取譬相成"，"取譬"之声符是"形声字的结构中表示读音的部分"（辞海编辑委员会，2000：1528），形声字之音在造字之时与其声符之音当是相同或基本相同，在后来的发展中形声字与其声符虽然有可能分道扬镳，但二者的读音也必然存在能够用语音规律说明的内在联系。为了了解同一谐声系列的形声字在构形与读音之间的关系情况及其系统性，我们以《广韵》为基础，依据沈兼士《广韵声系》，参考《说文》和古文字学界研究的新成果，对《广韵》中的形声字逐一辨析，分析出形符和声符，并对声符逐层划分，分辨其谐声层级，建立了《广韵》多层级谐声数据库。排比各声符所谐之形声字，同一声符的形声字的读音在声、韵上确实都具有符合语音规律的内在联系。比如，排比"夫"声字，共得 22 字 24 音，具体如下：虞韵奉母防无切"扶""𢃷""芙""䟫""蚨""詄""枎""䳢""昳"、虞韵敷母芳无切"麸"、虞韵非母甫无切"趺""肤""邞""鈇""袂""帗""玞""鳺""扶""鈇""秩""袪""妋"、尤韵影母於求切"妋"。除尤韵影母之"妋"外，诸字皆为虞韵系轻唇音，在

① 引者案：《广韵》和《广雅 · 释诂四》之字龙先生文原作"鏖"，据文意及龙先生所引之书原文，皆当作"爊"。此盖涉下一条"鏖"字而误。今改正。

读音上表现得相当一致。至于尤韵影母於求切“妖”，杨宝忠《疑难字考释与研究》（2005：323、324）、赵英达《〈切韵〉系韵书校补》（2023：12、13）、孙磊《〈王三〉唇音字谐声研究》（2023：60、61）经考证认为该字当为“抉”之形讹，“抉”又因切语“污穴反”形讹为“污尤反”而误增新音尤韵影母音（具体论证见另文），故尤韵影母於求切“妖”不当纳入“夫”声谐声系列。

宋元五种切韵图中，《韵镜》《七音略》皆四十三图，入声只配阳声；《切韵指掌图》《四声等子》合并重韵得二十图，《经史正音切韵指南》合并重韵得二十四图，且皆以入声兼配阳声和阴声。《四声等子》第二图效摄外五一等平声影母位列有“爊”字，四等上声以母位列有“鷕”字。从形声字谐声系统性角度观察，“爊”字字形有问题，“鷕”小韵以母音为讹音。唐作藩《〈四声等子〉研究》、王曦《咫进斋丛书〈四声等子〉版本研究》曾对《四声等子》作过校勘，但均未涉及此二字。我们参照《广韵》多层级谐声数据库，并参考相关字韵书，根据谐声系统性对《四声等子》韵图中这两个疑难字进行考释，以求教于方家。

一、爊

《四声等子》第二图效摄外五一等平声影母位列“爊”字，诸本同。

按：此位当以作“爊”为是。“爊”字其实是“爊”字的形近讹字。

《广韵》豪韵影母於刀切下收有“爊”：“爊：埋物灰中令熟。”（第160页）不收“爊”。《宋本玉篇》火部：“爊：於刀切。温也。”（第392页）不收“爊”。《集韵》豪韵影母於刀切：“爊㶣：煨也。或作㶣。”（第190页）不收“爊”。《类篇》卷十中火部：“爊：於刀切。热也。”（第363页上栏）不收“爊”。这种类似互补的收录，充分说明，二形实为一字。只是其中有一个发生了变异。需要说明的是，《集韵》以“㶣”为“爊”异体，实误，二者只是同义，读音并不相同，并非异体。“㶣”，《说文》火部：“㶣：炮肉以微火温肉也。从火，衣声。”徐铉音：“乌痕切。”（第208页下栏）《广韵》《集韵》痕韵影母乌痕切下均收此字，释义同《说文》。沈兼士《汉魏注音中义同换读例发凡》指出：“汉人注音，不仅言同音通用，且以明异音同用。非如后世之反切之但识读音而已。通用者，义异而音通，即假借之一种，人习知之；同用者，辞异而义同；音虽各别，亦可换读。”（第311页）《集韵》在豪韵影母“爊”下以“㶣”为异体，其实是义同换读的结果。

《王一》《王二》《王三》豪韵影母於刀反下收录之字皆为“爊”，前引龙宇纯

《唐写全本王仁昫刊谬补缺切韵校笺》已指出“字当是从麀为声”。龙先生此说甚是，但未作进一步证明。今从谐声系统性角度加以证明，续貂其后。

通过排比《广韵》多层级谐声数据库中麃声和麀声所谐之字的读音，发现它们在读音确实有明显区别。今将《广韵》中麃声和麀声所谐之字罗列如下：

麃声（凡17字）

宵韵帮母甫娇切“穮鑣臕儦瀌藨藨”　　宵韵滂母抚招切“飆犥”

肴韵並母薄交切“麃”　　豪韵滂母普袍切“藨”

幽韵並母皮彪切“瀌”　　小韵滂母敷沼切“犥皫”

小韵帮母陂矫切“穮”　　小韵並母平表切“藨”

小韵滂母滂表切“麃”

麀声（凡3字）

豪韵影母於刀切“爊鏖”　　尤韵影母於求切“麀”

从上表可以看出，麃声字和麀声字在韵上皆属效摄为同类，“麀”读尤韵音亦与效摄诸韵关系密切。除“麀”单字上古在幽部外，其余诸字皆属宵部（郭锡良、雷瑭洵，2020：23、32—35）。《说文》鹿部：“麃：麞属。从鹿，票省声。”（第203页上栏）“票”为唇音帮母字，“麃”从“票”得声，例得读唇音。又鹿部：“麀：牝鹿也。从鹿、从牝省。䴦，或从幽声。”（第203页上栏）段玉裁以为“麀”初为牝鹿之特字，“按牝本从匕声，读扶死反，麀音葢本同。后人以鹿声呦呦改其音，并改其字作䴦声”。（第470页上栏）后世以“麀”记鹿鸣之音而读影母。故麃声字皆读唇音帮、滂、並母，麀声字则皆读喉音影母。二者划然有别。这就是龙宇纯先生指出的“麃、麀声绝异也”的真实内涵。因此，《四声等子》第一图效摄外五一等平声影母位“爊”字当校正为“爊”。

又，《说文》火部虽不收“爊 / 爊”字，但金部收有“鏖”：“鏖：温器也。一曰：金器。从金、麀声。”徐铉音：“於刀切。”（第295页上栏）“鏖”为温器，“爊”为“温也”，二者显然是同源关系。“鏖”从“麀”得声，则火部此字自然也当以从“麀”得声的“爊”为是。

《篆隶万象名义》是日本入唐求法僧人空海（774—835）依据南朝顾野王（519—581）《玉篇》撰写的，《新撰字镜》是日本僧人昌住于昌泰年间（898—901）用汉语写成的一部字书，因承中国字书《字镜》，故名《新撰字镜》。二书有收录。《篆隶万象名义》火部：“熝：於劳反。煴，熅。”（第211页）《新撰字镜》火部：“熝：於劳反。煴也，煨也。”（第52页）字形皆作“熝”。《龙龛手鉴》卷二火部平声："爊：正。""熝：今。乌刀反。埋物灰中令熟。二。"（第239页）释行均明确以"爊"为正体而以"熝"为今体。《篆隶万象名义》和《新撰字镜》都写作"熝"，盖唐时代表豪韵影母"温也"义的"熝"已颇流行。唐人张参《五经文字》、玄度《九经字样》皆不收"爊/爊/熝"字。

韵图是"将一个音系以音节为单位、按一定的顺序编排而形成的音节图表"（刘晓南，2023：42），图中每个字都代表一个音节。如果一个音节有多个同音字，任意一个同音字都可填入韵图相应位置并代表该音节。《广韵》豪韵影母音下共有"爊鏕"二字，它们皆可填在图韵中对应的效摄一等平声影母位代表该音节。检之中古诸韵图，此位《韵镜》作"鏕"，《七音略》作"爊"，《切韵指掌图》作"爊"，《经史正音切韵指南》作"爊"。龙宇纯《韵镜校注》、李新魁《韵镜校证》未出校，杨军《韵镜校笺（修订本）》于"鏕"字下指出："鏕，（元）作鑣，（正）作镳，其他各本亦作鏕，《七音略》列爊。"并加按语曰："本书作者盖后人据旁注之同音字而改，（元）（正）并误，当正。《七音略》所作则合于诸韵书。"（第544页）刘华江《〈韵镜〉考论》比较诸本后认为："疑《韵镜》原或作'爊'或'爊'，作'镳'或'鏕'者殆为抄刻过程中后人改。"（第235页）杨军《七音略校笺》亦于"爊"字下加按语曰："本书所作合于诸韵书，《韵镜》各本并误，当正。"（第367页）李红《切韵指掌图校注》认为："'爊'为《广韵》豪韵影母位小韵首字下收有'鏕'。列字以'爊'为佳，《指掌图》亦无误。"（第95页）从我们考察的结果看，李红的意见无疑是正确的。

二、鷕

《四声等子》第二图效摄外五四等上声喻母位列"鷕"字，诸本皆同。

按：此位之"鷕"从"唯"得声，不当有小韵以母音，盖韵书因误音而将此字误归于小韵以母下，韵图遂据韵书而将此字误植于此位。

《说文》鸟部："鷕：雌雉鸣也。从鸟，唯声。《诗》曰：有鷕雉鸣。"徐铉音："以沼切。"（第82页上栏）《说文》字头作左右结构的"鷕"，引《诗》则作上下结构的"鷕"，二字显然是异体。"有鷕雉鸣"为《诗·邶风·匏有苦叶》第二章第二句，《经典释文·毛诗音义上》："鷕：以小反。沈耀皎反。雌雉声。或一音户了反。《说文》以水反。《字林》于水反。"（第225页）《经典释文》引《说文》作"以水反"是正确的，其首音作"以小反"者，盖因切下字"水"形近而讹作了"小"。戴侗《六书故》卷十九"鷕"字条曰："上二句'濔'与'鷕'叶，下二句'盈'与

‘鸣’矜。陆氏读以沼切，非。”（第426页）顾炎武《音学五书·诗本音》进一步指出：“《说文》‘鷕’从‘鸟’‘唯’声，旧音以水反，传写讹为以小。”《唐韵正》亦持此说。（第67、336页）① 戴震《论韵书中字义答秦大司寇》指出：“有字虽不讹，本无其音，讹而成音。如：《诗》‘有弥济盈，有鷕雉鸣’，‘鷕’从‘唯’得声，与‘弥’为句中韵，下复举‘济盈’、‘雉鸣’，亦句中韵。旧音‘鷕’，以水反，（见《释文》）‘水’讹作‘小’，遂有‘以小反’之音。《广韵》于是收入三十小，改‘小’作‘沼’，并其所由致讹，几不可考。”（第3册第336页）段玉裁《说文解字注》亦于“鷕”下注：“以沼切。古音在十五部。《释文》引《说文》以水反，《字林》于水反，皆古音也。其云以小反者，字之讹，亦声之讹也。”（第156页下栏）清末法伟堂《法伟堂经典释文校记遗稿》于“鷕”下校曰：“‘鷕’字《说文》是也。《字林》匣纽尚不甚误，余皆讹音。”（第111页）前贤辨之明矣。需要特别说明的是，据简启贤《〈字林〉音注研究》，“《字林》的云母少部分字还留在匣母中，大部分云母字变成了新的声母，以母的少数字也加入了这个新的声母”（第92页）。《字林》“于水反”是《说文》“以水反”在吕忱语音中喻母三四等合流的结果，这也间接证明了《说文》“以水反”的正确。

今再略补形讹之证据及谐声理据如下。

从清人闵齐伋《重订六书通》中所收“小”字隶书字形、（第194页），以及Chinese Etymology字源网上所收“小”字隶书字形、② 看，“小”字确实容易被误读成“水”字。古籍中也确实有“水”“小”互讹的例子，如清代张文虎《校刊史记集解索隐正义札记》卷五“司马相如列传第五十七（史记卷一百一十七）”：“临坻，《正义》：小沚。〔三〇二〇·三〕讹‘水址’，依《尔雅》改。”（第683页）此是《史记正义》误“小”为“水”之例。又，《全唐诗》第六百四十卷曹唐《长安客舍叙（一作怀）邵陵旧宴寄永州萧使君五首》（其一）末二句：“今日却怀行乐处，两床丝竹水楼中。”“水”下注：“一作小。”（第19册第7344页）此是误“水”为“小”之例。

从谐声理据看，“鷕”也不可能读小韵音。《说文》口部：“唯：诺也。从口，隹声。”徐铉音：“以水切。”（第32页上栏）结合上文所引《说文》“鷕”的解释，可知“鷕”从“唯”得声，“唯”从“隹”得声。排比《广韵》多层级谐声数据库中隹声和唯声所谐之字的读音，“隹”声之字和“唯”声之字（小韵以母“鷕”除外）皆读脂、灰两韵系之音。具体如下：

---

① 本文草就时疏漏，未及细考。此二条承哈尔滨工业大学肖祎科博士告知，谨致谢忱！

② 此处资料引用自Chinese Etymology字源网（https：//hanziyuan.net/#%E5%B0%8F）。

隹声（凡 32 字）

脂韵合口以母以追切“惟琟唯”　　脂韵合口禅母视隹切“谁脽”

脂韵合口章母职追切“锥隹靡骓耷雛萑鵻”

脂韵合口澄母直追切“椎顀”　　脂韵合口昌母尺隹切“推”

灰韵合口定母杜回切“雇魋”　　灰韵合口端母都回切“堆崔”

灰韵合口透母他回切“蓷推”　　旨韵合口来母力轨切“蜼猚”

旨韵合口清母千水切“趡踓翟”　　旨韵合口以母以水切“唯踓”

賄韵合口定母徒猥切“陮”　　至韵合口以母以醉切“蜼”

队韵合口端母都队切“碓”

唯声（凡 5 字）

脂韵合口以母以追切“蓶”　　脂韵合口心母息遗切“虽”

脂韵合口精母醉绥切“嶉”　　旨韵合口以母以水切“蓶”

旨韵合口精母遵诔切“嶉”

由上列诸字读音可知，“隹”声之字和“唯”声之字皆只读脂韵系和灰韵系音，其上古则属微部。（郭锡良、雷瑭洵，2020：118—119）此亦证明“鷕”之小韵以母音之不可能。

又，陆德明《经典释文》以“以小反”为首音，盖南北朝时“鷕”字之音已讹，“以小反”之音广为流传，经师们遂不知《说文》正音“以水反”而用“以小反”之音读《诗》之“有鷕雉鸣”。《王一》《王三》据此讹音而将“鷕”列入小韵以母，反而旨韵合口以母“唯”小韵却不收“鷕”字（第 350—351、440 页）[①]。《广韵》小韵以母以沼切首字“鷕”下注又音“羊水切”，但旨韵合口以母“唯”小韵亦不收“鷕”字。《宋本玉篇》鸟部：“鷕：以沼切。雉鸣也。”（第 447 页）不收旨韵合口以母音。《集韵》凡四收，旨韵合口以母愈水切：“鷕：雉鸣。”筱韵匣母胡了切：“鷕：雉也。”筱韵影母伊鸟切：“鷕：雉鸣。”小韵以母以绍切：“鷕：《说文》：雌雉鸣也。引《诗》‘有鷕雉鸣’。或书作鷕。”（第 319、392、394 页）《集韵》四音皆秉承《经典释文》，唯因不能区分影母与喻母而误将《经典释文》引沈重的以母音“耀皎反”归在影母下了。后世字韵书亦多类此，不赘举。在现代编纂的大型辞书中，《汉语大词典》（1986：第 12 册 1158 页）、《汉语大字典》（2010：4965）、《古音汇纂》（2019：2632）均只收“鷕”的两个讹音：“（一）yǎo《广韵》以

---

① 本文所引《王一》《王二》《王三》的数据都逐一核对了原版彩图，徐朝东点校本《切韵汇校》汇集三书，有统一页码，便于称引。此处所标页码即为此书页码。

沼切，上小以。微部。”“(二)xiào《集韵》胡了切，上筱匣。”《故训汇纂》(2003：2607)则只收“鷕”的一个讹音：“yǎo《广韵》以沼切，上小以。微部。”(第2607页)均不收“鷕”之正音以水反(该音折合成今音当读 wěi)。此亦足见“鷕”字误读贻害之深。

“鷕”的小韵以母音为讹音，将其列于《四声等子》效摄四等上声以母位是不合适的。《广韵》小韵以母音下还有“溔舀僴睚”等字，皆可填在图韵中对应的效摄四等上声以母位代表该音节。《七音略》此位作“溔”，可从之改为“溔”。

检之中古诸韵图，此位《韵镜》(外转第二十六)、《切韵指掌图》(第一图)、《经史正音切韵指南》(第十二图效摄外五)皆作“鷕”，《七音略》(外转二十六)作“溔”。龙宇纯《韵镜校注》、李新魁《韵镜校证》未出校，杨军《韵镜校笺(修订本)》(2022：581)于“鷕”字下按曰：“本书列鷕是，《七音略》列溔合于《集韵》。”刘华江《〈韵镜〉考论》(2016：246)认为：“《韵镜》原当作‘鷕’，(吉)乃层经过程中‘鷕’之形讹。”杨军《七音略校笺》(2022：367)亦于“爊”字下加按语曰：“本书列溔合于《集韵》，《韵镜》嘉吉本乃是字误，其他各本则合于切三诸韵书。”李红《切韵指掌图校注》(2023：95)认为：“‘鷕’为《广韵》小韵以母位小韵首字，按韵图规制，当列于四等，为假四等、真三等。《指掌图》是。”确实，“鷕”为《广韵》小韵以母位小韵首字，按韵图规制，诸韵图列“鷕”似乎无可争议。但如果知道其为讹音，用他字代替是否更好些？又，《七音略》为什么不列“鷕”而列“溔”？是作者知道“鷕”为讹音、故而不列吗？姑存疑，以俟博闻君子。

以上是我们尝试从形声字谐声系统性角度对《四声等子》第二图效摄外五的一等平声影母位“爊”字和三等上声以母位“鷕”字所作的考订：“爊”字形误，正确字形当为“熝”；“鷕”字小韵以母音为讹音，当以同小韵之“溔”替换。二字之讹都是前贤已有之发明，我们只是从谐声系统性角度作了进一步分析，为前贤续貂。这种方法我们还是第一次使用，可能存在某些不足，恳请方家批评赐教。

参考文献

(一)古籍

(北宋)陈彭年等编　1983　《宋本玉篇》，中国书店。

(南宋)戴　侗　2012　《六书故》，中华书局。

(北宋)丁　度等编　1985　《集韵》，上海古籍出版社。

（清）段玉裁　1981《说文解字注》，上海古籍出版社。
（清）法伟堂　2010《法伟堂经典释文校记遗稿》，华东师范大学出版社。
（清）顾炎武　1982《音学五书》，中华书局。
（隋）陆德明　1985《经典释文》，上海古籍出版社。
（明）闵齐伋　1992《重订六书通》，天津市古籍书店。
（清）彭定求等　1980《全唐诗》，中华书局。
（日）释昌住　1993《新撰字镜》，《佛藏辑要》第33册，巴蜀书社。
（日）释空海　1995《篆隶万象名义》，中华书局。
（辽）释行均　1985《龙龛手镜》（高丽本），中华书局。
（北宋）司马光编　1988《类篇》，上海古籍出版社。
（唐）王仁昫　2017《唐写本王仁昫刊谬补缺切韵》，江苏凤凰教育出版社。
（元）熊泽民　1935《经史正音切韵指南序》，《芋园丛书》影明万历刊本。
（汉）许　慎　1963《说文解字》，中华书局。
（明）袁子让　1997《字学元元》，齐鲁书社。
（清）张文虎　1977《校刊史记集解索隐正义札记》，中华书局。
（南宋）赵　构　1983《草书礼部韵》，中国书店。

（二）现代论著、期刊
辞海编辑委员会　2000《辞海》（1999年版缩印本），上海辞书出版社。
郭锡良、雷瑭洵　2020《汉字古音表稿》，中华书局。
汉语大词典编辑委员会、汉语大词典编纂处　1986《汉语大词典》，上海辞书出版社。
汉语大字典编辑委员会　2010《汉语大字典》（第二版），崇文书局、四川辞书出版社。
简启贤　2003《〈字林〉音注研究》，巴蜀书社。
李　红校注　2023《切韵指掌图校注》，凤凰出版社。
李新魁　1982《韵镜校证》，中华书局。
刘华江　2016《〈韵镜〉考论》，安徽人民出版社。
刘晓南　2023《汉语音韵研究教程》（增订本），上海教育出版社。
龙宇纯　1968《唐写全本王仁昫刊谬补缺切韵校笺》，香港中文大学。
龙宇纯　2005《韵镜校注》，台湾艺文印书馆股份有限公司。
沈兼士　1985《广韵声系》，中华书局。
沈兼士　1986《汉魏注音中义同换读例发凡》，载《沈兼士学术论文集》，中华书局。
孙　磊　2023《〈王三〉唇音字谐声研究》，安徽大学硕士学位论文。
唐作藩　2001《〈四声等子〉研究》，载《汉语史学习与研究》，商务印书馆。
王　曦　2008《咫进斋丛书〈四声等子〉版本研究》，《湖南社会科学》第2期。
徐朝东点校　2021《切韵汇校》，中华书局。
杨宝忠　2005《疑难字考释与研究》，中华书局。
杨　军校笺　2022《韵镜校笺（修订本）》，凤凰出版社。
杨　军校笺，李　红补订　2022《七音略校笺》，凤凰出版社。
余迺永　2008《新校互注宋本广韵（定稿本）》，上海人民出版社。

张涌泉　1996 《敦煌俗字研究》，上海教育出版社。
赵英达　2023 《〈切韵〉系韵书校补》，南京师范大学硕士学位论文。
郑贤章　2004 《龙龛手镜研究》，湖南师范大学出版社。
周祖谟　2004 《广韵校本》（第 3 版），中华书局。
宗福邦、陈世铙、萧海波主编　2003 《故训汇纂》，商务印书馆。
宗福邦、陈世铙、于　亭主编　2019 《古音汇纂》，商务印书馆。

裴务齐正字本《刊谬补缺切韵》新增小韵例释*

刘亚丽

（河南中医药大学中医学院，郑州，450046）

摘　要：裴务齐正字本《刊谬补缺切韵》增收了部分不见同时代《切韵》系韵书的新增小韵，这部分新增小韵产生的原因，除了由于正切失误导致新增小韵之外，还有以下几个方面：一、新增字导致新增小韵；二、小韵重出导致新增小韵；三、归韵不同导致新增小韵；四、又音导致新增小韵。

关键词：《刊谬补缺切韵》；裴务齐；注音；新增小韵

裴务齐正字本《刊谬补缺切韵》（下简称"《裴韵》"）作为王仁昫《刊谬补缺切韵》三种写本之一，与同时代《切韵》系韵书相比，增收了部分仅见于《裴韵》而不见于同时代其他《切韵》系韵书的小韵。《裴韵》这部分新增小韵产生的原因，除了正切注音失误导致新增小韵之外，还有以下四个方面：一、新增字导致新增小韵；二、小韵重出导致新增小韵；三、归韵不同导致新增小韵；四、又音导致新增小韵。

一、新增字导致新增小韵

《裴韵》新增字与原有小韵读音相合者，置于相应小韵之下；与原有小韵读音不同者，会根据新增字读音而增设新的小韵。《裴韵》新增字是《裴韵》新增小韵产生的主要原因。

* 本文为国家社科基金青年项目"《广弘明集》历代佛经音义比较研究及数据库建设"（编号：21CYY021）、河南中医药大学博士科研基金"裴务齐正字本《刊谬补缺切韵》医学名物词研究"（编号：BSJJ2018-16）阶段性成果。

1. 上平声《脂韵》："⿸厂欠，虚伊反。呻吟也。"（549.11）[①]

按："⿸厂欠"字同时代其他《切韵》系韵书不收。《裴韵》"⿸厂欠"字为"屄"字之误。《可洪音义》卷二五"殿屄"条："屄，许伊反。《尔雅》：'殿欣，呻也。亦作嚸欣、又作念吚也。'"（释可洪，1983：380）《龙龛·尸部》："欣，俗；屄，正。喜伊反。呻吟皃。又叹词也。二。"（163）"屄"字《尔雅》又作"屎"。《尔雅·释训》："殿屎，呻也。"郭璞注："呻吟之声。"邢昺疏引孙炎曰："人愁苦呻吟之声也。"（阮元校刻，1982：2592）陆德明音义："殿屎，丁练反；下虚伊反。或作敜吹、⿱殿心脲。《说文》作'念吚'。郭［璞］上音香惟反、又音丁念反，下许利反。"（陆德明，1985：1625）《万象名义·尸部》："屎，许伊反。呻吟也，舒视反也。"（107下）《裴韵》新增字"屄（屎）"音虚伊反，与"屎"字《尔雅》陆德明音虚伊反、《龙龛》喜伊反、《万象名义》许伊反读音相同（反切上字"虚""许""喜"并为晓母字）。口、欠二旁表意功能相同，又多可换同，"屄"字《说文》又作"吚"。《说文·口部》："吚，念吚，呻也。从口，尸声。"（34上）段注："吚，念吚也。从口伊省声。《释训》：'殿屎，呻也。'《毛传》：'殿屎，呻吟也。'《陆氏诗》、《尔雅》音义皆云：'殿屎。'……依《诗》《尔雅音义》《五经文字》云屎，《说文》作吚，今本《说文》作吚者，俗人妄改也。"（段玉裁，1988：60）

2. 去声《寘韵》："⿰女嶲，呼恚反。愚惷皃。"（585.5）

按：《裴韵》同时代其他《切韵》系韵书不收"⿰女嶲"字。《裴韵》"⿰女嶲"正作"孈"。《说文·女部》："孈，愚戆多態也。从女、巂声。读若隓。"（263下）《万象名义·女部》："孈，尤尔、尤卦二反。［愚戆］多能（態）也。"（27上）《新撰字镜·女部》："⿰女嶲，尤尔、尤卦二反。［愚戆］多態也。⿰女嶲，上字。"（180）《裴韵》新增字"⿰女嶲（孈）"音呼恚反，与《万象名义》《新撰字镜》音尤卦反读音相同。《说文》直音用字"隓"又作"堕"，陆德明《经典释文》"堕"又多作许规反、许恚反二音。《广韵·寘韵》："孈，呼恚切。过也。一。"（100下）《集韵·寘韵》："孈，呼恚切。愚戆多态。一曰好皃。一曰过也。文七。"（470）后出韵书《广韵》《集韵》并收呼恚切一音。

3. 去声《至韵》："疢，释泪反。病也。"（586.13）

按：《裴韵》同时代其他《切韵》系韵书不收"疢"字。《裴韵》"疢"训"病"，

① 本文所用《裴韵》及唐五代韵书主要以周祖谟《唐五代韵书集存》中所收录的韵书材料为主。除此之外，关于故宫本《王韵》材料的使用，同时参考龙宇纯《唐写全本王仁昫〈刊谬补缺切韵〉校笺》中对其书的摹写材料。

即水肿病。《可洪音义》卷二五“痜、脉，二同音。水～，病也。上又尸类反。义同。”（释可洪，1983：366）《裴韵》新增字“痜”音释泪反，与《可洪音义》音尸类反读音相同（反切上字“释”“尸”并为书母字）。《广韵·至韵》：“痜，病皃。释泪切。”（102下）《集韵·至韵》：“痜，式泪切。肿病。”（473）后出韵书《广韵》音释泪切，与《集韵》音式泪切读音相同。

4. 去声《清韵》：“䟫，起政反。行也。”（599.3）

按：同时代其他《切韵》系韵书及后出韵书《广韵》并不收“䟫”字。《左传·昭公二十六年》：“鑋而乘于他车以归。”杜预注：“鑋，一足行。”（阮元校刻，1982：2113）陆德明音义：“鑋，遣政反。又音磬、又苦顶反。《字林》丘贞反。”（陆德明，1985：1135）《说文·金部》：“鑋（铿），金声也。从金、轻声。读若《春秋传》曰：䟫而乘它车。”（297上）《万象名义·足部》：“䟫，丘盛反。一足跳也。”（63上）《新撰字镜·足部》：“䟫，近（丘）盛反。一足行也、一足跳也。”（136）《玉篇·足部》：“䟫，丘盛切。一足行皃。”（134）《左传》“鑋”字，《说文》引《左传》以及《万象名义》《新撰字镜》《玉篇》等字书并作“䟫”，可见《左传》原书有作“䟫”者。《裴韵》新增字“䟫”音起政反，与陆德明音遣政反、《万象名义》《新撰字镜》音丘盛反读音相同（反切上字“起”“遣”“丘”并为溪母字）。

5. 上平声《支韵》：“𪚰，与规反。案蟕𪚰，大如龟，甲有文，似瑇瑁。”（547.9）

按：“𪚰”字同时代其他《切韵》系韵书不收。《裴韵》“𪚰”，正作“蠵”字，见《山海经》卷四《东山经》：“又南水行五百里，曰流沙，行五百里，有山焉，曰跂踵之山，……有水焉，广员四十里皆涌，其名曰深泽，其中多蠵龟。”郭璞注：“蠵，蟕蠵，大龟也。甲有文彩，似玳瑁而薄。”（郝懿行，2013：147）《尔雅·释鱼》：“一曰神龟，二曰灵龟，……。”郭璞注：“涪陵郡出大龟，甲可以卜，缘中文似瑇瑁，俗呼为灵龟，即今蟕觿龟，一名灵蠵，能鸣。”（阮元校刻，1982：2641）陆德明音义：“𧍧，以规反。又下圭反。《字林》云：大龟似猬也。”（陆德明，1985：1697）《万象名义·虫部》：“蠵，余规反。大龟，有文。”（255下）“蠵”字，《尔雅》又作“觿”。《裴韵》新增字“𪚰（蠵）”音与规反，与陆德明音以规反、《万象名义》音余规反读音相同。

6. 上平声《支韵》：“豬，弋垂反。豮也。出《说文》。新加。”（547.9）

按：“豬”字同时代其他《切韵》系韵书不收。《说文·豕部》：“豬，豮也。从豕，隋声。臣铉等曰：‘当从随省。以水切。’”（197上）《万象名义·豕部》：“𧲾（豬），羊蕫反。豮。”（236下）《新撰字镜·豕部》：“豬，羊蕫反。小豮，猪也。”

（475）《龙龛·豕部》："豨、豮二俗；豶；正羊捶、羊委二反。豮也。又徒卧反。猪别名也。三。"（320）《裴韵》新增字"豶"音弋垂反，与《万象名义》《新撰字镜》音羊菙反、《龙龛》音羊捶反读音相同。

二、小韵重出导致新增小韵

《裴韵》编纂过程中，同一韵部中收字读音之间未加以认同，或新增字读音未与原有小韵读音加以认同，会造成《裴韵》中小韵重出的现象。由于小韵重出导致新增小韵，也是《裴韵》新增小韵产生的原因之一。

1. 去声《遇韵》："务，武遇反。趣也。"（588.8）

去声《遇韵》："霿，武付反。绁淹余也。"（588.11）

按："霿"音武付反，反切下字上古为鱼部；"务"音武遇反，反切下字上古为侯部，中古以后二者读音相同。敦煌本《王韵》、故宫本《王韵》入声《遇韵》武遇反（音务）："霿，绁淹余。"（493.10）同时代其他《切韵》系韵书"霿"字并音武遇反（音务）小韵，无武付反读音，是其切证。

2. 入声《物韵》："祓，孚勿反。除灾也。又孚吠反。"（610.3）

入声《物韵》："拂，敷物反。"（610.3）

按："祓"字音孚勿反，与"拂"音敷物反读音相同（反切上字"孚""敷"并为敷母字）。故宫本《王韵·物韵》敷物反（音拂）："拂，敷物反。打～。九。""祓，除。"（513.17）《唐韵·物韵》敷物反（音拂）："拂，敷物反。七加一。""祓，除灾求福。又方吠反。"（697.3）同时代其他《切韵》系韵书"祓"正音敷物反，而无孚勿反读音。《裴韵》在收字过程中读音之间未加以认同，进而由于小韵重出而新增孚勿反小韵。

3. 入声《薛韵》："罬，妫劣反。罿。"（614.2）

入声《薛韵》："蹶，纪劣反。有所犯突。又其月反、居卫反。"（614.1）

按："罬"音妫劣反，与"蹶"音纪劣反（音蹶）读音相同（反切上字"妫""纪"，并为见母字）。敦煌本《王韵》入声《薛韵》纪劣反（音蹶）："罬，罜。又陟略反。"（429.12）故宫本《王韵》入声《薛韵》纪劣反（音蹶）："罬，又陟略反。"（518.5）[①] 同时代其他《切韵》系韵书"罬"音纪劣反（音蹶），无妫劣反一音，是其切证。

---

① 故宫本《王韵》入声《薛韵》纪劣反（音蹶）："罬，又陟略反。"（518.5）龙宇纯曰："'又'上《王一》有'罜'字，应据补。"（龙宇纯，1968：662）

三、归韵不同导致新增小韵

归韵不同，是指由于声纽演变和韵部分合，一字往往有两个或两个以上的读音。《裴韵》与同时代其他《切韵》系韵书根据该字不同的读音，置于不同的大韵或小韵之中，因此归韵不同也会导致新增小韵。

1. 去声《焮韵》："慭，鱼靳反。且也，伤也、闲也、谨敬也。"（593.8）①

按：故宫本《王韵》去声《震韵》："慭，鱼覲反。且。一曰伤。"（498.16）震韵、焮韵上古为文部，"慭"字《裴韵》音鱼靳反，与故宫本《王韵》音鱼覲反，上古读音相同（焮韵与震韵上古属文部），中古读音有别，故新增小韵。

2. 去声《震韵》："䀻，匹刃反。蹔见。"（593.13）

按：敦煌本《王韵》、故宫本《王韵》去声《震韵》必刃反（音傧）："䀻，～䚩。又匹人反。"（410.5、498.15）②"匹"字为滂母字，"必"字为帮母字，轻重唇不同。《裴韵》"䀻"音匹刃反，与其他《切韵》系韵书不同，故新增小韵。

3. 去声《慁韵》："焌，子寸反。火也。《礼》云：吹其～。"（595.8）

按：敦煌本《王韵》、故宫本《王韵》去声《震韵》子峻反（音儁）："焌，火。"（410.10、499.2）"焌"字《裴韵》音子寸反，与同时代其他《切韵》系韵书音子峻反，上古读音相同（慁韵与震韵上古属文部），中古读音有别，故新增小韵。

4. 去声《恨韵》："饐，恩恨反。《方言》：秦晋云祭食麦谓之～［饐］。郭璞云：開（關）西人呼食欲饱为～饐。"（595.8）③

按：敦煌本《王韵》、故宫本《王韵》去声《慁韵》乌困反（音揾）："饐（饐），相谒食。又于恨反。"（411.7、499.17）"饐"字《裴韵》音恩恨反，与其他《切韵》系韵书音乌困反上古读音相同（恨韵与慁韵上古属文部），中古读音有别。

5. 入声《觅韵》："殈，血历反。鸟卵破。"（616.2）

按：敦煌本《王韵》、故宫本《王韵》入声《昔韵》许役反（音瞁）："殈，裂。"

---

① 去声《震韵》："慭，鱼靳反。且也，伤也、闲也、谨敬也。二。"（593.8）按：反切下字为《焮韵》字，不应置于去声《震韵》之下。

② 故宫本《王韵》去声《震韵》必刃反（音傧）："䀻，～䚩。又匹人反。"（498.15）龙校："'～䚩'，当从《王一》作'䚩～'。"（龙宇纯，1968：492）

③ 去声《恨韵》："饐，恩恨反。《方言》：秦晋云祭食麦～谓之～。郭璞云：開（關）西人呼食欲饱为～饐。"（595.8）按：注文第一个重文符号误衍，第二重文符号后又应补"饐"字为是，注文"開"正作"關"字。

（431.10、519.17）“殈”字《裴韵》音血历反，与同时代其他《切韵》系韵书音许役反，上古读音相同（觅韵与昔韵上古属锡部），中古读音有别分属不同韵部，故新增小韵。

6. 入声《怗韵》：“笘，竹牒反。竹箕（简）。”（618.7）[①]

按：故宫本《王韵·怗韵》丁箧反（音耴）：“笘，竹棰。又充甘反。”（523.6）“笘”字《裴韵》音竹牒反，与其他《切韵》系韵书音丁箧反，上古读音相同（反切上字“竹”“丁”上古舌头、舌上不分），中古分属不同声纽，故新增小韵。

四、又音导致新增小韵

《裴韵》收字有又音者，《裴韵》与同时代其他《切韵》系韵书相比，又据其又音新增小韵。

1. 去声《湅韵》：“戇，呼贡反。又丁降反。悸～。”（583.5）

按：同时代其他《切韵》系韵书无呼贡反一音。“戇”字又见《裴韵》去声《绛韵》：“戇，丁降反。遇（愚）。又呼贡反。”（583.9）故宫本《王韵·绛韵》“戇”字正注文模糊难辨。《说文·心部》：“戇，愚也。从心、贛声。”（220上）《万象名义·心部》：“戇，都降反。愚也。”（74上）《史记·汲郑列传》：“上退，谓左右曰：‘甚矣，汲黯之戇也！’”司马贞索隐：“戇，愚也。音陟降反也。”（司马迁，1963：3106）《广雅·释诂下》：“戇，愚也。”（王念孙，1983：32）曹宪音：“戇，竹降反。”（王念孙，1983：394）“戇”字《裴韵》音丁降反，与《万象名义》都降反、《史记索隐》陟降反、曹宪音竹降反读音相同（上古舌头、舌上不分）。《龙龛·心部》：“戆、戇、戇，卓绛反。愚也。上一又呼贡反。亦愚也。三。”（66）释慧琳《一切经音义》卷六六“乐戇”条：“戇，都降、呼贡二反。《字林》：‘愚也。’”（释慧琳，1983：783）“戇”又作“戆”，“戇”字《龙龛》、释慧琳《一切经音义》又音呼贡反，与《裴韵》据又音新增小韵呼贡反读音相同。

2. 入声《狎韵》：“霅，杜甲反。霅阳，县在乐陵。又胡甲反。”（619.11）

按：《裴韵》同时代其他《切韵》系韵书及后出韵书《广韵》《集韵》入声《狎韵》并不收杜甲反一音。“霅”字又见《裴韵》入声《狎韵》胡甲反（音狎）：“霅，众声。一曰雷震皃。又杜甲反。～阳县，在乐浪。”（619.9）笺注本《切一》入

① 按：“笘”训“竹箕”不见传世字韵书，疑为“简”字之误。

声《狎韵》:“霅，众声。又状（杜）甲反。霅阳郡，在乐浪。”（147.13、432.15、522.4）[①]《唐韵》入声《狎韵》胡甲反（音狎）:“霅，众言声。又杜甲反。霅阳障（郡）在乐浪。又音飒。”（147.13）《裴韵》及同时代其他《切韵》系韵书“霅”音胡甲反，注文并又音杜甲反，然仅《裴韵》据其又音新增小韵。

参考文献

（一）古籍

（宋）陈彭年　1982 《广韵》，北京市中国书店影印张氏泽存堂本。

（宋）陈彭年等　1983 《重修玉篇》，北京市中国书店影印张氏泽存堂本。

（宋）丁　度　2005 《宋刻集韵》，中华书局影印述古堂影宋钞本。

（唐）段玉裁　1988 《说文解字注》，上海古籍出版社。

（清）郝懿行笺疏，范祥雍补校　2013 《山海经笺疏补校》，上海古籍出版社。

（唐）陆德明　1985 《经典释文》，上海古籍出版社。

（清）阮　元校刻　1982 《十三经注疏》，中华书局。

（日）释昌住　1993 《新撰字镜》(《佛藏辑要》第三十三册)，巴蜀书社。

（唐）释慧琳　1983 《一切经音义》中华大藏经（第 58 册），台湾新文丰出版公司。

（唐）释可洪　1983 《新集藏经音义随函录》中华大藏经（第 60 册），台湾新文丰出版公司。

（日）释空海　1995 《篆隶万象名义》，中华书局缩印日本崇文丛书本。

（辽）释行均　1985 《龙龛手镜》，中华书局影印高丽本。

（汉）司马迁　1963 《史记》，中华书局。

（清）王念孙　1983 《广雅疏证》，中华书局。

（汉）许　慎　1963 《说文解字》(附检字)，中华书局。

（二）现代论著

龙宇纯　1968 《唐写全本王仁昫〈刊谬补缺切韵〉校笺》，香港中文大学出版社。

杨宝忠　2005 《疑难字考释与研究》，中华书局。

杨宝忠　2011 《疑难字续考》，中华书局。

杨宝忠　2018 《疑难字三考》，中华书局。

周祖谟　1983 《唐五代韵书集存》，中华书局。

① 笺注本《切一》入声《狎韵》:“霅，众声。又状（杜）甲反。霅阳郡，在乐浪。”（147.13）故宫本《王韵》入声《狎韵》胡甲反（音狎）:“霅，众声。又杜甲反。阳郡，在乐浪。”（522.4）按：笺注本《切一》注文又音反切上字“状”为“杜”字形近之误。故宫本《王韵》“霅”字注文“阳”前应补“霅”字为是。

·方言研究·

吴语形容词“AXA”重叠式历时与共时考察（上）*

崔山佳

（浙江财经大学人文与传播学院，杭州，310018）

提　要：汉语方言有多种重叠形式，有的近代汉语已有，如形容词“AXA”重叠式，近代汉语有“A里A”“A打A”“A又A”“A上A”，现代方言多达50余种，南方20余个民族语言也有形容词“AXA”重叠式，全部是汉藏语系语言。吴语也有，形式多样，有9种重叠形式，有的与其他方言共有，有的为吴语所特有，如“A显A”“A猛A”“A里A”等。

关键词：近代汉语；吴语；形容词重叠；AXA；历时；共时

谭傲霜（2009：206）说，许多语言都或多或少有重叠现象，但远不如汉语那样普遍。汉语大多数词类都会有重叠形式。

确实如此，汉语方言有一些特殊的重叠形式，有的普通话也有，但更多的为普通话所无。这些特殊的重叠形式很有研究价值。本文主要说吴语形容词“AXA”重叠。所谓形容词“AXA”重叠，是指形容词重叠中间加上“X”，这个“X”较复杂，有的是程度副词，有的是中缀等，从音节上看，多为单音节，也有双音节，甚至有多音节。

一、近代汉语中的形容词“AXA”重叠

近代汉语已有几种形容词“AXA”重叠。

*　本文为国家社会科学基金项目“明清白话文献与吴语语法专题比较研究”（编号：18BYY047）、国家社科基金重大项目“晚明以来吴语白话文献语法研究及数据库建设”（编号：21&ZD301）阶段性成果。匿名审稿专家提出了宝贵的修改意见，在此深表谢意。

（一）A里A

石汝杰（2009：29）说到近代汉语吴语文献有“A里A”：“‘里’插入单音形容词的重叠形式中，表示程度很高。”如：

（1）差千差万跌心头，想起情郎嘴薄罳罳，真是油里油。（明·冯梦龙《夹竹桃》）

（2）倪吃格嫁人格苦，吃得足里足格哉。（清·张春帆《九尾龟》第37回）

（3）他这头媒已做得错里错了，还要去讨没趣。（清·孙景贤《轰天雷》第10回）

（4）教得老虎熟里熟，赛过白相一只猫，弄一只猢狲。（清·梦花馆主《九尾狐》第37回）

上面未说明“里”属什么性质。石汝杰等（2005：387）收“里”，义项3是“助词”：“用在重叠的单音节形容词中间，构成‘A里A’格式，作用相当于中缀，表示很高的程度。”词性虽确定为“助词”，但又认为“作用相当于中缀”。其实“里”还是作中缀好。

上面的例子，全出自吴语区作品，可见，“A里A”分布于吴语区。

（二）A打A

“A打A”近代汉语多见。蒋宗福（2002：99）收“打”：“助词。插在某些单音节词重叠中间，表示强调。”如：

（5）单打单一世无婚配，精打精到老受孤凄，光打光长夜难支对。（明·冯惟敏《僧尼共犯》第4折）

（6）如今没别的，水过地皮湿，姑娘就是照师傅的话，实打实的这么一点头，算你瞧得起这个师傅了。（清·文康《儿女英雄传》第27回）

蒋宗福（2002：99）说：《汉语大词典》“打”未及此义。

例（5）的“单”，《现代汉语词典》（第7版，下同）义项一是：“只有一个的（跟‘双’相对）。”义项二是：“奇数的（1、3、5、7等，跟‘双’相对）。”以上2个义项的“单”都注明是形容词中的属性词（区别词），但从广义来说，也是形容词。例（5）的“精”和“光”，语义与“单”相近，有一词是“精光”，《现代汉语词典》语义有二，其一是：“一无所有；一点儿不剩。”“精”和“光”在此就义同“精光”。（《现代汉语词典》“光”义项九是：“一点儿不剩；全没有了；完了。”）例（6）的“实”也是形容词。

清·蒲松龄的《聊斋俚曲集》“A 打 A”例更多，如：

（7）止有女婿人一个，或者他俩平打平，谁打过谁来谁得胜。（《翻魇殃》第 1 回）

（8）仇福子净打净，都说他太无成，如今倒弄得有凭证。（《翻魇殃》第 8 回）——另《俊夜叉》有“我要撩个净打净”，“输赢的叫他净打净”。《穷汉词》有“醒来还是净打净”。

（9）出上捱了一顿打，浑身转了个精打精；精打精，气难争，倒弄的难听难听又难听。（《富贵神仙》第 7 回）

蒲松龄的《聊斋小曲》也有，如：

（10）抓起骰来热了盆，一输输了个净打净。（《赌博五更曲》）

黄碧云（2004）提到“打”做中缀用法近代汉语已有，不过例子较少，只举例（5）。

其实近代汉语还有例子，除上所举外，尚有：

（11）和尚相打光打光，师姑相打扯胸膛。（明·冯梦龙《山歌》）

（12）到了明日，张狼牙当先出阵，高叫道：“……你今日明打明的出来，我和你杀三百合来，你看一看。”（明·罗懋登《三宝太监西洋记通俗演义》）第 62 回）

（13）内中也有游花僧人，只道成员外的小老婆出家，不知怎生丰彩，往往走来摩揣，又从人头讨着了个实打实的风声，都不来了。（明·西子湖伏雌教《醋葫芦》第 12 回）

（14）四鬓精打精，强把光头罩。（明·佚名《续西游记》第 47 回）——另第 89 回还有 1 例“精打精”。

（15）夏鼎道：“……大哥若失了肥业厚产，与我一样儿光打光，揭账揭不出来，他们怕大哥做什么？……”（清·李绿园《歧路灯》第 84 回）

（16）只见他未曾开口，脸上也带三分恶色，才笑容可掬的说道：“……‘如今我竟要求你的大笔，把我的来踪去路，实打实，有一句说一句，给我说一篇，将来我撒手一走之后，叫我们姑爷，在我坟头里给立起一个小小的石头碣子来，把老弟的这篇文章镌在前面儿，那背面儿上可就镌上众朋友好看我的“名镇江湖”那四个大字。……’”（清·文康《儿女英雄传》第 32 回）

（17）店家闻听这句话，他的那，眼望承差把话云：“我瞧这小子不成器，早晚间，输他娘的精打精。”（清·佚名《刘公案》江宁府二部第 3 回）——另都察院二十四部第 2 回还有 1 例“精打精”。

（18）唐答曰："若好讲，便不是番仔；若**硬打硬**，便是吕宋加溜巴。"（清·里人何求《闽都别记》第285回）

（19）那矮人说："要问你大王爷，居住五华山鸳鸯岭。姓皮，我叫皮虎，外号人称三尺短命丁。你们两个人既是帮外人，我问你是**单打单**个，还是两打一个呢？"（清·石玉昆《小五义》第131回）

（20）众人往两边一闪，智爷脚落地面，东方明说："你们若拿不住这人，等二员外上去，我平生永不喜以多为胜，总是**单打单**我才动手哪。"（石玉昆《续小五义》第55回）

（21）左右冲突，虽然着挞者无不毙命，奈将多士众，终不肯退，乃认定东面**硬打硬**出。（清·汪寄《海国春秋》第18回）

也有后一个"A"是双音节的，如：

（22）谁知陈学究早准备了，冷不防，一连几耳刮子，都**实打实落**的打在邹东瀛先生脸上。（民国·不肖生《留东外史续集》）——另有2例"实打实落"。

"实打实落"是"A打AB"，下面要说的方言中也有。

"A"也有双音节形容词，如：

（23）（正旦唱）您脱空脱空，我**朦胧打朦胧**。（元·无名氏《桃花女破法嫁周公》第4折）

上例是目前搜索到的近代汉语"A打A"唯一一个"A"为双音节形容词重叠现象。浙江象山话有"曚昽打曚昽"（叶忠正，2007：489），其实就是"朦胧打朦胧"。因此，蒋宗福（2002：99）所说的"插在某些单音节词重叠中间"不是很准确。

方言中有一些"ABXAB"重叠形式。"ABXAB"大多蕴涵了"AXA"，即有"ABXAB"式，多有"AXA"式，有"AXA"式，不一定有"ABXAB"，因有的方言只见"AXA"，不见"ABXAB"。只有安徽徽州华阳话的"AB顶AB"都是双音节，不见单音节，非常罕见。

可惜的是，《汉语大词典》《明清吴语词典》（石汝杰等，2005）等都未列"打"的中缀义。《近代汉语大词典》（许少峰，2008）"打"的义项多达有42个，但也无"打"的中缀义。《汉语词缀研究》（蒋宗许，2009）、《明清山东方言词缀研究》（宋开玉，2008）虽是专门研究词缀的专著，也都未提到"打"的中缀义。

"A打A"的分布范围较广，既有南方作家的作品，也有北方作家的作品。

（三）A又A

"A又A"用法至少在南宋已产生，温锁林（2010：98）举有如下例子：

（24）示众云：“……既然如是。为甚么那吒扑帝钟？”良久云：“波斯鼻孔**长又长**。”（宋·赜藏主《古尊宿语录》卷11）

（25）一齐来爬时，那石**高又高**，**峭又峭**，**滑又滑**，怎生爬得上？（明·冯梦龙《喻世明言》卷21）

（26）父母**慌又慌**，**苦又苦**，正不知什么意救。（冯梦龙《警世通言》卷23）

（27）孽龙更变作个金刚菩萨，**长又长**，**大又大**，手执金戈，与吴君彭君混战。（《警世通言》卷40）

（28）只因这枝枣树**大又大**，**长又长**，伍保气力又大，成都的兵器短，所以倒退了。（清·如莲居士《说唐》第17回）

李小平等（2013：164）举有如下例子：

（29）师曰：“大海水，**深又深**。”曰：“学人不会。”（宋·普济《五灯会元》）

（30）傍翠阴。解尘襟。婆娑小亭**深又深**。（元·张可久《寨儿令》）

戏曲也有例子，如：

（31）只有我家小姐**奇又奇**，偏背了我们自偷汉。（明·孟称舜《娇红记》第20出）

（四）A上A

北京大学古代汉语语料库有例子，如：

（32）则见几个巡捕弓兵如虎狼，赶得俺**慌上慌**？**忙上忙**。（元·施惠《幽闺记》第7出）

（33）昨日个唬的你**慌上慌**，哎，儿也，从今后不索你**忙上忙**。（元·武汉臣《散家财天赐老生儿》第3折）

（34）（正旦唱）当初那不能彀时害的来**狂上狂**，不甫能得相见唬的来**慌上慌**。（元·郑光祖《㑳梅香骗翰林风月》第3折）

（35）（正旦唱）这晰他撑的个小船儿摇摇晃晃，我心中**慌上慌**，我心中**忙上忙**。（元·无名氏《瘸李岳诗酒玩江亭》第4折）

（36）把这些道士吓得**慌上慌**，一个个都到小酒店里去讨法衣，把这灵官吓得**忙上忙**，一个个都到徒弟床上去摸冠儿。（明·罗懋登《三宝太监西洋记通俗演义》第9回）

（37）可拿什么比你们，又有人进贡，又有人作干奴才，溜你们**好上好儿**，帮衬着说句话儿。（清·曹雪芹、高鹗《红楼梦》第60回）

我们也找到一些例子，如：

（38）夫君失散，夫君失散，教我一身难上难。（明·无名氏《节孝记》第4出）

（39）饶他奸上奸，终须冤报冤。（明·边三岗《芙蓉屏记》第11出）

（40）喜中喜，玄上玄，为君今世了良缘。（《芙蓉屏记》第35出）

（41）夫的功勋奇上奇，妇的贞节稀更稀。（《芙蓉屏记》第35出）

（42）别蘽砧山上山，大刀头难上难，大刀头难上难。（明·沈璟《一种情》第24出）

（43）别蘽砧山外山，大刀头难上难。（《一种情》（残本之一）第24出）

（44）方信开口求人难上难。（明·张大复《快活三》（崇祯间抄本）第19出）

（45）嗏，不想命遭遭命丧黄泉，止剩区区奔走天涯畔，正是开口求人难上难。（明·张大复《快活三》（清钞本）第19出）

（46）欲要相逢难上难，指望到京欢聚，谁想阴司走一场？（明·《葵花记》第25出）

（47）亲上亲指日谐连理。（明·邓志谟《玛瑙簪记》第13出）

上面的“AXA”重叠多被一些方言所继承。

二、汉语方言中的形容词“AXA”重叠

据初步考察，汉语方言“AXA”重叠式有50余种，形式比近代汉语要多得多，有的分布范围广，有的分布范围窄。“X”有的是单音节，有的是双音节，甚至是多音节。“X”有的是程度副词，有的是词缀，有的是助词等，更复杂。如下表：

汉语方言形容词“AXA”重叠式

序号	重叠形式	中加成分	方言点	方言归属
1	A打A（B）	打	湖南涟源杨家滩、沅江，广西资源延东，江西南丰、芦溪、新余，江西安远、南康、湖南耒阳，安徽潜怀安徽西南部大别山区一带，贵州毕节，江苏赣榆、安徽蒙城，金华义乌、温州、台州、三门、象山、奉化、上海（市区、松江、金山）	湘语，平话，赣语，客家话，江淮官话，西南官话，中原官话，吴语
2	A显/险A	显/险	浙江温州、丽水、台州	吴语
3	A猛/蛮［$mã^{41}$］A	猛/蛮［$mã^{41}$］	浙江台州、温州、丽水、金华、衢州	吴语

续表

序号	重叠形式	中加成分	方言点	方言归属
4	A 里 / 完 / 勒 / 年 A	里 / 完 / 勒 / 年	浙江绍兴、江苏苏州	吴语
5	AhanA	han	浙江台州玉环陈屿话	闽南语
6	A 一 A	一	广东广州	粤语
7	A 嘿 A	嘿	广西宁明白话	粤语
8	A □［$mə^{35}$］A（B）	□［$mə^{35}$］	湖南宁远	平话
9	A 鬼 A	鬼	广西宁明白话，广西平南	粤语，平话
10	A 肚 A	肚	广西临桂义宁	平话
11	A 个［$kə^{45/22}$］A	个［$kə^{45/22}$］	广西秀水、贺州九都话	平话
12	A 恁 A	恁	广西阳朔葡萄平声话	平话
13	A［nat^{3}］A	［nat^{3}］（缩、赖、找、荡、捺、溺）	广西横县	平话
14	A 死 / 鬼咁 / 嗷 A	死 / 鬼咁 / 嗷	广西玉林、宁明、南宁	粤语
15	A 了格 A	了格	浙江台州玉环	吴语
16	A 死 luo（了）A	死 luo（了）	福建浦城	吴语
17	A 里嘓 A	里嘓	浙江绍兴柯桥	吴语
18	A 交关 A	交关	浙江衢州、奉化	吴语
19	A 勿 A（B）/A 勿得 A（B）	勿 / 勿得	湖南宁远	平话
20	A 得恁 A	得恁	广西阳朔葡萄平声话	平话
21	A 死有咁 A	死有咁	广西博白地佬话	平话
22	A 死人恁 A	死人恁	广西阳朔葡萄平声话	平话
23	A 得要死恁 A	得要死恁	广西阳朔葡萄平声话	平话
24	A 死恁 / 更 A	死恁 / 更	广西两江、阳朔葡萄平声话，广西桂林	平话，西南官话
25	A 呔 A	呔	湖南吉首	湘语
26	A 哒 A	哒	湖南岳阳	湘语
27	A 啊格 A	啊格	湖南娄底	湘语
28	A 死哩个 /X 里咕 A	死哩个 /X 里咕	湖南涟源杨家滩话	湘语
29	A 死口 A	死口	广东增城	客家话
30	A 拄 A	拄	福建漳州	闽语
31	A 仔 A	仔	福建厦门	闽语
32	A 死 A	死	江西铅山，泰国曼谷潮州方言	赣语，闽语
33	AB 顶 AB	顶	安徽徽州华阳	徽语
34	A 来 A	来	湖南保靖	西南官话
35	A 喃 A	喃	云南丽江华坪	西南官话
36	A 蛮 A	蛮	云南丽江华坪，湖南道县祥霖铺	西南官话，湖南土话

续表

序号	重叠形式	中加成分	方言点	方言归属
37	A 安 A	安	云南丽江华坪	西南官话
38	A 死（去）的 A	死（去）的	贵州黔东南	西南官话
39	A 得要死（去）的 A	得要死（去）的	贵州黔东南	西南官话
40	A 了 / 嘞 /［ $lə^{53}$/le˧˩ ］A	了 / 嘞 /［ $lə^{53}$/le˧˩ ］	云南昆明、思茅、沾益、勐海、湖南湘西州，广西两江，山西原平，甘肃酒泉	西南官话，平话，晋语，中原官话
41	A 咾 A/AA 咾 AA/AB 咾 AB	咾	河北衡水武邑	冀鲁官话
42	A 得 /［ te^{55} ］/［ $tɛ^{55}$ ］A	得 /［ te^{55} ］/［ $tɛ^{55}$ ］	湖北恩施、宣恩、来凤、咸丰、安陆，贵州黔东南，湖南常德，山西临汾、洪洞	西南官话，中原官话
43	A 大 A	大	安徽怀宁	江淮官话
44	A 高 A	高	江苏泰如片（汪如东，2017：29，有大丰、兴化、东台、泰州、海安、泰兴、如皋、如东、南通市、南通县 10 个点）	江淮官话
45	A 得儿 A	得儿	湖北英山	江淮官话
46	A 上 A	上	安徽贵池、潜怀安徽西南部大别山区一带，河北新乐、无极、晋州、栾城、元氏、赵县，金华武义桐琴	江淮官话，冀鲁官话，吴语
47	A 又 / 也 A	又 / 也	河北深泽	冀鲁官话
48	A 啊 A	啊	河北藁城，湖南益阳（泥江口）	冀鲁官话，湘语
49	A［ iou^{312} ］A	［ iou^{312} ］	河南巩义	中原官话
50	A［ $ʂaŋ^{312}$ ］A	［ $ʂaŋ^{312}$ ］	河南巩义	中原官话
51	A［ $sɿ^{53}$ ］A	［ $sɿ^{53}$ ］	河南巩义	中原官话
52	A 上个 A	上个	河北无极	冀鲁官话
53	A 是 A	是	甘肃酒泉	中原官话
54	A 了兀［ ɯə ］A	了兀［ ɯə ］	山西古县	中原官话
55	AXXA	XX	陕西韩城，河南济源	中原官话，晋语
56	AB 呀不 AB	呀不	山西原平	晋语
57	AXX 嘞 A	XX 嘞	河北邯郸磁县、成安	晋语
58	A 了 / 咾 / 唠个 / 槐 A	了 / 咾 / 唠个 / 槐	山西太原、晋源、天镇、左云、定襄、右玉、柳林、朔州、大同、应县、昔阳、灵石、文水、河北灵寿，山西临汾、洪洞，河北望都、冀州、武邑、衡水	晋语，中原官话，冀鲁官话

上面表格可见，汉语方言共有58种形式。虽然有的可能可以归并，但数量还是可观的。

上面各式，有的“A”既可单音节，也可双音节；有的只能是单音节，有的只能是双音节，如安徽徽州华阳话的“AB顶AB”只能双音节形容词能进入该结构，又如山西原平的“AB呀不AB”，只有双音节形容词能进入该结构；有的方言还有“AXAB”，即前面是单音节形容词，后面是双音节形容词，可称之为不完全重叠式。

此外，汉语方言还有一些特别之处。陈叶红（2010：31）指出，湖南张家界有“A欸A的”“AB欸AB的”，表程度最高级，在句中常作谓语、补语，一般不作定语。如：懒欸懒的、猾欸猾的、懒散欸懒散的、聪明欸聪明的、索利欸索利的很干净、勤快欸勤快的、伤心欸伤心的、细刷欸细刷的皮肤细腻。邢向东等（2014：323）指出：“吴堡话有一种ABA式三音节形容词，其中前后音节是同一个语素，中间的语素类似中缀，可以看作一种特殊的重叠式构词形式。通过这种构词形式，表示一种状态的程度很高。如‘净打净’表示将所有的东西全部拿出，没有保留，‘净’是形容词性词根，‘打’类似重叠的词根之间的中缀，重叠后表示‘净’的程度高。‘光溜儿光’指完全没有，一点儿也没有；‘紧上紧’指情形紧迫、紧急。这种词所表状态的程度，比‘AA儿’式的还高。有的词不表示程度高，这时大多数后头的B要儿化。”如：原旧儿旧原封不动、玄不玄儿不连续地，分开，多次少量地、闲不闲儿不是专门做某事，试试看、滑一滑儿差不多，略微差一点。上面的“净打净”与好多方言的“A打A”一样，“A上A”与河北新乐等方言一致，“A溜儿A”为吴堡话所独有。

河北还有“A昂A”，与“A大A”“A啊A”“A又A”，甚至与“A里个A”都算作一类。（吴继章，2016：109）

湖北安陆话除“A得A”外，还有其他说法。盛银花（2015：213）说，还有少数形容词以其特殊的重叠形式表程度稍深的意思，有“A呣A”“A呣AB”“A个AB”“A里AB”“ABA”等。如：早呣早、黑呣黑草、白个白净、小里小气、急忙急。“早呣早”也是形容词“AXA”重叠式。

芜崧（2014：26—27）说荆楚话有“先不先事先；慌忙地”“硬绷硬质量好，过得硬；整整”“原封原原封不动地”“真不真真正；真的”等。（引者按：有的“AXA”一般当作副词，如“先不先”）

张志华（2005）说湖北罗田话有“差X差”。张志华（2005：37）指出，罗田话的不完全重叠式，是指在重叠的两个“差”之间插入助词“X”，构成“差+X+差”，这是罗田话“差”字重叠中最常见的一种形式。根据“X”的不同，可将这种类型再分为三种基本形式："差＋乎＋差""差＋呀＋差""差＋吧＋差"。还有变式"差＋乎子＋差""差＋呀子＋差""差＋吧子＋差"。罗田话的"差X差"与其他方言的"AXA"有很大的不同是，"X"是有限可变的，但"A"却是固定的，只有一个"差"，很有类型学价值。

付欣晴（2016：223）说，带中缀的"AXA"加缀重叠式主要分布在晋语、西南官话和粤语中，客家话（广东增城）、赣语（江西铅山）、湘语（湖南涟源杨家滩）、吴语（浙江温州、江苏苏州），都只见零散分布。从中缀的形式上看，包括只有一个音节的，也包括两个音节的，包括"里、险、呔、也、得、死恁"等，大部分都是具有地方特色的词缀，分布也没有什么规律，只有晋语区的一致性最高，一般都是以"了个 / 了槐"作为中缀。

我们以为付欣晴（2016：223）所说的方言面还不够广，有不少遗漏。如吴语至少漏了"A 猛 A"，其实付欣晴（2016：214）说浙江台州有"A 猛 A"。我们发现至少丽水也有"A 猛 A"。"AXA"重叠方言分布还有南方的徽语、平话、闽语等，还有北方的江淮官话、冀鲁官话、中原官话等。"A 了个 A"除晋语外，属于中原官话的洪洞话也有，属于冀鲁官话的河北望都也有。付欣晴（2016：300）说"AXXA"重叠式只见于陕西韩城，其实河南济源也有。另外，"X"并非全是中缀，还可以是别的，如吴语中的"显""猛"应该是程度副词。有的还是助词等。

以往的形容词"AXA"多为单点方言研究，杨俊芳（2008）较早进行综合研究，但方言面较狭窄，付欣晴（2016）比杨俊芳（2008）方言面广得多，但仍有不少遗漏，中加成分也少得多。

此外，还需要说明的是，"AXA"绝大多数应该是构形重叠，也有少数是构词重叠。

南方 20 余个民族语言也有形容词"AXA"重叠，全部是汉藏语系语言。

1. 藏缅语族语言：

彝语支语言：彝语、哈尼语、土家语、傈僳语、柔若语、毕苏语。

缅语支语言：景颇族载瓦语、浪速语、勒期语、波拉语。

羌语支语言：木雅语、多续话、四川康定贵琼语。

景颇语支语言：景颇语、独龙语。

缅语支语言：景颇族载瓦语、浪速语、勒期语。

2. 侗台语族语言：壮语、西双版纳泰泐语。

3. 苗瑶语族语言：瑶族勉语、苗语、巴哼语。

与汉语方言相比，有同有异。有的可能是受汉语方言的影响，如壮语、土家语等，有的与汉语似乎无影响，有自己的特色，如景颇族载瓦语等。

三、吴语的形容词“AXA”重叠地域分布

（一）A 显 / 险 A

分布区域：温州、丽水、台州。

最早提及温州话有“A 显 A”的是傅佐之（1962）。傅佐之等（1982：137）举有如下例子：

A 显 A 式：长显长、好显好、粗显粗、灵显灵、蛮显蛮、凶显凶、重显重、忙显忙、爱显爱、想显想、愁显愁、信显信、吓显吓、急显急、气显气、贪显贪。

AB 显 AB 式：光生显光生、快活显快活、暗静显暗静、清水显清水、腥臭显腥臭、肉胀显肉胀、相信显相信、爱惜显爱惜、了解显了解、听讲显听讲、会讲显会讲、讲牢显讲牢。

ABC 显 ABC 式：悭死到显悭死到、短命相显短命相、坏相道显坏相道、得人憎显得人憎、有意思显有意思、花时间显花时间、爱面子显爱面子、讲生动显讲生动。

上面 3 种形式既有形容词或形容词性短语，又有动词或动词性短语，动词或动词性短语能进入“A 显 A”，是“功能游移”。

温端政（1994：45）提到温州话与浙南闽语的“A 显 A”，如：

重叠式：大显大、细显细、厚显厚、薄显薄、硬显硬、软显软（单音节）。
快活显快活、闹热显闹热、滑溜显滑溜、灵清显灵清、清气显清气（双音节）。

反复式：大显大大显大、细显细细显细、厚显厚厚显厚、软显软软显软（以上单音节），快活显快活快活显快活、闹热显闹热闹热显闹热（以上双音节）。

比较两者有一些不同，温端政（1994：45）未提及动词或动词性短语。

颜逸明（2000：137—138）说温州话有“A 险 A”：好险好很好、高险高很高、快险快很快、慢险慢很慢、热险热很热、冷险冷很冷、爽险爽非常舒适、苦险苦非常痛苦。（以上单音节）。

要紧险要紧、着力险着力、快活险快活、难过险难过、老实险老实。（以上双音节）。

且有些描述性的短语结构也可进入“AB 险 AB”，如：

动补结构：走快险走快走得很快，非常快、讲好险讲好讲得很好，非常好、吃爽险吃爽吃得非常痛快。

助动结构：难买险难买很难买到，难得很、好吃险好吃很好吃，味道非常好。

形量结构：大粒险大粒形容粒子很大，为豆类、大个险大个形容个头很大，如桃子。

周若凡等（2013：92）说瑞安话有“A 显 A”：傅佐之等指出，形容词可分为简单形式和复杂形式。前者包括单音节和一般的双音节形容词，后者即形容词的生动形式。周若凡等（2013：93）说：“双音节形容词有性质形容词和状态形容词之分。状态形容词在普通话中不受程度副词‘很’修饰，在瑞安话中则不受‘显’修饰。沈家煊把状态形容词归为‘有界’形容词，总是表示一定的量段或量点，程度量无伸缩性，是定量的，不能像性质形容词一样受程度副词修饰。在这一点上，瑞安话和普通话相同。瑞安话中能和‘显’普遍组合的一般只能是性质形容词。”周若凡等（2013：93）又说：“此外，瑞安话中还有些描述性的词语也可以进入 AB 显 AB 式。”如：

动补结构：走快显走快、讲好显讲好、吃爽显吃爽、用大显用大。

助动结构：难买显难买、好吃显好吃、会讲显会讲、好看显好看。

形量结构：大粒显大粒、大个显大个、大段显大段。

上面的“A”也有动词性词语。以上可见“显”搭配能力很强。

支亦丹等（2017a、2017b）、支亦丹（2018）说到乐清话也有“A 显 A”。除单音节、双音节、三音节形容词外，四音节的形容词性短语如“腻死巴呆”“拗精拗落”“皮呲纠韧”等也可进入“A 显 A”。（支亦丹等，2017a：91—92）

支亦丹等（2017b：57）认为，乐清话“A 显 A”中的“A”既可是形容词，如：长显长、好显好、闹热显闹热、老实显老实；也可是动词，如：爱显爱、怕显怕、赔煞显赔煞、吃得显吃得；还可以是名词，如：大人显大人、上面显上面、门前显门前。

支亦丹等（2017b：57）指出，乐清话也有“X 显 XX 显 X”，是“X 显 X”重叠而成，既可是形容词，如：长显长长显长、闹热显闹热闹热显闹热；也可是动词，如：爱显爱爱显爱、喜欢显喜欢喜欢显喜欢；也可是名词，如：下面显下面下面显下面、门前显门前门前显门前。

乐清话的名词也能进入“A 显 A”，是较特殊的。

支亦丹等（2017b：54）在“摘要”中说，瑞安话中，形容词和动词可与“显”字搭配使用，但名词不能。平阳闽语和泰顺话中，只有形容词可与“显”字搭配使用。可见，同是温州，不同的方言亦有区别。支亦丹（2018：19—20）也说到乐清话的“A 显 A”。

王昉（2011）也说到温州话的“A 险 A”，作为硕士论文描述得更为详尽。

傅国通（1978：120）指出：在温州、处州（丽水）的一些方言里有一种嵌音式，即“A 显 A”。王文胜（2008：31）认为丽水青田个别点因受温州话的影响也说“热险热”。

台州玉环话也有“A 显 A”。《玉环县志》（浙江省玉环县编史修志委员会编纂，1994：651）说，在单音或双音的形容词之后，或在重复出现的形容词中加上“显”字，以表程度的加强，相当于“很”“甚”，却改变词素结构。以楚门话较多见。如“很多”“很高”“很好吃”被说成“多显”“多显多”“高显”“高显高”“好吃显”或“好吃显好吃”。本校 16 届（C）汉语言文学专业的沈梦华同学说其家乡玉环陈屿话属温州平阳话，即闽南语也有“A 显 A”，这是方言接触的结果。

（二）A 猛 / 蛮［mã^{41}］A

分布区域：台州、温州、丽水、金华、衢州。

崔山佳（2006：44）说台州仙居话“猛”可用在形容词重叠中间，如：好猛好、坏猛坏、冷猛冷、热猛热。（单音节）老实猛老实、要紧猛要紧。（双音节）也可用在短语重叠中间，如：好吃猛好吃、好看猛好看。

张永奋（2008：70）举有台州话如下例子：

（1）格楼**高猛高**，弗坐电梯怎走得上这楼这么高，不坐电梯怎么走得上去？

（2）渠读书读勒**亭猛亭**，肯定考弗上大学他学习很差，一定考不上大学。

（3）蓬张桌**大猛大**，间里放得落哇那张桌子很大，房间里放得下吗？

以上是单音节形容词，也可双音节形容词，如：

（4）渠格吃饭**味道猛味道**看他吃饭那么香。

（5）渠帮别人做事干**用力猛用力**他帮助别人做事很用力。

（6）到西安要换火车，**麻烦猛麻烦**到西安要换火车，非常麻烦。

（7）格人**小气猛小气**这人非常小气。（张永奋，2008：71）

张永奋（2008：70）指出：“此类重叠式程度的作用比 A1A2X 式更明显，一般在需要特别突出或夸张某事物的性状时使用，使用频率相当高。”

据本校 17 届汉语言文字学余虹硕士说，台州天台话也有“A 猛 A”。

仙居话也有“A 猛 A”，李金燕（2020：143—145）有论述，可参看。三门话也有“A 猛 A”，可参看王怀军（2022：374）。

吴越等（2012：753—754）指出：“并不是所有的形容词都有比较级的副词性后缀。有一些形容词，根本就没有前缀和后缀，但可以用一个通用的后置程度副词‘[mã^{41}]’（极）加在后面作为增强比较级。这个通用的后置副词，几乎适用于所有的形容词（包括单音节和复音节），甚至某些可以加前缀、后缀的形容词，为了加强语气，还可以把形容词重复一遍。”如：长——长 [mã^{41}]，长 [mã^{41}] 长；短——短 [mã^{41}]，短 [mã^{41}] 短；好——好 [mã^{41}]，好 [mã^{41}] 好、坏——坏 [mã^{41}]，坏 [mã^{41}] 坏；红武$_{\text{漂亮，好看}}$——红武 [mã^{41}]，红武 [mã^{41}] 红武；[弯] 相$_{\text{肮脏}}$—— [弯] 相 [mã^{41}]，[弯] 相 [mã^{41}] [弯] 相。上面也是既有单音节，也有双音节。

我们曾向作者之一的吴越先生询问过丽水缙云话这种用法的中加成分是不是应写成“猛”，他认为还是写作 [ma$^{\sim 41}$]。

但其他学者多写作“猛”。陈贵麟（2007：21）在“缙云西乡方言‘猛’”表格中举有“热猛热”“冷猛冷”。王文胜（2008：31）说缙云也有一些地方说“热猛热”。

本校16届汉语言文学（C1）班胡晓锋同学提供缙云话“A 蛮 A”例子：贵蛮贵、花蛮花、多蛮多。（以上为单音节形容词）好吃蛮好吃、有趣蛮有趣、漂亮蛮漂亮、难看蛮难看。（以上为双音节形容词）

以上说明，因为缙云话本身比较复杂，不同的人记音不同。

蔡海燕（1997：39）说台州临海话有“A 蛮 A”，其能产性很强，且使用频率也高。如：青蛮青、香蛮香、燥蛮燥等。

蔡勇飞（2015：139）也说临海话有“A 蛮 A”，如：“好蛮好”“热闹蛮热闹”等。

湖南道县祥霖铺土话也有“A 蛮 A”。如：软蛮软$_{\text{很软}}$、硬蛮硬$_{\text{很硬}}$、咸蛮咸$_{\text{很咸}}$、淡蛮淡$_{\text{很淡}}$。（谢奇勇，2016：169）又如：

（8）就□ [lɤ^{35}] 紧一头老蛮老咯白尾狗死紧□ [pɤ^{21}] 地。（谢奇勇，2016：202）

谢奇勇（2016：178）再次提到“蛮”：值得一提的是以上两种形式在口语中并不常用，大多用“……蛮……”这种近乎“中缀”的形式来表达。如：咸蛮咸$_{\text{很咸}}$、淡蛮淡$_{\text{很淡}}$、香蛮香$_{\text{很香}}$、臭蛮臭$_{\text{很臭}}$。

说“蛮”近乎中缀，我们不同意，“蛮”应是副词，程度副词。祥霖铺土话除用“A 蛮 A”外，“蛮”也可用于形容词前，如：蛮甜$_{\text{很甜}}$、蛮雄$_{\text{很雄}}$、蛮狭$_{\text{很狭}}$、蛮盛$_{\text{很茂盛}}$。

谢奇勇（2016：209）在说到“副形组合”时，也举有“A 蛮 A”，显然，这里就把“蛮”当程度副词处理。

不过，祥霖铺土话的“蛮”在不同位置，其声调有所不同，在“蛮 A”中读音常变为 55 调值，在“A 蛮 A”中读音常变为 35 调值。（谢奇勇，2016：186）

而且“蛮”作为程度副词，在不少方言中常用。再加上因汉语方言中，“AXA”的“X”并非单一的，而是很复杂的，“X”是程度副词的还有不少，如温州话等的“显”，台州话等的“猛”等。

云南华坪话（属西南官话）也有“A 蛮 A”，表程度加深。这种格式不能受副词“不”的否定，也不能受程度副词修饰，且重叠的两个形容词只能是单音节形容词，不能为双音节。如：大蛮大、多蛮多、好蛮好。（黄国聪，2019）

与其他方言表程度加深的形容词重叠式不一样的是，华坪话这种形式在使用时后面的语句带有转折的成分，如：

（9）我今天吃得**多蛮多**很多，但是不饱。

（10）四个人**挤蛮挤**很挤，还是坐得下。（黄国聪，2019）

本校 16 届汉语言文学（C1）班陈晓婕同学说龙游话有如下例子：

（11）这个蛋糕**好爷**好吃**麦好爷**。

（12）这件衣服他穿起来**好器**好看**麦好器**。

（13）这个游戏**好勺**好玩**麦好勺**。

（14）这个小品**好笑麦好笑**。

我们本以为这“麦”应是“蛮”。但陈晓婕同学说，龙游话有“蛮好吃”，也有“好吃麦好吃”，故她觉得“蛮”和“麦”有所不同。

我们以为，“A [$mã^{41}$] A”“A 蛮 A”“A 麦 A”等应都是“A 猛 A”，“X”只是不同方言的变读而已。

温州苍南蛮话有“A 们 A”。杨勇（2014：131）在说到苍南蛮话的语法特点时指出：“3. 重叠的形容词之间加‘们’，表示程度，‘形 + 们 + 形’。”如：甜们甜、苦们苦、烦们烦、灵清们灵清、难做们难做、勤力们勤力、住远们住远、走快们走快。“A”既有单音节，也有双音节，还有短语，如“住远”“走快”等。

“A 们 A”的“们”其实应是“猛”。方思菲（2013）说苍南蛮话是“A 猛 A”，因是硕士论文，描述很具体。“A 们 A”应视为“A 猛 A”。但奇怪的是，温州普遍的是“A 显 A”，哪怕是苍南的闽南话也有“A 显 A”，但苍南蛮话还有“A 们 / 猛 A”是较特殊的，从中可见温州话的复杂性。

综上，台州、温州、丽水、金华、衢州有“A 猛 A”，分布点比“A 显 A”还广。

上面的“A 显 A”“A 猛 A”等研究人员众多，研究很细致，成果也多，是吴语的典型用法，显示浓厚的吴语特色。而下面要说到的一些重叠式，有的虽也有一定的分布范围，但其他方言也有，不具方言个性；有的分布范围狭窄，只有少数几个点，甚至只有 1 个点；有的能进入“AXA”的形容词只有极少数几个，不具典型性。

（三）A 打 A

分布范围较广。吴子慧（2010：72）说到形容词加中缀时举有“A 打 A”，表程度的增加，举有义乌话，如：明打明很明显、实打实实实在在、稳打稳很稳。

其实，并非只是义乌话有“A 打 A”，其他吴语方言点也说。如温州话也有，郑张尚芳（2008：218）指出：“重叠单音形容词可嵌加衬字来表强调：‘平打平、明打明、实打实、扣打扣、赶打赶赶着干、徧打徧、紧对紧赶快、顶对顶彼此较真儿、先不［fu^3］先首先’。”“先不先”，好多学者认为应是副词而非形容词，如赵日新（2015：200）、兰玉英（2017：178）等。我们也认为是副词。湖南益阳话有“扣打扣一个萝卜一个坑，没有余地”。崔振华（1998：216—217）认为是副词，我们也持同样看法。

象山话也有，如：曚昽打曚昽、明打明。（叶忠正，2007：489、503）

傅国通（1978：120）说“A 打 A”见于浙江全省各地，但数量不多，即进入“AXA”的形容词不多，常见的有：实打实、明打明、平打平、稳打稳、直打直、紧打紧、亮打亮。

上海话也有。《上海地区方言志》（游汝杰主编，2014：第 4 卷 240）说市区有“明打明亮”，松江有“亮打亮”，金山有“明打明”，三种说法，普通话都是“非常明显”义。

上面是吴语。“A 打 A”在其他方言分布也较广。湘语如：湖南涟源杨家滩（彭春芳，2007：25）、沅江（熊赛男等，2007：87）；平话如：广西资源延东（张桂权，2005：244）；赣语如：江西南丰（曾学慧等，2011：71）、芦溪（刘纶鑫，2008：130）、新余（曾海清，2010a：56；2010b：78）；客家话如：江西安远（钟慧琳，2011：23）、湖南耒阳（王箕裘等，2008：334），温昌衍（2006：171）举有客家话如下例子：“认打认真、老打老实、笔打笔直。”西南官话如：贵州毕节（明生荣，2007：336），以上都是地处南方的方言。北方方言也有，中原方言如：江苏赣榆（苏晓青等，2011：353）。胡利华（2011：264、268）在说到安徽蒙城话（属北方话淮北话土语群）的歇后语时举有如下例子：

（15）涡阳斗（到）蒙城——县（现）打县（现）。

（16）上山滚石头——实（石）打实（石）的。

甚至普通话也有，如《现代汉语词典》就收有“实打实”：“实实在在：～的硬功夫｜～地说吧。”不过能进入“AXA”的形容词不如方言多。

有的方言点还有“A打AB”，如上海话的“明打明亮”，湖南涟源杨家滩话的“落打落实、老打老实”，湖南沅江话的“拍打拍实、慢打慢细、从打从容”，江西南丰话有“老打老实、硬打硬实、稳打稳实、厚打厚实、确打确实”，客家话的“认打认真、老打老实、笔打笔直”等。

（四）A里/完/勒A

分布范围：江苏苏州、浙江绍兴。刘丹青（1986：10）在说到苏州话形容词重叠式时说有“A里A”，原则上适用于所有单音节形容词，表程度达到极点，如：好里好、短里短、黑里黑。只有单音节形容词的描写。

刘丹青（1986：10）指出，有一部分苏州人还有“A完A”，表义作用与“A里A”相近，是由“A完A完”在“A里A”的类化下形成的。（我们以为，此外可能还有脱落后一“完”的可能）薛才德（1997）认为，苏州话还有“X勒X”，如“哭勒哭”（表“哭”的动作重复发生），“X”是动词。又如“好吃勒好吃”（很好吃），“X”是形容词性短语。

吴子慧（2010：72）也举有苏州话例子：好里好$_{\text{好极了}}$、短里短$_{\text{短极了}}$、红里红$_{\text{红极了}}$。

盛益民（2014：176）说绍兴柯桥话有“A里A”，如：熟里熟、畅里畅、臭里臭。盛益民（2021：157）也说到柯桥话的“A里A”。

（五）A上A

金华武义桐琴有“A上A”，如：好上好、笨上笨，只能用在形容人或物上。并不是所有的形容词都适用，适用范围很有限。

游汝杰（2018：自序）也有例子：

（17）从事吴语调查研究已有数十载，调查地点近百处，所入越深，所见越奇，而吴语世界林林总总，花团锦簇，目不暇接，颇觉个人见识未广，学力有限，概括谈何易，深入<u>**难上难**</u>。

其他方言也有，如河北新乐、无极、晋州、栾城、元氏、赵县（属冀鲁官话）。吴继章（1998：60）指出，新乐县南部有“A上A”。如：好上好、高上高、黑上黑、甜上甜等。这种重叠式与深泽等的“A又/也A”式在表义特点、句法功能等完全相同，但只有单音节形容词的描写。李小平等（2013：160）认为，“无极方言中单音节形容词还有‘A 上 A’这样的重叠形式”，如：“俺这瓜甜上甜、好上好！”“你说得对上对。”李小平等（2013：163）指出：“晋州、新乐南部方言中也有‘A 上 A’式。”李小平等（2013：163）又说：“栾城、元氏、赵县方言中有‘A 上 A’式表示程度高。”《元氏方言志》（吕路平等，2013：74）也认为元氏话也有“A 上 A”。《元氏方言志》（吕路平等，2013：75）说，“A 上 A”相当于“非常＋形容词”，如：好上好、好吃上好吃、香上香、老实上老实、沉上沉。

（六）AhanA

台州玉环陈屿话有“AhanA”，目前无法确定其本字是哪个，表达的语义与“显”字差不多，但“A”远不如“显”有很多形容词。如：

（18）今天天气热 han 热今天天气十分炎热。

（19）这东西吃下去，热 han 热这东西很上火。

（20）这两天冷 han 冷这几天都很冷。

“A”用得最多的是“热”和“冷”，其他的形容词都用“显”来说。能和“han”字搭配的词语很少，玉环陈屿话很少会听到这个字。据 15 届（C）汉语言文学沈梦华同学说，她是无意中从其爸爸口中听到的。这个字在祖父一辈使用广泛，受温州话的干扰，年轻群体都已不用这个“han”，全部都用“显”来说。据其猜测，这个“han”字读音和温州平阳瓯语的“很”字读音相似，很大可能是“很”的变音。其祖辈是从福建移民过来的，其方言是闽南语分支。再说玉环在历史上曾归温州管辖，陈屿又离大麦屿港很近，和温州人贸易往来多，这也进一步推动了语言发展，大概这是“han”字由来的原因。

以上的“X”都是单音节。吴语里“X”也有双音节。

（七）A 了格 A

吴子慧（2010：72）说玉环有“A 了格 A”，如：歪了格歪很歪、辣了格辣很辣、小气了格小气很小气。“A”既有单音节，又有双音节。

网上有《玉环话形容词性的生动构形法》一文，其中有“‘形补同形’结构 A 了格 A”，描写更为详细：玉环话里为表形容程度的加深加重，有一种“形补同形”的特殊结构：在形容词后加上助词“了格”后，再加上该形容词充当前形容词的补语。用这个结构时，说话人带有极力想说服你相信他所说之话的目的，带有很强的强调意味，表明了说话人对事物情状的深信不疑和口气的坚定。这个结构大多用于单音节形容词，也存在部分双音节口语词，如：歪了格歪、冷了格冷、高兴了格高兴、小气了格小气。口语中能说的形容词都可进入该结构，书面语词一般不能进入该结构，如不能说：伟大了格伟大、绚丽了格绚丽、壮丽了格壮丽。

玉环话口语动词也有表面相似结构“V 了格 V”。如：抖了格抖、摇了格摇、晃了格晃。“V 了格 V”和“A 了格 A”虽都用助词“了格”连接两个相同的词，但它们是完全不同的结构：“V 了格 V”是个无心并列结构，两个“V”的地位是平衡的，相当于普通话的“V 了 V”或“V 了一下”，表动作的重复、短时、少量等语法意义；而“A 了格 A”是个向心结构，前“A”处于核心地位，后“A”是其补语成分，相当于普通话的“A 得很”“A 极了”。

“A 了格 A”在句子中只能做谓语，如：

（21）格人<u>小气了格小气</u>。

（22）格天价<u>冷了格冷</u>。

不过，上文把“A 了格 A”当作“形补同形”结构（即后一“A”是补语）我们不敢苟同。汉语方言有众多“AXA”结构，南方一些少数民族语言也有，应看作形容词重叠加中加成分。

（八）A 死 luo（了）A

福建浦城话有“A 死 luo（了）A”。据日本文教大学的蒋垂东先生告知，主要是有“热死 luo 热”“痛死 luo 痛”“急死 luo 急”等，“A”范围不广，且只有单音节形容词才可，双音节形容词不行。

（九）A 里嗰 A

盛益民（2014：177）说绍兴柯桥话除“A 里 A”外，还有“A 里嗰 A”，如：

（23）书读到<u>透里（嗰）透</u>书读到透。

但显然不如“A 里 A”用得多。

另外，鄞州话有“A 过 A”重叠式，如：

（24）<u>烦过烦</u>足嚯。

（25）<u>冷过冷</u>足嚯。

（26）<u>慢过慢</u>足嚯。

“A 过 A”与“足”一起，表程度深。（肖萍等，2014：17）

象山话有“长拔长”“直拔直”。（叶忠正，2007：497、502）也应属“AXA”，但同样是形容词较少。

宁波话另有“A 得是 A”“A 是介 A”的形容词重叠式，形容词既可以是单音节，也可以是双音节，也表程度深。如：好得是好、漂亮得是漂亮；长是介长、阴险是介阴险。如：

（27）笨是介笨，问勿肯问。（谚语）

汤珍珠等（1997：5—6）收“是介”，义项有四，其四是：“相当于副词‘又’。”如：

（28）笨是介笨，艮性情执拗，言行生硬是介艮，真真吪告话头没有办法。

朱彰年等（1996：251—252）收“是介”，义项有三，其三是：“〈副〉相当于‘是这样’、‘又’。”如：

（29）该小鬼笨是介笨，坏是介坏，真真头痛煞。

（30）房子是介小，天家是介热，庵仔交关难熬。

例（30）的“房子是介小，天家是介热”也可说成“房子小是介小，天家热是介热”。

以上可见，吴语的“AXA”形式多样，有的是其他方言所未见描写的，颇有研究价值。

参考文献

蔡海燕　1997《临海方言的状态词》，《台州师专学报》第 4 期。

蔡勇飞　2015《临海方言音系及有关词汇、语法特点的研究》，《中国方言学报》第 5 期。

陈贵麟　2007《吴语缙云西乡方言语法现象探究》，载《汉语方言语法研究》，汪国胜主编，华中师范大学出版社。

陈叶红　2010《张家界方言形容词的重叠》，《世纪桥》第 19 期。

崔山佳　2006《方言中几个比较特殊的形容词重叠形式》，《台州学院学报》第 1 期。

崔振华　1998《益阳方言研究》，湖南教育出版社。

方思菲　2013《苍南蛮话后置程度副词“猛”的研究》，上海师范大学硕士学位论文。

付欣晴　2016《汉语方言重叠式比较研究》，社会科学文献出版社。

傅国通　1978《浙江方言语法的一些特点》，《杭州大学学报》（哲学社会科学版）第 2 期。

傅佐之　1962《温州方言的形容词重叠》，《中国语文》3 月号。

傅佐之、黄敬旺　1982《温州方言的表程度语素“显”》，《温州师专学报》（社会科学版）第 2 期。

胡利华　2011《蒙城方言研究》，合肥工业大学出版社。

黄碧云　2004《“打”字的中缀研究》，《辞书研究》第 1 期。

黄国聪　2019《云南华坪方言的构词法探析》，浙江财经大学本科毕业论文。

蒋宗福　2002 《四川方言词语考释》，巴蜀书社。
蒋宗许　2009 《汉语词缀研究》，巴蜀书社。
兰玉英　2017 《四川客家方言在词法上的传承与变异》，载《第六届客家文化高级论坛方言论文集》，林清书主编，世界图书出版公司。
李金燕　2020 《仙居方言形容词重叠式研究》，载《吴语研究》(第十届国际吴方言学术研讨会论文集，第 10 辑），陈忠敏、徐越主编，上海教育出版社。
李小平、安拴军　2013 《河北无极方言形容词的重叠》,《中国方言学报》第 3 期。
刘丹青　1986 《苏州方言重叠式研究》,《语言研究》第 1 期。
刘纶鑫　2008 《芦溪方言研究》，中国社会科学出版社、文化艺术出版社。
吕路平、吕巧平　2013 《元氏方言志》，对外经济贸易大学出版社。
明生荣　2007 《毕节方言研究》，中国社会科学出版社。
彭春芳　2007 《湖南涟源杨家滩话重叠式研究》，中央民族大学博士学位论文。
盛益民　2014 《吴语绍兴柯桥话参考语法》，南开大学博士学位论文。
盛益民　2021 《吴语绍兴（柯桥）方言参考语法》，商务印书馆。
盛银花　2015 《安陆方言研究》，华中师范大学出版社。
石汝杰、（日）宫田一郎主编　2005 《明清吴语词典》，上海辞书出版社。
石汝杰　2009 《吴语文献资料研究》，日本东京好文出版。
宋开玉　2008 《明清山东方言词缀研究》，齐鲁书社。
苏晓青、万连增　2011 《赣榆方言研究》，中华书局。
谭傲霜　2009 《汉语重叠现象的类型学特征》，载《汉语重叠问题》，汪国胜、谢晓明主编，华中师范大学出版社。
汤珍珠、陈忠敏、吴新贤编纂　1997 《宁波方言词典》，江苏教育出版社。
汪如东　2017 《江淮方言泰如片与吴语的语法比较研究》，中国社会科学出版社。
王昉　2011 《温州话动词和形容词重叠研究》，北京大学硕士学位论文。
王怀军　2022 《吴语三门方言研究》，上海交通大学出版社。
王箕裘、钟隆林　2008 《耒阳方言研究》，巴蜀书社。
王文胜　2008 《处州方言的地理语言学研究》，中国社会科学出版社。
温昌衍　2006 《客家方言》，华南理工大学出版社。
温端政　1994 《从浙南闽南话形容词程度表示方式的演变看优势方言对劣势方言的影响》,《语文研究》第 1 期。
温锁林　2010 《形容词的生动形式“A 又 A”》,《南开语言学》第 2 期。
芜　崧　2014 《荆楚方言语法研究》，武汉大学出版社。
吴继章　1998 《河北官话方言区形容词的几种重叠式》,《河北大学学报》(哲学社会科学版）第 3 期。
吴继章　2016 《河北方言中的特殊重叠现象及相关问题》，载《北斗语言学刊》第 1 辑，乔全生主编，上海古籍出版社。
吴　越、楼兴娟　2012 《缙云县方言志》，中西书局。
吴子慧　2010 《吴方言形容词表示程度的语法手段》,《浙江教育学院学报》第 6 期。
肖　萍、郑晓芳　2014 《鄞州方言研究》，浙江大学出版社。

谢奇勇　2016 《湖南道县祥霖铺土话研究》，湖南师范大学出版社。
邢向东、王兆富　2014 《吴堡方言调查研究》，中华书局。
熊赛男、龙理鹏　2007 《沅江话的形容词重叠式研究》，《重庆科技学院学报》（社会科学版）第 2 期。
许少峰编　2008 《近代汉语大词典》，中华书局。
薛才德　1997 《汉藏语言谓词 PXP 重叠式》，《民族语文》第 3 期。
颜逸明　2000 《浙南瓯语》，华东师范大学出版社。
杨俊芳　2008 《汉语方言形容词重叠研究》，复旦大学博士学位论文。
杨　勇　2014 《蛮话方言史》，上海社会科学院出版社。
叶忠正　2007 《象山方言志》，中华书局。
游汝杰主编　2014 《上海地区方言志》，复旦大学出版社。
游汝杰　2018 《吴语方言学》，上海教育出版社。
曾海清　2010a 《新余方言三片及其三代人的形容词重叠式比较》，《新余高专学报》第 4 期。
曾海清　2010b 《普通话与方言比较视角下的新余方言形容词重叠式》，《萍乡高等专科学校学报》第 4 期。
曾学慧、崔山佳　2011 《“打”字中缀用法补说三题》，《江西科技师范学院学报》第 4 期。
张桂权　2005 《桂北平话与推广普通话研究——资源延东直话研究》，广西民族出版社。
张永奋　2008 《浙江台州方言形容词重叠式研究》，《现代语文》（语言研究版）第 5 期。
张志华　2005 《湖北罗田方言中“差”的重叠形式》，《汉语学报》第 3 期。
赵日新　2015 《绩溪荆州方言研究》，安徽教育出版社。
浙江省玉环县编史修志委员会编纂　1994 《玉环县志》，汉语大词典出版社。
郑张尚芳　2008 《温州方言志》，中华书局。
支亦丹　2018 《乐清方言程度表达研究》，浙江财经大学硕士学位论文。
支亦丹、崔山佳　2017a 《温州乐清方言的形容词程度表达》，《温州职业技术学院学报》第 4 期。
支亦丹、崔山佳　2017b 《温州一带方言“显”字使用分布》，《现代语文》（语言研究版）第 6 期。
中国社会科学院语言研究所词典编辑室　2016 《现代汉语词典》（第 7 版），商务印书馆。
钟慧琳　2011 《安远客家方言重叠式形容词研究》，广西师范大学硕士学位论文。
周若凡、王文胜　2013 《温州瑞安话形容词重叠结构分析》，《温州职业技术学院学报》第 4 期。
朱彰年、薛恭穆、汪维辉、周志锋编著　1996 《宁波方言词典》，汉语大词典出版社。

山西中部方言说唱类口传文化用韵研究*

余跃龙　姚何春

（陕西师范大学文学院 / 语言科学研究所 710119）

摘　要：本文通过整理、分析山西中部方言说唱类口传文化材料，发现该地区方言说唱类口传文化用韵兼顾"北曲十三辙"和当地方音特征。"同韵自押"基本遵循"北曲十三辙"，"异韵混押"反映当地的方音特征。与这两个基本原则相悖之处有的反映更为古老的历史来源，有的则反映了方言内部语流音变。山西中部方言口传文化的用韵特点与北曲十三辙、方言口语不一致的情况，反映了口传文化形式保留更为古老的音韵特点。

关键词：山西；口传文化；用韵

一、山西中部方言口传文化概说

山西中部方言口传文化类型多样，形式自由灵活。这些口传文化形式大多以当地方言表演，其押韵情况与北方官话用韵情况并不全同。本文以山西中部太原、古交、祁县、介休四县市口传文化形式为主要研究对象，探讨山西中部方言口传文化用韵与北方曲韵、当地方言口语用韵的异同。太原、古交、祁县、介休方言音系分别采用沈明（1994）、王临惠（2003）、乔全生主编（2023）成果记录的音系。

太原、晋中两市是山西中部代表性城市，其口传文化形式历史悠久，最早可追溯至《诗经》中的"唐风"和《乐府诗集》中的"并州歌"（刘润民，2017：51）。今太原及晋中地区流行的方言口传主要有民歌、地方小戏、曲艺、俗语、民间故事等多种类型，其中民歌、地方小戏、曲艺类口传文化形式属于说唱艺术，既有说的部分又有唱的部分。俗语和民间故事则以说为主，较少唱的成分。本文以考察方言说唱类口传

* **基金项目**：国家社科基金一般项目"语言接触视域下晋冀蒙边界地带方言语音研究"（编号：21BYY076）；2021年度陕西本科和高等继续教育教学改革研究项目"基于语言资源的现代汉语课程群'4C'教学改革与实践"（编号：21BY025）

文化为主，暂不讨论俗语和民间故事等以说为主的口传文化形式。文中引用的语料主要来自娄烦道情、古交道情、太原岗北秧歌、太原晋源秧歌、古交院家峁秧歌、太原碗碗腔、太原莲花落、太原民歌、介休三弦书、祁太秧歌、小调 11 种说唱类口传文化。

二、山西中部方言说唱类口传文化用韵特点

2.1 “唱词”与“念白”中的押韵

山西中部说唱类口传文化的押韵主要体现在“唱词”、“念白”两个部分。这两部分押韵情况不完全相同，具体区别如下：

2.1.1 “唱词”中的押韵

“唱词”是指按一定的宫调（乐调曲牌）写成的韵文（马瑞雪，2014：113）。山西中部民歌、民间小戏和曲艺唱词都遵循较为严格的押韵规则，如：

① 苏　母（唱）年迈人提水桶顾后思前，
忆往事阵阵痛五脏俱翻，
苏云儿会进士兰溪知县，
五年来未捎回片语只言，
十余载家道落粗茶淡饭，
两鬓白苦撑着影只形单，
行来在井台边两腿发软，
歇一歇缓一缓再转家园。

（太原岗北秧歌《汲水》选段）

② 梁春生（唱）堂倌这闻听脸带笑，
连把这客爷问几句。
丢了这你们的啥东西，
要你们对我说仔细。

（介休三弦书《赵匡胤大闹马家店》）

③ 买卖人（唱）家住山西在太原，
西山坡底有家园。
我在外面做买卖，
你女儿把我唤进来。

（祁太秧歌《收草帽》）

例①“前翻县言饭单软园”相押“言前辙”，例②“句西细”押韵“一七辙”，例③“原园”相押“言前辙”；“卖来”相押“怀来辙”。这 3 例押韵符合“北曲十三辙”的押韵规则。

2.1.2 “念白”中的押韵

戏曲中的“念白”具有一定的音乐性和节奏感，不同于日常生活语言，是在生活语言的基础上加工提炼而成。念白可以统称，也可以分开说明，二者略有区别。“念”主要用于戏剧人物上场时，用诗（或韵文）的形式向观众交代自己的身份、剧中要解决的中心问题，以及自己的态度，用简明概括的语言帮助观众了解剧情；“白”主要用当地方言表达，它和口头语言更接近，负担着交代剧情的重要任务（尼树仁，1983：40）。在山西中部方言说唱类口传文化中，“念白”的部分可在曲目中间出现，也可出现在人物上场或下场时，用以自报家门，介绍生平经历，如：

① 石　秀（念）英雄无比，
盖世无双。
家住金陵在建康，
每日杀猪宰牛羊。

（太原晋源秧歌《翠屏山》）

② 妻　子（念）你走后我就往起来爬，
先看看咱的几个娃。
咯哇一声就唤妈，
俩手就把奶来抓。

（祁太秧歌《割田》）

③ 张大匠 这真是，儿子床头暖，老子炕皮凉；老的下地狱，小的上天堂。

（太原岗北秧歌《墙头记》选段）

④ 院　公 哎咳，一拢黄雪丝，回禀姑娘知。

（古交道情《夜宿花亭》）

⑤ 潘老公 孩儿孩儿你不要恼，你听大大与你表，
老爷上边问的好，他在下边回的巧，可就无有事了［ˊliɔ］。

（太原晋源秧歌《翠屏山》）

例①“双康羊”相押“江阳辙”，例②“爬娃妈抓”相押“发花辙”，例③“暖凉堂”相押“江阳辙”，例④“丝知”相押“一七辙”，例⑤“恼表好巧了［ˊliɔ］”相押“遥条辙”。这几例押韵符合“北曲十三辙”的押韵规则。

太原莲花落中的“白”也可按太原方音特点押韵，如：

⑥ “你这人咋不精明，第三者它是手机。”
“你脑子实在有问题，真是个地地道道的不精明。”
“不要说我不精明，你的脑子才有问题。”

（太原莲花落《机不可失》）

例⑥韵脚字“明机题”相押，“明”以太原方言白读音［mi^{11}］入韵，以上三个字通押［i］韵，相当于十三辙的“一七辙”。

2.2 用韵特点

山西中部方言说唱类口传文化形式在押韵时有以下四个特点：

2.2.1 押韵不忌重韵

重韵是指韵文中使用相同的韵脚字来押韵。在正式韵文创作中重韵都是应该避免的，但在唐人创作的诗歌韵文中，重韵的情况也是有的（张忠纲，2000：479）。山西中部方言说唱类口传文化形式属民间说唱形式，较之诗歌韵文的押韵更为宽松，因此重韵现象也较普遍，如：

① 我的那这名儿叫个啐五头，
我在那财主家里把苦苦受。
赶的一个四套车。
几当家的那啐外号儿唤个这板凳狗，
一肚肚子黑水水它往外流，
实在是难伺候。
一年这四季把苦受，
赶着个马车我日夜走，
啥时候才熬到头？

（太原民歌《五头赶车》）

② 李国忠 （唱） 贫道今天要过桥，
请问你的桥桥牢不牢？
鲁班闻听生了气，
老道你讲话理不高。
未曾前来你不打听，
普天下就数这孔桥。

每天将千军万马过多少，
也没有压坏赵州桥。

（介休三弦书《赵州桥》）

③ 刘月香 （唱） 奴哥哥太无意，
留下妹妹你回家里。
但等他明天下午来奴的家里，
看他还有啥道理。

（祁太秧歌《送樱桃》）

例①韵脚字“头受狗流候走”相押“由求辙”，其中“头受”二字作为韵脚分别出现2次；例②韵脚字是“桥牢高少”相押“遥条辙”，其中“桥”字出现了3次；例③韵脚字是“意里理”相押“一七辙”，其中“里”字出现了2次。

2.2.2 衬字不入韵，虚词可入韵

太原民歌在表演时会加入“哎咳、咿儿哟、呀呼嗨”等衬字，以拖长声腔，使韵律婉转悠扬，增强艺术形式的音乐性，这些衬字一般不入韵，如：

三月里来是清明，
咱姐妹二人去踏青，
捎带着放风筝，
（哎咳咿呀哎咳），
捎带着放风筝（哪么咿儿哟）。
大姐姐放的是花蝴蝶，
二妹妹放的是九莲灯，
起在了半空中，
（哎咳咿呀哎咳），
起在了半空中（哪么咿儿哟）。

（太原民歌《放风筝》）

这首民歌《放风筝》中“明青筝灯中”相押，虚词“哎咳咿呀哎咳、哪么咿儿哟”不入韵。但是，山西中部说唱类口传文化形式中有些虚词也可入韵，如：

① 丑 女 （唱） 训教一声你的儿，枉费心劳。
我的娘去世早，留奴年少，
无人教、无人告、啥也会了［liɔ^{0}］。

（太原岗北秧歌《送丑女》选段）

② 丈　夫（念）咗咗！今儿打早起得早，
起来天气就未明了［liɒɔ³¹］。
对你说送饭早，
荷上我的家具往地里跑。
我就去到地里二亩谷儿都割倒，
不见你的这饭来了［liɒɔ⁰］。

（祁太秧歌《割田》）

③ 梁春生（唱）我一定要跟师父好好学［ɕiɔo¹³］。
学会这爬山又架岭，
学会跳低与跳高，
各样的本领都学好，
哪料这猛虎心变了［liɔo⁰］。

（介休三弦书《猛虎学艺》）

例①“劳少了”，例②“早了跑倒”，例③“学高好了”相押“由求辙”，虚词“了”在例①②③中都入韵。

2.2.3　入声舒化入韵

中部方言部分入声韵字在说唱类唱词中舒化，舒化后与同音舒声字相押，其押韵规律符合十三辙，如：

① 蒋世隆（唱）恨番兵杀人又放火，
官军趁机又掠夺，
几番惊魂又浴火，
不知瑞莲死与活。

（太原碗碗腔《冰火缘·拉伞》）

② 焦　氏（唱）她言说为妻我犯了大法，
要为妻跪庭前头顶家法。
咱的娘执拐杖将妻拷打，
打的妻一阵阵胡思乱抓。
又是打来，又是骂，
又是口咬，又是掐。
浑身上下拷打了遍呀，
揪下来妻两绺头发。

（太原秧歌《杀狗》）

例①的韵脚字为“火夺活”，其中“夺［tuaʔ²］| 活［xuaʔ²］”为入声字，“火［xuɤ⁵³］”为舒声字。例②韵脚字为“法打抓骂掐呀发”，其中“法［faʔ²］| 掐［tɕiaʔ⁵⁴］| 发［faʔ²］”为入声字，其余为舒声字。

2.2.4 一韵到底与中途换韵

山西中部方言说唱类口传文化中，小戏篇幅较长，中间可以多次换韵，而民歌、莲花落等口传文化形式短小精悍，一般一韵到底，基本上一个曲目只押一个韵，如：

① 李先生（唱） 家住在太谷是东门嗲外，
我在那个钱铺来是做买卖，
掌柜的待我是也不嗲赖，
去年底调的我是跑了外（咪呜儿哟），
那一天大街上做买嗲卖，
行一步就来在了卖食斋，
下了这车子是进了这门，
我把咱刘三是唤一声（咪呜儿哟），
刘　三（唱） 正在那后院里歇的一会身，
耳忽听的饭厅内有人声，
低头儿我进了那饭厅的门，
原来是那银行里的李先生（咪呜儿哟），
请请来请来是让让嗲让，
我把先生请到那饭桌上，
出言来我把那先生的问，
吃甚呀你喝甚呀是细说分明（咪呜儿哟）？

（古交院家峁秧歌《吃招待》）

② 有个娃娃叫凯凯，
伢真是一位小天才，
经常爱问个为什么，
甚事情都想弄明白。
这时候，这屏幕上，小两口在接吻，
凯凯看得就发了呆。
“呀、呀、啊呀，妈妈，叔叔阿姨干甚了，
为什么两个人使劲儿往一块儿挨？”

“傻孩子，伢他俩个兀是，”

“小娃娃家问甚了？

长大了自然会明白。”

（太原莲花落《治病救人》）

民间小戏唱词一般较多，且区分角色。不同角色的唱词可能押不同的韵类，即使同一角色的唱词也会中途换韵。如例①古交院家峁秧歌《吃招待》李先生唱词中“外卖赖斋”相押“怀来辙”；“门”属“人辰辙”，“声”属“中东辙”，“门声”相押反映该方言古深臻曾梗通五摄舒声韵通押的方音特点，下文详解，此处不赘。刘三唱词中“身声门生问明”相押，同样体现了该方音的特点，“让上”相押“江阳辙”。可见在山西中部民间小戏中，押韵并不严格，中途换韵的情况较为常见。太原莲花落一般唱词较短，曲目要求用韵严格，一般采用一韵到底的形式，如例②《治病救人》不区分角色，通常只有一个人表演，唱词仅押“怀来辙”。

三、山西中部方言说唱类口传文化用韵与十三辙比较

3.1 山西中部方言说唱类口传文化押韵情况

太原地区口传文化形式有地方小戏、莲花落、民歌、民间曲艺等类型，本文选其中具有代表性的口传文化形式 71 首（出），包括太原民间小戏（太原秧歌、古交道情、碗碗腔）27 出，太原莲花落 23 首，太原民歌 18 首，叫卖小调 3 首，考察其 485 次押韵情况，具体用韵情况如下：

（1）[an ian uan yan]（言—前类）：

民间小戏：前$_{16}$翻$_{2}$县$_{1}$言$_{8}$饭$_{3}$单$_{3}$软$_{1}$圆$_{3}$天$_{6}$仙$_{1}$难$_{8}$厌$_{3}$汉$_{3}$篇$_{1}$穿$_{3}$怨$_{1}$肝$_{1}$般$_{2}$贤$_{1}$管$_{2}$晚$_{1}$鲜$_{3}$边$_{4}$钱$_{2}$偏$_{1}$端$_{1}$点$_{3}$惨$_{1}$怜$_{3}$染$_{1}$莲$_{3}$远$_{1}$全$_{2}$面$_{4}$冠$_{1}$衫$_{1}$念$_{1}$转$_{4}$安$_{4}$毡$_{1}$观$_{5}$捡$_{1}$剑$_{1}$园$_{2}$万$_{2}$善$_{2}$唤$_{3}$战$_{1}$看$_{13}$山$_{2}$散$_{2}$年$_{3}$元$_{2}$院$_{2}$兰$_{3}$丹$_{4}$站$_{1}$残$_{1}$算$_{1}$担$_{2}$官$_{2}$宴$_{1}$连$_{1}$片$_{2}$叹$_{1}$伞$_{4}$典$_{1}$关$_{3}$田$_{1}$便$_{1}$顽$_{1}$浅$_{1}$完$_{2}$宦$_{1}$番$_{3}$雁$_{1}$援$_{1}$缎$_{1}$旱$_{1}$篮$_{1}$眼$_{1}$尖$_{1}$馆$_{5}$脸$_{1}$欢$_{3}$办$_{1}$干$_{2}$拳$_{1}$监$_{1}$见$_{2}$乱$_{2}$然$_{1}$还$_{3}$短$_{1}$间$_{1}$燕$_{1}$天$_{5}$烟$_{3}$赶$_{1}$串$_{1}$颤$_{1}$箭$_{1}$鼾$_{1}$环$_{1}$单$_{2}$三$_{1}$瘫$_{1}$千$_{1}$盏$_{2}$暖$_{1}$

太原莲花落：天$_{4}$现$_{1}$见$_{1}$办$_{1}$算$_{1}$连$_{1}$边$_{1}$链$_{1}$线$_{1}$圈$_{3}$馋$_{1}$干$_{1}$颤$_{1}$蛋$_{1}$单$_{1}$餐$_{1}$碗$_{1}$馆$_{1}$电$_{1}$验$_{1}$便$_{1}$剑$_{1}$点$_{1}$看$_{2}$慢$_{1}$

太原民歌：干$_{1}$办$_{1}$蛋$_{3}$关$_{1}$完$_{1}$间$_{2}$赶$_{1}$山$_{1}$圆$_{1}$单$_{1}$怨$_{1}$宽$_{3}$转$_{1}$喧$_{1}$蝉$_{1}$观$_{2}$

唤$_{2}$垫$_{1}$绵$_{1}$坦$_{1}$遍$_{1}$钱$_{3}$甘$_{1}$烦$_{1}$县$_{1}$片$_{1}$镰$_{1}$伴$_{2}$见$_{1}$厌$_{1}$面$_{1}$元$_{4}$看$_{3}$天$_{2}$年$_{1}$

叫卖小调：三$_{1}$天$_{1}$

（2）[ai uai]（怀—来类）：

民间小戏：怪$_{3}$开$_{16}$哀$_{1}$栽$_{4}$卖$_{10}$斋$_{4}$待$_{8}$赖$_{10}$块$_{5}$来$_{13}$外$_{5}$才$_{2}$在$_{3}$再$_{1}$爱$_{1}$偕$_{1}$台$_{2}$坏$_{7}$怀$_{2}$漄$_{1}$快$_{4}$该$_{1}$鞋$_{2}$衰$_{1}$带$_{1}$埋$_{1}$甩$_{1}$挨$_{1}$害$_{1}$牌$_{5}$奈$_{1}$财$_{1}$拜$_{1}$

太原莲花落：财$_{8}$白$_{10}$来$_{28}$开$_{14}$态$_{3}$裁$_{2}$百$_{4}$块$_{8}$奶$_{6}$苔$_{2}$排$_{10}$该$_{4}$卖$_{5}$代$_{2}$买$_{1}$在$_{8}$率$_{1}$怪$_{3}$害$_{7}$债$_{1}$台$_{9}$奈$_{1}$太$_{3}$快$_{9}$拽$_{1}$蔡$_{1}$拜$_{3}$戴$_{1}$碍$_{1}$袋$_{9}$赖$_{7}$盖$_{12}$坏$_{2}$带$_{6}$赛$_{2}$外$_{5}$菜$_{4}$癌$_{2}$差$_{3}$怀$_{7}$派$_{1}$宅$_{1}$待$_{2}$抬$_{2}$材$_{2}$歪$_{2}$衰$_{1}$栽$_{1}$摆$_{2}$败$_{1}$才$_{5}$爱$_{3}$呆$_{3}$牌$_{2}$载$_{2}$改$_{4}$凯$_{2}$挨$_{2}$海$_{4}$灾$_{1}$鞋$_{2}$猜$_{1}$晒$_{1}$

太原民歌：开$_{7}$来$_{1}$戴$_{4}$爱$_{3}$采$_{2}$白$_{1}$

叫卖小调：开$_{2}$来$_{2}$

（3）[a ia ua]（发—花类）：

民间小戏：耍$_{1}$打$_{6}$傻$_{2}$下$_{8}$花$_{2}$嫁$_{3}$他$_{6}$爬$_{1}$八$_{1}$搁$_{1}$啦$_{1}$啥$_{2}$娃$_{2}$话$_{6}$煞$_{2}$怕$_{1}$瞎$_{1}$哑$_{1}$家$_{8}$差$_{1}$法$_{4}$抓$_{2}$骂$_{1}$掐$_{1}$发$_{1}$夸$_{1}$她$_{3}$寡$_{1}$咱$_{3}$大$_{1}$茶$_{1}$拉$_{1}$跨$_{1}$哇$_{2}$瓦$_{1}$杀$_{1}$

太原莲花落：霞$_{3}$花$_{5}$她$_{2}$嫁$_{1}$臜$_{1}$瓜$_{2}$疤$_{1}$发$_{2}$妈$_{3}$华$_{1}$他$_{3}$答$_{1}$呱$_{3}$鸭$_{1}$八$_{2}$爸$_{1}$抓$_{2}$哈$_{2}$刮$_{2}$瘩$_{1}$夸$_{2}$嚓$_{2}$哇$_{2}$查$_{1}$下$_{1}$它$_{2}$麻$_{1}$大$_{5}$差$_{1}$化$_{3}$哒$_{1}$家$_{5}$马$_{1}$码$_{2}$假$_{1}$挖$_{1}$架$_{1}$话$_{1}$

太原民歌：查$_{1}$抓$_{2}$热$_{1}$割$_{1}$

（4）[i ɿ ʅ y ɚ]（一—七类）：

民间小戏：喜$_{2}$里$_{2}$鱼$_{5}$席$_{1}$女$_{3}$鸡$_{2}$皮$_{1}$气$_{3}$戏$_{1}$尾$_{1}$弟$_{4}$迟$_{2}$誓$_{1}$娶$_{1}$丝$_{1}$知$_{1}$己$_{3}$举$_{4}$日$_{1}$事$_{3}$你$_{3}$义$_{1}$疑$_{1}$避$_{1}$依$_{1}$地$_{3}$惜$_{1}$提$_{1}$媳$_{1}$妻$_{2}$计$_{2}$梨$_{1}$司$_{1}$泥$_{1}$医$_{1}$厘$_{2}$七$_{2}$一$_{2}$子$_{5}$米$_{4}$几$_{1}$西$_{1}$去$_{1}$吃$_{1}$

太原莲花落：齐$_{5}$医$_{1}$题$_{7}$米$_{3}$细$_{3}$皮$_{7}$驹$_{2}$去$_{3}$里$_{10}$驴$_{3}$吁$_{1}$比$_{1}$余$_{3}$戚$_{1}$区$_{1}$机$_{7}$西$_{4}$挤$_{1}$泥$_{3}$息$_{2}$意$_{3}$姨$_{3}$期$_{3}$起$_{3}$语$_{1}$鸡$_{7}$虚$_{3}$你$_{6}$嘻$_{1}$女$_{5}$离$_{2}$提$_{2}$理$_{4}$已$_{1}$气$_{7}$居$_{1}$眯$_{1}$稀$_{2}$励$_{1}$低$_{1}$啼$_{1}$雨$_{1}$契$_{1}$急$_{1}$析$_{2}$剧$_{1}$戏$_{5}$系$_{3}$遇$_{1}$一$_{1}$机$_{1}$妻$_{1}$力$_{1}$际$_{1}$拟$_{1}$狱$_{1}$蔽$_{1}$喜$_{1}$礼$_{1}$

太原民歌：艺$_{2}$弟$_{1}$剃$_{2}$起$_{2}$气$_{1}$句$_{1}$底$_{2}$剃$_{1}$洗$_{1}$皮$_{1}$戏$_{2}$意$_{1}$离$_{2}$地$_{3}$的$_{1}$备$_{1}$丝$_{1}$里$_{1}$急$_{1}$箕$_{2}$

叫卖小调：四$_{1}$字$_{1}$十$_{1}$食$_{1}$一$_{1}$儿$_{1}$

（5）[aŋ iaŋ uaŋ]（江—阳类）：

民间小戏：壮$_{1}$匠$_{1}$相$_{1}$样$_{6}$上$_{16}$讲$_{5}$两$_{1}$亮$_{4}$常$_{3}$郎$_{7}$王$_{2}$刚$_{1}$量$_{1}$嚷$_{2}$抢$_{1}$旁$_{1}$慌$_{1}$

娘$_{4}$殃$_{1}$仗$_{1}$荒$_{2}$庄$_{1}$丧$_{1}$凉$_{4}$张$_{3}$帮$_{1}$傍$_{1}$放$_{1}$扬$_{1}$伤$_{2}$怅$_{2}$想$_{3}$妆$_{1}$浪$_{1}$香$_{3}$朗$_{1}$像$_{1}$双$_{3}$妄$_{1}$详$_{1}$房$_{1}$良$_{1}$康$_{1}$羊$_{1}$堂$_{4}$枪$_{1}$尚$_{2}$访$_{1}$降$_{1}$廊$_{1}$往$_{1}$忘$_{1}$裳$_{2}$床$_{1}$躺$_{2}$响$_{1}$让$_{2}$

太原莲花落：巷$_{44}$棒$_{2}$场$_{1}$谅$_{1}$张$_{2}$唐$_{1}$想$_{1}$广$_{1}$慌$_{1}$香$_{1}$粮$_{1}$妄$_{1}$杠$_{1}$航$_{1}$盲$_{1}$王$_{1}$章$_{1}$杠$_{1}$

（6）[au iau]（遥—条类）：

民间小戏：保$_{1}$桃$_{1}$倒$_{2}$眊$_{1}$燥$_{2}$报$_{1}$叫$_{2}$劳$_{1}$早$_{2}$少$_{1}$教$_{1}$告$_{1}$了$_{2}$好$_{3}$绞$_{1}$料$_{1}$套$_{1}$高$_{2}$箫$_{1}$庙$_{2}$吊$_{2}$尿$_{1}$炮$_{1}$恼$_{2}$娇$_{1}$笑$_{3}$条$_{1}$摇$_{1}$宝$_{1}$老$_{2}$到$_{2}$表$_{1}$巧$_{1}$帽$_{3}$消$_{1}$交$_{1}$号$_{1}$遭$_{1}$窍$_{1}$槽$_{1}$闹$_{1}$毛$_{1}$药$_{1}$觉$_{1}$

太原莲花落：闹$_{1}$少$_{2}$枣$_{1}$高$_{4}$小$_{3}$挑$_{3}$票$_{4}$好$_{3}$掏$_{2}$包$_{4}$桥$_{1}$招$_{1}$敲$_{1}$劳$_{2}$摇$_{3}$毛$_{1}$糕$_{1}$炮$_{1}$倒$_{1}$捣$_{1}$帽$_{2}$套$_{1}$谣$_{1}$刀$_{1}$骚$_{1}$条$_{1}$找$_{1}$宝$_{1}$道$_{1}$叫$_{1}$药$_{1}$料$_{1}$腰$_{1}$罩$_{1}$妙$_{1}$窍$_{1}$导$_{1}$讨$_{1}$

太原民歌：早$_{1}$遭$_{1}$闹$_{4}$宵$_{1}$叫$_{1}$跑$_{2}$倒$_{1}$高$_{1}$瞧$_{1}$烧$_{1}$跳$_{1}$

（7）[u]（姑—苏类）：

民间小戏：府$_{6}$虎$_{3}$土$_{4}$虎$_{2}$斧$_{1}$赌$_{1}$

太原莲花落：住$_{1}$诉$_{1}$

民间韵文：五$_{1}$补$_{1}$

（8）[ei uei]（灰—堆类）：

民间小戏：回$_{3}$怀$_{1}$贵$_{1}$背$_{1}$跪$_{1}$嘴$_{3}$水$_{2}$美$_{2}$灰$_{1}$鬼$_{1}$

太原莲花落：嘴$_{12}$亏$_{9}$梅$_{6}$贵$_{4}$腿$_{7}$威$_{6}$废$_{2}$追$_{9}$赔$_{8}$匪$_{4}$肺$_{4}$蕾$_{4}$圭$_{4}$眉$_{3}$飞$_{9}$跪$_{4}$狈$_{2}$回$_{7}$吹$_{4}$美$_{6}$味$_{1}$水$_{4}$非$_{1}$堆$_{4}$鬼$_{3}$悔$_{1}$妃$_{1}$灰$_{1}$媒$_{1}$陪$_{2}$妹$_{1}$会$_{4}$对$_{3}$讳$_{1}$规$_{3}$微$_{1}$杯$_{1}$雷$_{1}$徽$_{1}$锤$_{1}$肥$_{2}$霉$_{3}$奎$_{2}$背$_{1}$随$_{2}$挥$_{1}$龟$_{1}$危$_{1}$累$_{1}$惫$_{1}$睡$_{1}$谁$_{1}$

太原民歌：水$_{2}$嘴$_{2}$

（9）[əu iəu]（由—求类）：

民间小戏：丑$_{1}$斗$_{1}$口$_{1}$

太原莲花落：周$_{1}$流$_{7}$头$_{14}$牛$_{5}$欧$_{1}$优$_{5}$洲$_{2}$够$_{1}$悠$_{5}$九$_{7}$究$_{1}$兜$_{2}$首$_{1}$走$_{3}$游$_{2}$诌$_{1}$愁$_{6}$舅$_{2}$抖$_{3}$受$_{1}$油$_{9}$喽$_{1}$溜$_{1}$抽$_{1}$揪$_{1}$臭$_{1}$肉$_{1}$瞅$_{1}$有$_{3}$沟$_{3}$楼$_{1}$寿$_{1}$刘$_{1}$修$_{1}$头$_{1}$留$_{1}$求$_{2}$酒$_{1}$皱$_{2}$球$_{3}$娄$_{1}$猴$_{1}$由$_{2}$丑$_{1}$口$_{1}$扣$_{2}$豆$_{4}$休$_{2}$收$_{1}$扭$_{1}$友$_{1}$奏$_{1}$粥$_{1}$狗$_{2}$丢$_{1}$走$_{1}$吼$_{1}$

太原民歌：头$_{4}$受$_{2}$狗$_{1}$流$_{1}$候$_{2}$走$_{1}$溜$_{1}$投$_{2}$

叫卖小调：九$_{5}$狗$_{1}$臼$_{1}$柳$_{1}$走$_{1}$羞$_{4}$流$_{1}$手$_{1}$求$_{1}$瞅$_{1}$六$_{1}$肉$_{1}$酒$_{1}$

（10）[e o uo]（坡—梭类）：

民间小戏：火$_{2}$夺$_{1}$活$_{5}$多$_{1}$学$_{1}$躲$_{1}$脱$_{1}$我$_{2}$说$_{1}$乐$_{2}$么$_{1}$破$_{1}$着$_{2}$锁$_{1}$错$_{1}$绝$_{1}$

哥$_{4}$梭$_{1}$割$_{1}$祸$_{1}$过$_{1}$落$_{1}$我$_{1}$婆$_{3}$馍$_{1}$做$_{3}$河$_{1}$活$_{1}$窝$_{1}$国$_{1}$

太原莲花落：说$_{1}$哥$_{1}$车$_{1}$播$_{1}$过$_{2}$作$_{2}$我$_{1}$者$_{1}$作$_{1}$错$_{2}$惰$_{1}$

太原民歌：卧$_{1}$过$_{2}$

叫卖小调：破$_{1}$磨$_{1}$窝$_{2}$个$_{1}$

以上 10 个韵辙是同韵自押，与北方官话押韵情况基本一致，以下 7 个韵辙是异韵混押，体现了方音特点。

（11）[əŋ iŋ uŋ yŋ]（人—中类）：

民间小戏：林$_{4}$尘$_{3}$进$_{13}$人$_{53}$引$_{1}$容$_{5}$云$_{5}$同$_{2}$饮$_{4}$心$_{33}$躬$_{2}$生$_{34}$中$_{36}$情$_{13}$村$_{9}$任$_{1}$讯$_{1}$程$_{5}$奉$_{5}$仃$_{1}$听$_{26}$重$_{2}$真$_{2}$城$_{7}$寻$_{1}$信$_{5}$尽$_{2}$童$_{3}$宁$_{5}$病$_{4}$茔$_{2}$拢$_{1}$门$_{51}$行$_{23}$声$_{34}$亲$_{8}$春$_{1}$痛$_{5}$睁$_{1}$农$_{1}$红$_{1}$逢$_{2}$身$_{15}$银$_{4}$动$_{5}$恨$_{4}$奔$_{4}$从$_{3}$公$_{3}$清$_{4}$京$_{2}$存$_{3}$升$_{1}$捅$_{1}$龙$_{1}$绫$_{2}$明$_{29}$亭$_{8}$命$_{5}$层$_{2}$工$_{1}$本$_{2}$英$_{6}$宁$_{5}$新$_{1}$魂$_{8}$空$_{2}$风$_{5}$灵$_{5}$硬$_{2}$姻$_{2}$笼$_{1}$闷$_{1}$星$_{2}$淋$_{3}$认$_{2}$问$_{6}$婚$_{1}$深$_{2}$分$_{5}$更$_{2}$灯$_{2}$咙$_{1}$功$_{1}$成$_{9}$名$_{2}$封$_{1}$惊$_{5}$文$_{2}$盟$_{5}$平$_{7}$神$_{5}$坑$_{2}$用$_{7}$通$_{1}$应$_{6}$东$_{2}$径$_{2}$轻$_{1}$影$_{1}$顶$_{1}$盆$_{1}$吟$_{1}$论$_{1}$兄$_{3}$承$_{3}$正$_{1}$经$_{2}$瞪$_{1}$郡$_{1}$隆$_{1}$镇$_{1}$金$_{1}$终$_{1}$等$_{7}$冲$_{1}$凤$_{1}$梦$_{1}$能$_{2}$襟$_{1}$整$_{1}$们$_{9}$净$_{5}$斤$_{1}$请$_{4}$盅$_{4}$性$_{1}$疼$_{6}$绳$_{2}$粪$_{3}$抿$_{1}$疯$_{1}$岭$_{1}$哄$_{1}$深$_{2}$阴$_{1}$盛$_{2}$穷$_{2}$筋$_{2}$虫$_{1}$根$_{3}$甚$_{4}$宗$_{2}$劲$_{2}$熏$_{2}$困$_{1}$绷$_{1}$阵$_{1}$静$_{1}$瘾$_{1}$婶$_{1}$轰$_{1}$种$_{1}$垅$_{1}$

太原莲花落：声$_{1}$听$_{6}$情$_{2}$根$_{1}$村$_{3}$城$_{6}$兵$_{4}$宁$_{1}$心$_{5}$亲$_{1}$粉$_{1}$森$_{1}$斤$_{2}$人$_{5}$盆$_{1}$躬$_{1}$睛$_{1}$凶$_{1}$中$_{3}$滚$_{1}$疼$_{5}$军$_{2}$丁$_{1}$生$_{2}$捆$_{2}$身$_{3}$行$_{2}$惊$_{1}$窿$_{1}$姓$_{2}$清$_{5}$哄$_{1}$龙$_{2}$成$_{1}$等$_{1}$份$_{1}$针$_{3}$轻$_{1}$信$_{1}$新$_{2}$茵$_{1}$兴$_{1}$灯$_{1}$停$_{1}$星$_{1}$平$_{1}$承$_{1}$动$_{2}$胸$_{1}$同$_{1}$深$_{1}$东$_{2}$青$_{2}$钟$_{1}$风$_{3}$坑$_{1}$文$_{1}$本$_{1}$馨$_{2}$洞$_{2}$葱$_{2}$缝$_{2}$镚$_{3}$镜$_{2}$腾$_{2}$神$_{3}$棍$_{1}$松$_{1}$懵$_{2}$空$_{2}$用$_{3}$病$_{1}$送$_{1}$精$_{1}$真$_{1}$婚$_{1}$拼$_{1}$筋$_{1}$能$_{1}$通$_{1}$寸$_{1}$梦$_{1}$

太原民歌：龙$_{1}$升$_{1}$正$_{1}$门$_{1}$营$_{1}$人$_{1}$零$_{1}$应$_{1}$忍$_{1}$军$_{1}$命$_{1}$镇$_{1}$成$_{1}$薰$_{1}$运$_{1}$瘾$_{1}$净$_{1}$心$_{1}$神$_{1}$筋$_{1}$整$_{1}$星$_{1}$坑$_{1}$中$_{1}$明$_{1}$青$_{1}$筝$_{1}$灯$_{1}$风$_{1}$凶$_{1}$阵$_{1}$绳$_{2}$踪$_{1}$瓶$_{1}$听$_{1}$行$_{1}$盆$_{1}$用$_{1}$甚$_{1}$生$_{1}$分$_{1}$平$_{1}$

（12）[ie]（姐—前类）：

民间小戏：眼$_{1}$姐$_{3}$前$_{1}$断$_{1}$安$_{1}$间$_{1}$言$_{2}$

（13）[i]（你—非类）：

民间小戏：你$_{1}$非$_{1}$系$_{1}$细$_{1}$

（14）[əʔ iəʔ uəʔ yəʔ]（哭—角类）：

民间小戏：哭$_{1}$吃$_{2}$足$_{1}$做$_{1}$角$_{2}$歇$_{1}$

叫卖小调：七$_{1}$脚$_{1}$

（15）[aʔ iaʔ]（八—押类）：

民间小戏：八$_{1}$喝$_{1}$押$_{1}$跌$_{1}$

（16）[uo yo]（多—学类）：

民间小戏：多$_{1}$学$_{1}$躲$_{1}$脱$_{1}$

（17）[i]（机—明类）：

民间小戏：情$_{1}$移$_{1}$

太原莲花落：明$_{1}$机$_{1}$题$_{2}$

祁太秧歌是流传于山西晋中祁县、太谷地区的口传文化，本文共收集祁太秧歌23首，统计押韵635次，总结祁太秧歌10个自押韵类，3个混押韵类，10个自押类分别是言—前类、怀—来类、一—七类、发—花类、由—求类、姑—苏类、灰—堆类、江—阳类、遥—条类和坡—梭类。介休三弦书表演者大多数为盲艺人，用当地方言来表演，是山西中部具有代表性的方言说唱类口传文化形式。本文共调查介休三弦书21首曲目，考察其押韵79次，总结介休三弦书押韵共分10个韵类，其中9个自押类，1个混押类。9个自押类分别是言—前类、怀—来类、一—七类、发—花类、由—求类、灰—堆类、江—阳类、遥—条类和坡—梭类。混押类将在下文重点分析。本文将山西中部方言说唱类口传文化形式（包括太原民歌、莲花落、民间小戏、晋中祁太秧歌、介休三弦书）用韵情况与北曲十三辙比较如表1：

表1 山西中部说唱类方言口传文化用韵与十三辙对照表

十三辙		太原民歌、曲艺、小戏		祁太秧歌		介休三弦书	
		韵类	押韵次数（次）/占比（%）	韵类	押韵次数（次）/占比（%）	韵类	押韵次数（次）/占比（%）
言前	同韵自押	言—前	75/15.5	言—前	86/13.5	言—前	16/20.2
怀来		怀—来	41/8.5	怀—来	40/6.3	怀—来	7/8.9
发花		发—花	32/6.6	发—花	92/14.5	发—花	2/2.5
一七		一—七	54/11.1	一—七	44/6.9	一—七	11/13.9
江阳		江—阳	41/8.5	江—阳	50/7.9	江—阳	4/5.1
遥条		遥—条	26/5.4	遥—条	28/4.4	遥—条	4/5.1
灰堆		灰—堆	22/4.5	灰—堆	7/1.1	灰—堆	2/2.5
由求		由—求	13/2.7	由—求	34/5.4	由—求	4/5.1
坡梭		坡—梭	20/4.1	坡—梭	10/1.6	坡—梭	1/1.3
姑苏		姑—苏	6/1.2	姑—苏	4/0.6		
人辰中东	异韵混押	人—中	140/28.9	人—中	234/36.9	人—中	28/35.4
一七姑苏		哭—角	2/0.4				
发花、坡梭乜斜		八—押	1/0.2	八—押	2/0.3		

续表

十三辙		太原民歌、曲艺、小戏		祁太秧歌		介休三弦书	
		韵类	押韵次数（次）/占比（%）	韵类	押韵次数（次）/占比（%）	韵类	押韵次数（次）/占比（%）
遥条乜斜	异韵混押	哭—角	1/0.2	哭—角	1/0.15		
乜斜言前		姐—前	3/0.6				
一七灰堆		你—非	1/0.2				
一七遥条		哭—角	1/0.2				
一七坡梭		哭—角	1/0.2				
坡梭乜斜		多—学	1/0.2				
坡梭发花							
一七中东		机—明	3/0.6				
灰堆姑苏				哭—角	2/0.3		
一七由求				哭—角	1/0.15		
总计			485		635		79

由表1可见，山西中部太原说唱类口传文化形式中，“人—中”类押韵140次，占比最高；其次是“一—七”类，押韵54次，占押韵总数的11.1%；再次是怀—来类与江—阳类，均占比8.5%；“哭—角”类押韵5次，“你—非”“多—学”“八—押”类押韵使用最少，仅押韵1次。祁太秧歌“人—中”类韵脚字使用次数最多，总共押韵234次，占押韵总数的36.9%；其次是“发—花”类，占押韵总数的14.5%；再次是“言—前”占押韵总数的13.5%；“八—押”类韵脚字使用最少，仅占押韵总数的0.3%。介休三弦书“人—中”类韵脚字使用次数最多，总共押韵28次，占押韵总数的35.4%；其次是“言—前”类，占押韵总数的20.2%；再次是“一—七”类，占押韵总数的13.9%；“坡—梭”类韵脚字使用最少，仅押韵1次，占押韵总数的1.3%。

3.2 山西中部方言说唱类口传文化反映的方音特点

山西中部方言说唱类口传文化中多数都属于“同韵自押”与“北曲十三辙”押韵规律相符，少数属于“异韵混押”，这些混押的情况反映了当地方音的特点。

3.2.1 太原方言口传文化的异韵混押

太原方言口传文化中有6个韵类属于“异韵混押”，这些混押现象一定程度上反映了太原方言的语音特征。

（1）“人—中”类。这类韵脚字对应十三辙的“中东辙”跟“人辰辙”，北方官话中两韵辙的字不能相押，而在太原方言说唱类口传文化中合押比例非常高，如：

① 张美云 （唱） 你不提书信是我不心痛，
提起你家书信痛死了人。
我怀里掏出来书信一封，
原物我交回你本主的人。

（古交道情《夜宿花亭》）

② 我家的小院儿很温馨，
猫儿上树狗打洞，
妈妈做饭我剥葱，
奶奶是家里的好裁缝，
手里拿着根绣花针，
母鸡一蹦上了树，
嘴里还叼了个钢镚镚。

（太原莲花落《我的家》）

例①“痛封人”相押，例②“馨洞葱缝针镚”相押。“痛封洞葱缝镚”属中东辙，“人馨针”属人辰辙，在北方官话中这两类字不能相押。太原方言古深臻曾梗通五摄舒声韵合流，今北京话［en in un yun］与［eŋ iŋ uŋ yŋ］的字在太原方言中同读［əŋ iŋ uŋ yŋ］。太原方言中“痛［tʰuŋ^{45}］| 封［fəŋ^{11}］| 人［zəŋ^{11}］| 馨［ɕiŋ^{11}］| 洞［tuŋ^{45}］| 葱［tsʰəŋ^{11}］| 缝［fəŋ^{11}］| 针［tsəŋ^{11}］| 镚［pəŋ^{45}］”字共押［əŋ］韵。

（2）“姐—前”类。这类字来自十三辙的“乜斜”与“言前”，十三辙中此二辙一般不能通韵，太原方言说唱口传文化形式中可以相押，如：

① 高文举 （唱） 那是美云姐呀，
原是恩姐到此间，
急慌忙我把妻来认。
再叫恩姐听我言，

② 张美云 （唱） 我强抖精神睁开眼，
我的那小姐姐，
又见丫鬟在面前。

（古交道情《夜宿花亭》）

太原方言中咸山摄开口二等见系舒声字读音与假开三精见组、蟹开二见组字韵母合流为［ie］。例①“姐［tɕie^{53}］| 间［tɕie^{11}］| 言［ie^{11}］”，例②“眼［ie^{53}］| 姐［tɕie^{53}］| 前［tɕʰie^{11}］”，两例韵脚字同韵可押。

（3）“你—非”类。这类相押的字来自十三辙的“一七”辙与“灰堆”辙，如：

王瑞兰（唱）我本应早日告诉你，
恐爹爹恼怒生是非，
提起来与你有关系，
至今未敢说仔细。

（太原碗碗腔《冰火缘·拜月》）

例中韵脚字为“你非系细”，其中“你系细”属“一七辙”，“非”属“灰堆辙”，两类字在北方官话中不能押韵。太原方言口语中“非［fei^{11}］”与“你［ni^{53}］| 系［$\mathrm{ç}i^{45}$］| 细［$\mathrm{ç}i^{45}$］”读音也不同，但是太原方言说唱类口传文化中却能合押。从这几个字中古音韵地位看，“非”属止合三微母字，“你”属止开三上娘母，“系”属蟹开四见母，“细”属蟹开四心母。《中原音韵》以上四字都属“齐微韵”。宁继福（1985：231）认为齐微韵的主要元音是［i］，《中原音韵》中“非”读［*ui］韵，而“细系你”读［*i］韵，二者可以相押。明清时代，“非”属灰堆韵［*əi］，其余三字属“衣期”韵［*i］，二者由于主要元音不同，已不可相押（王力，1985：395）。今太原方言口语中不能相押，而太原方言口传文化中仍可相押，说明口传文化保留的是《中原音韵》时期的音韵特点，这一特点在今太原方言口语中已经消失。

（4）“哭—角”类。元代《中原音韵》之后，入声字在北方官话中消失，明清时代的“十三辙”中已无入声韵辙。今晋方言仍保留入声字，在大多方言中入声收喉塞音韵尾［ʔ］。太原方言说唱类口传文化中存在入声字入韵的现象，在“哭—角”类混押韵中都是入声押韵，［əʔ iəʔ uəʔ yəʔ］，如：

① ……
二十七，洗了娘娘的大板脚；
二十八，黄儿馍馍蒸下俩不篮〓；
……

（小调《忙年歌》）

② 赵玉林（唱）叫声老婆你不要的哭，
洋烟这料子我总得吃。
赵　妻（唱）营生活计不怠的做，
日每起来把洋烟吃，

（古交院家峁秧歌《劝戒烟》）

（5）“八—押”类。与上文“哭—角”类混押相同，“八—押”也是入声字入韵，这一类入声字的韵母为［aʔ iaʔ uaʔ］，如：

③ 赵玉林（唱） 袍子我押了一十的八，
我又有吃来又有喝，
推牌九我把本来押，
输了钱我就往回里跌。

（古交院家峁秧歌《劝戒烟》）

④ 清源的黄瓜是豆角角，
兀不吃你的这黄瓜和豆角角，
要和兀小妹妹你道歇个歇。

（太原民歌《串门门》）

例①韵脚字“七脚”，例②韵脚字“哭吃做”，例③韵脚字“八喝押跌”，例④韵脚字“角歇”，北方官话中不能相押，在太原方言中，“七［tɕ^{h}iəʔ^{2}］| 脚［tɕyəʔ^{2}］”“哭［k^{h}uəʔ^{2}］| 吃［ts^{h}əʔ^{2}］”“做［tsuəʔ^{2}］| 吃［ts^{h}əʔ^{2}］”“八［paʔ^{2}］| 喝［xaʔ^{2}］| 押［iaʔ^{2}］”“跌［tiəʔ^{2}］”“角［tɕyəʔ^{2}］| 歇［ɕiəʔ^{2}］”韵母相同可押。

例①中“八”与“篮$^{=}$”相押，“八”属“发花”辙，“篮”虽为记音字，但读音属“言前”辙，十三辙中两字不能相押。太原方言中“八［paʔ^{2}］”与“篮［læ̃^{11}］”也不同音。北方官话读音及太原方言单字音都不具备押韵的条件。太原小调《忙年歌》中“不篮$^{=}$”中“篮$^{=}$”读入声［laʔ^{0}］，与入声字“八［paʔ^{2}］”同韵相押。这一特殊读音形成是舒声字“篮”读音弱化的结果。这种舒声促化音变在晋方言大包片、五台片、吕梁片、并州片和上党片都有分布。余跃龙（2023：84—85）认为官话方言非重叠两字组词后字的弱化多表现为后字变为轻声，而山西方言则表现为后字舒声促化，据不完全统计，山西方言非重叠两字词中，后字促化的词汇有近 50 个。

（6）“多—学”类。这类相押的字来自“坡梭”辙和“乜斜”辙。如：

王瑞兰（唱） 穷秀才酸气多，
莫怪他浑身是道学，
兵火中还把嫌疑躲，
书呆子气味还没脱。

（太原碗碗腔《冰火缘·拉伞》）

例中韵脚字为“多学躲脱”，“多躲脱”属坡梭辙，“学”属乜斜辙，不能相押。太原方言中“多［tɤ^{11}］| 学［tɕyəʔ^{54}］| 躲［tuɤ^{53}］| 脱［tuaʔ^{2}］”四字读音也不同，

不能相押，但在太原碗碗腔《冰火缘》中却能相押。碗碗腔最早是流行于陕西关中、陕北、陕南、晋南一带的皮影戏，后改由真人扮演，发展成为新的戏曲剧种。碗碗腔由陕西艺人于清末传入山西，分为两路，一路流行于晋南曲沃、新绛一带，一路流行于晋中汾阳、孝义、太原一带（程天健，2018：136）。由于其历史上来源于中原官话关中片、汾河片，我们考察西安、韩城、合阳等48个关中片方言点“学”字的韵母都为［yo］（邢向东，2021：1023），“多躲脱”三字韵母为［uo］（邢向东，2021：274、289、826）。在《山西方言调查报告》中，晋南方言这11个方言点（运城、芮城、永济、平陆、临猗、垣曲、临汾、翼城、浮山、洪洞、霍州）中的“多学躲脱”韵母的主要元音相同。其中，临汾“学”韵母都为［yɔ］，“多躲脱”的韵母为［uɔ］；洪洞“学”韵母都为［io］，“多躲脱”的韵母为［uo］；其余几个方言点“学”韵母都为［yo］，“多躲脱”三字韵母为［uo］。“多学躲脱”的主要元音在这11个方言点相同，能够合押。《冰火缘·拉伞》中“多学躲脱”押韵现象，反映的是碗碗腔早期传唱地关中、晋南等地的方音特点，即“歌豪通押”现象。

太原方言中还有丰富的文白异读现象，有些不符合十三辙的押韵情况，正是韵脚字白读音的反映，如：

① 大　乖（唱）提起俺爹心欢喜，
急忙收拾兀厨房里，
孩子他妈别生气，
我有我的这拿手戏，
去了头剪了尾，
做上一盘儿瓦块鱼，
凑合凑合一盘菜，
鲇鱼也能变鲤鱼。

（太原岗北秧歌《墙头记》选段）

② 桂英我今年一十六岁，
学得一个好手艺，
滚得元宵圆圪丢丢地，
清早起来没啦做的，
梳头洗脸拾掇齐备，
切好糖蛋蛋滚上玫瑰丝，
冰糖块块核桃仁仁芝麻混搅起，

江米面磨得细细地，
洒上水放到笸箩箩里，
白圪生生桂花元宵堆了一簸箕，

（太原莲花落《卖元宵》）

③ 木 脑（唱）腊月里梅花开，
红鞋外套绿鞋呀。
心想上前甩，
害怕我嘴上挨。

（古交院家峁秧歌《踢银灯》）

例①韵字“尾”来自止摄合口三等微韵，属灰堆辙，“喜里气戏鱼”属一七辙，二韵辙不相押。北方官话中“尾”跟“喜里气戏鱼”不同韵也不能相押，太原方言中“尾”字有两读，文读为［uei^{53}］；白读为［i^{53}］，该字白读音可与“喜里气戏鱼”相押。

例②韵脚字为“岁艺地的备丝起里箕”。其中，“岁备”在北方官话中与其他字不同韵，不能相押。“岁”在太原方言中有文白两读，文读音与北方官话音相同［$suei^{45}$］，白读音为［$\text{ɕ}y^{45}$］；太原方言中“备”也有文白两读，文读音为［pei^{45}］，白读音为［pi^{45}］，“岁备”白读音与“艺地起里箕”相押符合十三辙中“一七辙”押韵要求。“岁”与“艺地起里箕”相押反映了“支微入鱼”的音韵特点。指晋方言中蟹止合口三四等，和遇合三今读［y］同音（沈明，2021）。“岁［$suei^{45}$］”是蟹摄合口三等祭韵，其白读音以［y］入韵，才能符合“一七辙”押韵的要求。

例③韵脚字“鞋”属乜斜辙，北方官话中与“开甩挨”不同韵，太原方言中古蟹摄开口二等匣母“鞋解”等字有文白异读，文读音为［$\text{ɕ}ie^{11}$］；白读音为［xai^{11}］，“鞋”的白读音与“开甩挨”等字同韵相押。

太原方言口传文化中的“一中”类也反映了文白异读字的押韵情况。这类字来自十三辙的“中东辙”（主要是来自曾梗摄细音字）和“一七辙”，如：

① “你这人咋不精明，第三者它是手机。”

② “你脑子实在有问题，真是个地地道道的不精明。”
“不要说我不精明，你的脑子才有问题。”

（太原莲花落《机不可失》）

③ 高文举　夫妻好比岩前水。
张美云　点点下来归旧情。

高文举　拆散夫妻重相会。
张美云　海枯石烂志不移。

（古交道情《夜宿花亭》）

例①韵脚字“明机”相押，例②韵脚字“明题”相押。太原方言中“明”有文白两读，文读音读［miŋ^{11}］；白读音读［mi^{11}］。“明”在太原莲花落中以白读音［mi^{11}］入韵，与属“一七辙”的“机题”相互押。例③韵脚字为“情移”，“情”属中东辙，本不能与“一七辙”相押。太原方言古曾开三、梗开三四细音字有文白异读，文读［iŋ］；白读为［i］韵母。“情”有文白两读，文读音读［tɕʰiŋ^{11}］，白读音读［tɕʰi^{11}］，在古交道情《夜宿花亭》中，“情”的白读音［tɕʰi^{11}］与来自一七辙的“移”混押，反映了来自曾开三、梗开三四细音字在太原方言中的白读音。

3.2.2　祁太秧歌的异韵混押

祁太秧歌共“人—中”“八—押”“哭—角”3个混押韵类，混押类押韵情况具体如下：

（1）“人—中”类混押。这类韵脚字来自十三辙的“人辰辙”跟“中东辙”，如：

①　丈　夫（念）　哎！哎！提起当年这我成人，
四乘轿儿这出产的新。
排棍执事这分左右，
一对草把这一对灯。
咚！咚！咚！
三声炮到了你的门。

（祁太秧歌《割田》）

②　王二郎（唱）　再吃还得二年整，
（哎么嘞呀呼嗨呀），
行李背包背在身，
手拉手儿我出了门。

（祁太秧歌《上包头》）

例①韵脚字“人新门”属人辰辙，“灯”属中东辙，北方官话中不能押韵。祁县方言中的读音分别为“人［ʐɔõ^{31}］| 新［ɕiɔõ^{31}］| 门［mɔõ^{31}］| 灯［tɔõ^{31}］”，这几个在祁县方言中的韵基相同，共押［-ɔõ］韵。例②韵脚字“身门”属人辰辙，“整”属中东辙，北方官话中不能押韵。它们在祁县方言为“身［ʂɔõ^{31}］| 门［mɔõ^{31}］| 整［tʂɔõ^{314}］”两类字在祁县方言中韵母相同，所以相押。

（2）“八—押”类混押。这类韵脚字是祁县方言入声字，对应着十三辙的“发花”“坡梭”“乜斜”等辙，如：

① 丈　夫（念）这些话，你不必外说。
这一圪节打得你深山背后这喂老鳖。
这是秋天，这活忙煞，
这家家户户这把秋割。

（祁太秧歌《割田》）

② 袍子还押了一块八，
也有吃来也有喝。
丢筛儿把宝押，
输了钱儿往回跌。

（祁太秧歌《劝戒烟》）

例①韵脚字为“说鳖煞割”，例②韵脚字为“八喝押跌”。“说”属中古山合三薛韵、“鳖”属中古山开三薛韵、“煞”属中古山开二辖韵、“割”属中古山开一曷韵，以上几个字同属山摄入声。“八”属山开二辖韵，“喝”属山开一曷韵，“押”属咸开二狎韵，“跌”属山开四屑韵。十三辙中“煞八押”属发花辙，“说割喝”属坡梭辙，“鳖跌”属乜斜辙，三类字不能相押。今祁县方言中，咸山摄入声字读［aʔ iaʔ uaʔ］，“说［suaʔ^{32}］| 鳖［piaʔ^{23}］| 煞［saʔ^{23}］| 割［kaʔ^{32}］| 八［paʔ^{32}］| 喝［xaʔ^{32}］| 押［iaʔ^{32}］| 跌［tiaʔ^{32}］”字韵基相同，可以相押。

（3）“哭—角”类混押。这类韵脚字也是祁县方言入声字，对应着十三辙中的“姑苏”“一七”“灰堆”辙，如：

① 马玉林（唱）我的妻不必尽管哭，
洋烟料子我要吃。
咱娃娃是我养的，
卖儿卖女是由我了啊。
总要要你娘们钻了我的猴儿头杆子，

（祁太秧歌《劝戒烟》）

② 一枝花（唱）咱两个倒歇上两句知心心的话。
乌木木的筷子俩头头头黑，
多俩天没啦来想得妹妹哭，
多俩天没啦来想得妹妹俺么哭。

（祁太秧歌《割青菜》）

③ 二女女（唱） 二女女俺们今年一十六，
没啦一个女婿儿心儿里着急。

（祁太秧歌《卖胭脂》）

例①韵脚字为“哭吃的子”，例②韵脚字为“黑哭”，“哭”属古通开一屋韵，“吃”属臻开三迄韵，“黑”属中古曾开一德韵，十三辙中“哭”属姑苏辙，“吃”属一七辙，“黑”属灰堆辙，三类字不能相押。祁县方言三字读音为“哭［kʰuəʔ32］| 吃［tsʰəʔ32］| 黑［xəʔ32］|”，“的子”二字位于词尾，方言中读为促化音“的［təʔ］| 子［tsəʔ］”，以上 5 个入声字同押［əʔ］韵。例③韵脚字为“六急”，“六”属中古通开三屋韵，“急”属中古深开三缉韵，十三辙中“六”属由求辙，“急”属一七辙，北方官话中不能相押。祁县方言中它们的读音为“六［luəʔ32］| 急［tɕiəʔ32］”，韵基同为入声［əʔ］韵，可以相押。

3.2.3 介休三弦书的异韵混押

介休三弦书共 10 个韵类，其中 9 个自押类，1 个混押类。混押类“人中”韵的韵脚字来自十三辙的“人辰辙”和“中东辙”，如：

① 李国忠（唱） 燕青闻听开言道，
小姐你讲话理不通，
要我跟你到你家，
但不知你家有什么人，
若叫你爹娘来看见，
把我拉住了不成，
把我吊在墙檐下，
墙檐底下拴绳绳，
板子打来棍子抡，
看我丢人不丢人，
不怕你说的天花转，
我今不中你的鬼吹灯。

（介休三弦书《燕青卖线》）

这段韵文“通人成绳抡灯”相押，其中“人抡”属“人辰辙”，“通成绳灯”属“中东辙”，北方官话中两类字不相押，介休方言深臻曾梗通舒声同韵，以上各字读音分别为：通［tʰuəŋ13］| 人［zəŋ13］| 成［tʂʰəŋ13］| 绳［ʂəŋ13］| 抡［luəŋ13］| 灯［təŋ13］，韵基同为［-əŋ］，可以相押。

② 曹立圣（唱） 你的才华好比诸葛亮，
你好比周朝的姜太公。
说起你大小事情办的漂亮很成功，
特别是定计害人你是老哈文。
……
打马扬鞭起了身，
吴员外个吴成功，
今儿个住在这洛阳城。

（介休三弦书《五女兴唐传》）

例②韵脚字“公功城”属中东辙，“文身”属人辰辙，北方官话中韵母不同，不能相押。介休方言公［kuəŋ13］| 功［kuəŋ13］| 城［tʂʰəŋ13］| 文［uəŋ13］| 身［ʂəŋ13］同押［-əŋ］韵。

四、结论

山西中部口传文化用韵情况兼顾“北曲十三辙”和当地方音特征，同韵自押类遵循“十三辙”的规律押韵，异韵混押类则是当地方音在口传文化中的反映，与这两个基本原则相悖之处有的反映更为古老的历史来源，例如“非”与“你系细”混押、“多学躲脱”混押分别保留了《中原音韵》时期“齐微韵”和“歌豪通押”现象；有的则反映了方言内部语流音变，“八篮”相押、“哭吃黑”与“的子”相押，是“篮的子”读音促化的结果。山西中部方言口传文化的用韵特点与北曲十三辙、方言口语不一致的情况，反映了口传文化形式保留更为古老的音韵特点。

参考文献

程天健　2018　《中国民族音乐概论》（修订版），上海音乐学院出版社。
丁声树、李　荣　1958　《古今字音对照手册》，科学出版社。
高　扬　2020　《传统蒲剧用韵研究》，陕西师范大学硕士学位论文。
郭锡良　2010　《汉字古音手册》，商务印书馆。
侯精一、温端政　1993　《山西方言调查研究报告》，山西高校联合出版社。
刘润民　2017　《山西省非物质文化遗产代表性项目名录》，文化艺术出版社。
罗常培　1986　《北京俗曲百种摘韵》，天津古籍出版社。

马瑞雪　2014 《中国古代文学的故事》，山东画报出版社。
尼树仁　1983 《二夹弦唱腔音乐初探》，山东人民出版社。
宁继福　1985 《中原音韵表稿》，吉林文史出版社。
乔全生、余跃龙　2018 《河曲山曲用韵初探》，《北斗语言学刊》第 3 辑。
乔全生主编　2023 《中国语言资源集 · 山西》，商务印书馆。
沈　明　1994 《太原方言词典》，江苏教育出版社。
沈　明　2006 《晋语的分区（稿）》，《方言》第 4 期。
沈　明　2021 《再说山西方言的“支微入鱼”》，《方言》第 3 期。
王　力　1985 《汉语语音史》，中国社会科学出版社。
王临惠　2003 《汾河流域方言的语音特点及其流变》，中国社会科学出版社。
王　琼　2012 《并州片晋语语言研究》，北京大学博士学位论文。
邢向东　2021 《近八十年来关中方音微观演变研究》，中华书局。
游汝杰　2006 《地方戏曲音韵研究》，商务印书馆。
余跃龙　2023 《山西方言声韵调相互影响的共时历时研究》，中国社会科学出版社。
张　洁　2017 《唐代山西诗人诗歌用韵研究》，山西大学博士学位论文。
张忠纲　2000 《全唐诗大辞典》，语文出版社。
中国社会科学院语言研究所　1981 《方言调查字表》，商务印书馆。

山西大同方言“V 上”结构研究*

杨　琦

（太原师范学院文学院，晋中 030619；
北京师范大学民俗典籍文字研究中心，北京 100875）

提　要：山西大同方言属于晋语大包片，大同方言中趋向动词“上”用在动词后所表示的意义和用法较现代汉语普通话更为特殊和多样，主要包括趋向义、完成实现义、起始持续义以及主观限量义。不同意义的“V 上”对动词和宾语的选择也有特殊的要求和限制。大同方言中“V 上”的“上”经历了由趋向义→结果义→起始义→主观量标记的演化路径，由实在的意义不断虚化、演变，最后至词义消失，只留下表示主观色彩的一个标记。

关键词：大同方言；“V 上”；动词选择与分类；演变路径

在大同方言中，“V 上”主要有表示趋向和非趋向两大类用法，表示趋向意义是其最基本的用法，表趋向义时，“上”的读音为［ʂɔ³⁵］，表非趋向义（完成实现义、起始持续义、主观限量义）时，“上”的读音均为［ʂəʔ⁰］。

一、表趋向义“V 上”

表示趋向义的“V 上”指由低处向高处的位移。如：

（1）你爬上树摘果子去哇！

（2）你叫他（从楼下）提上壶了吗？

（3）那家伙跳上车子就走了。

上述几例“V 上”都表示从低向高的趋向，位移是客观存在的，“上”表示空间位移，其语义很实在。

* 本文系 2022 年度山西省高等学校哲学社会科学研究项目“山西大同方言‘V+ 趋’结构及其比较研究”（2022W094）阶段性成果。

二、表完成义“V 上”和表起始义“V 上”的对立与歧义

（一）表完成义“V 上”

表完成义“V 上”指出现了某种结果或实现完成了某一动作和行为。这一类型的“V 上”是由趋向义引申来的，意义较趋向义模糊且宽泛，但仍然实在。例如：

（1）你在北京买上房子了没？（你在北京买了房子了吗？）

（2）你妈给你做上新衣服了。（你妈给你做了新衣服了。）

（3）找上工作了没？（找到工作了没？）

“买上房子了”意思是房子已经买好了，“做上新衣服了”指衣服已经做好了，“找上工作了”指工作已经找到了，完成义的“V 上”强调动作的完成或事件的实现。

（二）表起始义“V 上”

表起始义“V 上”指动作或性状的开始，同时也蕴含“持续”之意。郭校珍（2008：56）认为“起始体在表示动作行为变化的起始时，因并没有牵涉到动作行为的终止，所以不可避免蕴含着继续下去的言外之意。”如：

（1）现在老了，掉上头发了。（现在老了，开始掉头发了。）

（2）他又心疼上他老婆了。（他又开始心疼他老婆了。）

（3）我们学校也放上假了。（我们学校也开始放假了。）

“掉上头发了”是说开始掉头发了，“心疼上老婆了”意思是开始心疼老婆了，“放上假了”指开始放假了。起始义的“V 上”强调动作或事件的开始，而且会持续一段时间。

需要说明的一点是，表完成义和表起始义“V 上”都出现在“V 上 N 了”这一句式中，“V 上”自己不能自足，两种意义的“V 上 N 了”都是由“上”、“了”及整个框架格式所决定的。刘月华（1998：46）指出“补语后的‘了’表示事情或状态的实现，既可以是叙述一个状态、趋向、结果正在出现，也可以叙述一个可能出现或已经存在的事实。”表完成义的“V 上 N 了”强调动作的结点，“了”表示对所指事件的确认；表起始义的“V 上 N 了”强调动作的起点，但不能确定动作的终点，“了”是对持续动作的一种确认。

（三）表完成义“V 上”和表起始义“V 上”的对立与歧义

当“V 上”由同一动词构成放在句中时，在没有语境的情况下，这个“V 上”很有可能是歧义或多义的。上面简单介绍了表完成义和表起始义的“V 上”，我们感兴趣的是：（1）大同方言中的“V 上”什么时候只表示完成义，什么时候只表示起始义，对动词“V”和宾语有何要求；（2）有没有既表示完成义又表示起始义的“V 上”，如何区分两种同形不同义的“V 上”。

1. 对所搭配动词的选择

通过考察孟琮、郑怀德等（2005：1—487）《汉语动词用法词典》中的 1223 个动词，我们发现，不同语义特征的动词与不同意义的“V 上”搭配时呈现对立的分布特征。表起始义的“V 上”搭配范围要比表完成义的“V 上”范围广得多，如表 1：

表 1：

	自主短持续动词	去除、减少、损耗义动词	心理动词	言说动词	自然现象类动词
完成义	+	–	–	–	–
起始义	–	+	+	+	+

1.1　“V”为短持续动词

根据李临定（1990：70）对动词量的研究，“短持续动词指的是动作进行的持续量比较短的动词。”这类动词进入“V 上”结构只有完成义。如：

打上伞了　得上奖金了　披上大衣了　带上干粮了　怀上孩子了

关上窗户了　盖上锅盖了　停上车了　提上篮子了　闭上眼了

上面的行为动作从开始到结束的过程很短，且并不费太大力气，中间没有复杂的程序和步骤，比如“披大衣”，从开始披到衣服披在身上这中间的过程是不长的，这类动词进入“V 上”结构中只表示完成义，而不表示起始义。

李临定（1990：71）还指出“短持续动词接近于非持续动词。”但“V 上”结构排斥非自主的短持续动词或非持续动词。如：

*断上线了　*塌上房子了　*牺牲上战士了　*丢上钱了

上面的动词都是非自主的，如果换成自主动词，那便可以进入“V 上”了。

接上线了　买上房子了　招募上战士了　捡上钱了

需要指出的是，表示完成义和起始义的“V 上”结构都会涉及到动作的持续问题。在表完成义“V 上”结构中，虽然整个结构表示动作的完成，但有些动作造成的状态可能是持续的，这种持续是一种无变化静态的持续，而起始义所带有的持续义是一种有变化的动态的持续。比如完成义“盖上锅盖了”，“盖”这个动作完成后“锅盖”保持着静止的状态，没有变化；而起始义“掉上头发了”，“掉”这个动作可能一直持续，“头发”越来越少，是有变化的。

1.2 “V”为去除、减少、损耗义动词

具有［+去除，+减少，+损耗］语义特征的动词，进入“V 上”结构中只表示起始，与完成义是相互排斥的。如：

掉上头发了＝开始掉头发了

烧上纸了＝开始烧纸了

刮上胡子＝开始刮胡子了

解上疙瘩了＝开始解疙瘩了

掴（啃）上骨头了＝开始啃骨头了

“掉头发”的结果是头发越来越少，“烧纸”是纸张的损耗，而“刮胡子”是去除胡子，上述动词都有减少、损耗、去除等语义特征，这类动词进入“V 上”只表示起始，此类动词有：“倒、掉、刮、嚼、揭、解、输、摔、烧、剔、脱、拆、消化、减、剃、褪、卸、删、排、抛”等等。

另外，还有一些动词的损耗、去除义并不明显，但也隐含这类意义。如：

洗上衣服了

擦上桌子了

吃上饭了

喝上果汁了

卖上西瓜了

“洗衣服”隐含有去除衣物上的污渍之意，“擦桌子”隐含有去除桌上灰尘杂物之意，吃、喝、卖都是食物、饮品、货物的减少和损耗，所以也表示起始和持续。

需要指出的是，表完成义的“V 上”具有很强的主观能动性和目的性，前面提到，当动词有［+去除，+减少，+损耗］义时，“V 上”结构只表示起始义，但如果某一行为是有意识有目的去做，结果又是所希望得到或实现的，［+去除，+减少，+损耗］义的“V 上”也可以表示完成义。

（1）快去喝吧，给你倒上水了。（快去喝吧，给你倒好水了。）

（2）你卸上老王要的那个轱辘了没？（你卸好老王要的那个轱辘了吗？）

（3）我给你撕上那张有球星签名的海报了！激动哇！（我给你撕好了那张有球星签名的海报了！激动吧！）

虽然上面的“倒”“卸”和“撕”都是［+去除，+减少，+损耗］义的动词，但“VN”结构有很强的动机和目的性，这时的“V上”表示完成义。

1.3 “V”为心理动词

心理动词是动词中较为特殊的一类，表示的是认识、感觉、情感、意向、思维等方面的心理活动或状态，动作性较弱，一般不会产生具体物质性的结果，所以心理动词进入“V上”结构后表示起始义。

（1）这孩子刚刚儿还恼着呢，这会儿又笑上了。（这孩子刚才还生气着呢，现在又笑起来了。）

（2）小时候儿啥也不懂，长大了也心疼上他妈了。（小时候什么也不懂，长大了也心疼起他妈了。）

（3）你一个儿的错，咋怨上我了？（你自己的错，怎么埋怨起我来了？）

此类动词有：“打算、担心、惦记、怪（错怪）、怨、恨、怀念、忌妒、哭、笑、爱、心疼、想（想念）、着急、信任、后悔”等等。

1.4 “V”为言说动词

言说动词表示某种言语上的行为，对象常常是人，而人很少能成为某种动作的结果，因此如果动词是言说义的词语，一般只有起始义。

（1）他们俩这会儿说上话了。（他们俩现在又说起话来了。）

（2）你咋又骂上孩子了？（你怎么又骂起孩子了？）

（3）那个人在那儿吹嘘上一个儿多日能了。（那个人在那儿吹嘘起自己多有本事来了。）

此类动词有：“表扬、鼓励、批评、恳求、撒谎、威胁、诅咒、质问、夸耀、安慰、祝贺、介绍、告诉”等等。

1.5 “V”为自然现象类动词

自然现象是非人能控制的，没有什么目的可言，只表示起始义。例如：

下上雨/雪了（下起雨/雪了）

打上雷了（开始打雷了）

刮上风了（刮起风了）

起上风/浪了（开始起风/浪了）

降上温了（开始降温了）

飘上雪花了（飘起雪花了）

天阴/晴/热/冷上了（天开始阴/晴/热/冷了）

表示自然现象类的动词十分有限，但这类“V 上”结构在实际生活中的使用频率却很高。

2. 对宾语的选择限制

与表起始义的“V 上”相比，表完成义的“V 上”语义更实在，具有明显的动作性、事件性特征，要求有实实在在的结果出现，因此，如果动词后面的宾语是较为抽象的事物或宾语的动作对象是人时，“V 上”结构只表示起始义。

宾语为抽象事物	**宾语动作对象为人或人体部位**
发上脾气了	招待上朋友了
分析上形势了	照顾上老人了
争论上问题了	打上孩子了
放上假了	挠上胳膊了
忙上工作了	举上手了

根据对表完成义“V 上”和表起始义“V 上”中所搭配动词及宾语的考察，我们可以得到这样一个结论：表起始义的“V 上”所搭配的动词范围要比表完成义“V 上”更广。这是因为起始义是一种状态意义，完成义是一种结果意义，状态意义是结果意义的进一步虚化，从空间扩展到了时间，所搭配的动词范围当然也更广。

3. 歧义“V 上”结构

上面描述的是表完成义“V 上”和表起始义“V 上”具有区别性的差异，我们可以根据动词的特点或宾语的特征判断属于哪一类，而实际情况中还存在着大量兼有两种意义的歧义的“V 上”结构，分属哪种意义，要在具体的语境中辨别。如：

A：做上饭了

（1）你妈做上饭了，快来吃哇！（你妈做好饭了，快来吃吧！）

（饭已经做好了）

（2）你妈做上饭了，还没熟呢，再等会儿。（你妈开始做饭了，还没熟呢，再等一会儿。）

（开始做饭了，现在仍在做）

B：剁上肉了

（1）已经剁上肉了，就等你过来包（饺子）了。（已经剁好肉了，就等你过来包饺子了。）

（肉已经剁好了）

（2）他剁上肉了，过一会儿就好了。

（开始并仍在剁肉）

C：缝上衣服了

（1）给你缝上衣服了，快来试试！（给你缝好衣服了，快来试试！）

（衣服已经缝好了）

（2）他干过俩天厨子，这会儿给人缝上衣服了。（他当过几天厨师，现在开始给人缝制衣服了。）

（开始并仍在从事缝制衣服的工作）

我们发现，上面有歧义的“V上”结构中的动词都是一些可以持续、动作性很强，而且需要花费大量时间和精力的动作行为，动作包括复杂的动作和程序，如“做饭”需要进行淘米、蒸饭、洗菜、炒菜等类似诸多程序，“剁肉”包括准备好案板和刀具、将肉块剁碎并加入调料等多项步骤。

虽然两种歧义的“V上”结构在形式上相同，但两者还是有本质上的区别的。表完成义的“V上”关注的是整个事件的结果，凸显的是静态的场景，是一个静态的点；而表起始义的“V上”强调的是整个事件的开始和过程，凸显的是静态的场景，是一条动态的线。

值得注意的是，歧义的“V上”结构中动词应是一个持续、动作性很强且需要花费大量精力和时间的动词之外，宾语也要在动作的作用下发生一些明显的变化，这种变化常常是从无到有或位置的变化。如果宾语没有变化，那么“V上”结构不表示完成义，而表示起始义。

A（歧义）	B（起始义）
拍上电影了	看上电影了
排上节目了	表演上节目了
打上枣了	打上鼓了
写上小说了	读上小说了
种上树了	爬上［ʂəʔ⁰］树了

A、B两组中的动作都是可持续且要花费大量精力和时间的动词，但A组是歧义结构而B组只表示起始义，“拍上电影了”既可以表示“电影已经拍好了”，也可以表示“电影开始并在继续拍摄”，而“看上电影了”表示“开始并仍在继续看电影”。“拍上电影了”，在“拍”这个动作之前没有“电影”，属于从无到有类；“看上电影了”，在“看”之前已经有“电影”了，动作没有使“电影”发生变化。“打上枣了”，在“打”这个动作之前“枣”在树上，而“打”个这动作使枣离开了树，属

于位置变化类；“打上鼓了”，“打”这个动作并没有使鼓发生什么明显的变化。

值得注意的是，在分析语料的过程中，我们还发现了一个有趣的现象。上面提到，如果动词是持续性的，但宾语没有发生较大的变化时，“V 上”结构只有一种起始义，如“拉上二胡了”指“开始并正在拉二胡”，“看上电视了”指“开始并正在看电视”，但如果我们把这个结构放在一个特殊的语境中，则又出现了另一种理解：

（1）他刚才在写作业，现在看上电视了。（他刚才在写作业，现在开始看电视了。）

（2）他家以前穷得揭不开锅，现在日子好了，也看上电视了。（他家以前很穷，现在日子好了，也有电视看了。）

例（2）中的“看电视”是看电视这件事的实现，属完成义。如果某一事件是不易取得、超出一般，“V 上”表示达到了希望实现或不易实现的目的，此时属于完成义，而且，如果我们将“N”扩展成一个具体的下位概念时，起始义被抑制，完成义是优势理解。

A	B
看上电视了	看上 3D 电视了
喝上酒了	喝上茅台酒了
背上包了	背上名牌包了

与 A 组相比，当“N”扩展后，B 组的起始义弱化了，凸显的是完成义。这与人的认知有关，在人们的认知领域中，“3D 电视”“茅台酒”“名牌包”都是不易获得、很特殊的事物，容易被凸显和重视，在人们心理上的显著度很高，这一心理认知使“V 上”结构产生了完成义，蕴涵了某种对比和目的。此类“V 上 N 了”都可以变换成这样一个语法槽：“能 V 得起 N 了”。

用上 5G 手机了	能用得起 5G 手机了
喝上茅台酒了	能喝得起茅台酒了
背上名牌包了	能背得起名牌包了

4. 表完成义“V 上”和表起始义“V 上”的形式区别

前面我们重点从意义方面介绍了表完成义“V 上”和表起始义“V 上”的区别，下面我们从句法形式方面区别两种同形异义的“V 上”结构。

4.1　移位式：V 上 N 了→NV 上了

这种移位式只适用于表完成义的“V 上”格式，表示起始义时不成立，或者显得不自然。

歧义式	**完成义**	**起始义**
缝上衣服了	衣服缝上了	* 衣服缝上了
拌上凉粉了	凉粉拌上了	* 凉粉拌上了
堆上雪人了	雪人堆上了	* 雪人堆上了

"衣服缝上了"等只表示完成义，没有起始义，也可以说，表示起始义时"衣服"不能位于主语的位置，所以我们可以得到这样一个规则：表示起始义的"V 上"不能与主语位置的"N"共现。

4.2　替换式：V 上 N 了→ V 好 N 了

表完成义的"V 上"可以用形容词"好"[①]来替换表示结果的"上"，而起始义与此相排斥。

歧义式	**完成义**	**起始义**
绣上花了	绣好花了	* 绣好花了
选上演员了	选好演员了	* 选好演员了
炸上鱼了	炸好鱼了	* 炸好鱼了

需要指出的是，"V 好"和"V 上"虽然都可以表示完成实现，但由于"好"具有"令人满意、达到完善"的意义，所以在表示达到某一标准，结果令人满意的语境中，只能用"V 好"，而不用"V 上"。如：

（1）我能炒好鱼香肉丝。

* 我能炒上鱼香肉丝。

丁萍（2009：13）根据情貌特征将"V 好"分为"标准类"和"实现类"两类，"标准类"的"V 好"不表示结果实现或动作完成，只是表示动作达到了某种标准，此类"V 好"和"V 上"不能互换。而"实现类"的"V 好"表示动作的完成和实现，但同时强调结果令人满意。如：

（1）炒上鱼香肉丝了。

（2）炒好鱼香肉丝了。

上面"炒上"和"炒好"都表示完成实现，但"炒好"含有令人满意的意思。

4.3　否定式：V 上 N 了→没 V 上 N

表完成义的"V 上"可以用否定词"没"来否定，但表起始义却没有这样的表达。

---

① 此类"V 好"的"好"与前面动词 V 组成动结式，而非修饰后面的宾语 N，如"绣好 / 花了"，"好"是形容"绣"的结果，并非形容宾语"花"。

歧义式	完成义	起始义
烤上红薯了	没烤上红薯	*没烤上红薯
捉上小鸟了	没捉上小鸟	*没捉上小鸟
赚上钱了	没赚上钱	*没赚上钱

根据沈家煊（1995：367—380）“有界和无界”理论，否定词“没”是有界的，表完成义的“V上”强调事件或动作的终点和结果，也是有界的，两者相匹配。而表起始义的“V上”并没有一个明确的终点，有“持续性”的特征，是无界的，与有界的“没”不相容。

4.4 “在”字式：V上N了→（正）在VN

歧义式	完成义	起始义
和上面了	*（正）在和面	（正）在和面
开上药方了	*（正）在开药方	（正）在开药方
捆上行李了	*（正）在捆行李	（正）在捆行李

表起始义的“V上”结构暗含了“（正）在VN的意思，这种表示正在进行的“在”字式排斥完成义，如不能把“打上伞了”说成“（正）在打伞”。所以“在”“正”“正在”等表示时间的词语不能进入表完成义的“V上”结构。

由上面的分析可以看出，表完成义“V上”和表起始义“V上”结构在句法上也存在着明显的差异性。总的来说，表完成义的“V上”结构所受的句法限制相对较少，语序较为灵活，而表起始义的“V上”结构则较为凝固。

三、表主观限量义“V上”结构

大同方言中的“V上”结构还有一个很有特色的用法，即表示主观限量义，在句法结构和语用方面都表现出了很鲜明的特点。先看几个例子：

（1）你吃上口饭再走，急啥呢！（你吃口饭再走，急什么呢！）

（2）你在我家呆上几天哇。（你在我家再呆几天吧。）

（3）让他妈打上一顿就不发灰了。（让他妈打一顿就不惹事了。）

（4）下上点儿雨就凉快了。（下点儿雨就凉快了。）

（5）这孩子，骂上两句就恼了。（这孩子，骂几句就生气了。）

（6）他每次喝上点儿酒脸就红了。（他每次喝点酒脸就红了。）

上面例子中都可以去掉“上”，而且不会影响句子的真值性，我们将这一类称为主观限量义的“V上”结构，“上”是一个主观量标记。

（一）标记的形式和内容特点

表主观限量义的“V 上”的形式都是“V+ 上 + 概数宾语”，常有以下几种形式：

1. 省略数词式：

（1）吃上口饭再走。（吃口饭再走。）

（2）每天睡觉前喝上（一）杯牛奶。（每天睡觉前喝上杯牛奶。）

如果动作行为一般不去计算次数或在人们的普遍认知中是“一”时，通常要省略数词。

2. 概数词单用式：

（1）吃上两口饭再走。（吃两口饭再走。）

（2）吃上几口饭再走。（吃几口饭再走。）

在大同方言中，概数词“几”“两”等常用于“V+ 上 + 概数宾语”结构中表示概数。

3. 概数词并用式：

（1）吃上两三口哇。（吃两三口吧。）

（2）在我家住上十天八天再回去。（在我家住十天八天再回去。）

数字并用组合在一起可以表示概数，同样可以用于“V+ 上 + 概数宾语”结构中。

从被标记词的内容来看，表主观量标记“上”可以标记不确定的时间，也可以标记不确定的度量单位，包括事物现象和动作行为。

（1）躺那儿圪蒙上几分钟。（躺那儿小睡几分钟。）

（2）去奶奶家的时候买上十来块儿蛋糕。（去奶奶家的时候买十多块蛋糕。）

（3）明天去上趟学校。（明天去趟学校。）

上述三例中的“上”分别标记时间、事物现象和动作行为的概约量。

另外，“V+ 上 + 概数宾语”在形式上还排斥与完成体标记“了”。如：

出去买上几束花。

* 出去买上几束花了。

这是由于“V+ 上 + 概数宾语”只能用于非现实事件中，我们下面会详细讨论这一点。

（二）标记的语用特点

主观限量义的“V 上”只用于非现实事件中，包括未然事件、虚拟事件以及惯常事件。

1. 用于未然事件

“V+上+概数宾语”结构用于未然事件，而不能用于已然事件，所以“V+上+概数宾语”可以和表示将来的时间词语搭配，而排斥过去时间词语。如：

（1）一会儿打上几颗鸡蛋哇！（一会儿打几颗鸡蛋吧！）

*刚才打上几颗鸡蛋哇！

（2）以后生上个大胖小子，那日子可好活了。（以后生个大胖儿子，那日子多好过啊。）

*以前生上个大胖小子，那日子可好活了。

宗守云（2013：70）指出“虚拟成分能够保证一个句子的未然性质”，所以，如果给上面不成立的句子加上虚拟成分“要是、如果”等，那非祈使的例（2）中的第二句也是成立的。正因为“V+上+概数宾语”结构用于未然事件，所以不能和已然的完成体标记“了”共现。

2. 用于虚拟事件

相对于未然事件，虚拟事件在一般情况下是不可能发生的，“如果、要是、即使”等是假设性的连词，可以作为虚拟标记，而用于虚拟事件的“V+上+概数宾语”常与这些虚拟标记共现。如：

（1）这个夏天太热了，下上场雪就好了。（这个夏天太热了，如果下场雪就好了。）

（2）甭说你现在一个儿，就算你叫上百十来号人，还是打不过人家。（别说你现在一个人，即使你叫来一百多个人，还是打不赢人家。）

上述两例是说话人主观明知和客观实际均不可能发生的事情，都属于虚拟事件。

3. 用于惯常事件

“V+上+概数宾语”也可以用于惯常事件，宗守云（2013：71）还指出，“作为特定发生的一个现实事件，应该具有确定的人物、时间、地点和事实。”但惯常事件所反映的并没有明确具体的时间和地点，所以我们将其划分为非现实事件。

（1）他一喝上二两猫尿就发酒疯。（他一喝点酒就发酒疯。）

（2）每次吃饭他都要说上两句。（每次吃饭的时候他都要说几句话。）

（3）孙女年年回来都会给奶奶带上点儿小礼物。（孙女每年回来都会给奶奶带点儿小礼物。）

就真值意义来说，大同方言可以认为“上”是一个羡余成分，但在语用表达效果来看，有无“上”还是有一定区别的。张谊生认为（2006：127）“量标记的基本功用是用来表达说话人的一种主观认识，涉及态度、感情和视角，是在话语交际过程中自然而然地留下的一种主观印记。”大同方言中表示主观量标记的“上”表达的是说话人的一种轻松、随意的感情色彩。

A：买十来辆宝马车对于一个富翁来说算不了什么。

买上十来辆宝马车对于一个富翁来说算不了什么。

B：买十来辆宝马车对于一个乞丐来说比登天还难。

*买上十来辆宝马车对于一个乞丐来说比登天还难。

A组例句动作行为的主体是富翁，买十来辆名车对他们来说不是难事，所以在动词后加“上”更突出了轻松的色彩，但B组的行为主体是乞丐，语境不允许表现轻松和随意，所以不能加具有轻松、随意的主观量标记“上”。

四、“V上”的演化路径

根据梁银峰（2007：21—25）、于辉荣（2010：21—24）等学者对“V上”结构语法化过程的研究，现代汉语普通话中的“上”的演化历程可以描述为：趋向义→结果义→起始义。这符合一般趋向动词的发展演变路径。魏晋、唐五代是趋向义“上”的形成和发展时期，唐五代出现了结果义“上”，宋元时期得到发展，而起始义的“上”是从明清时期才发展出来的。结合对大同方言中“V上”结构的研究，大同方言的“V上”中的“上”最后一步虚化成为一个主观量标记，这是在上述演化过程基础上的进一步虚化。大同方言中的“上”的演化路径可以描述为：

趋向义→→→结果义→→→起始义→→→主观量标记

“V上”最基本的意义表示物体或人由下至上的位移，这里是一种物理空间的运动，而物理空间的运动过程有起点和终点，这与事件发生也有起点和终点的变化过程有相似之处。在隐喻机制的作用下，由空间域投射到事件域，动作完成必然会引起某种结果，这为“上”的虚化提供了可能，结果义由此产生。产生结果后，客体会保持某种状态，如果是一个可以持续的动作时，“V上”结构便有可能表示动作的起始和持续的状态，起始义由此产生。由实在的意义不断虚化、演变，词义越来越虚，最后词义消失，形式上甚至可以省略却不影响句子意义的表达，只留下表示某种主观色彩的一个标记，主观量标记由此形成。

以上我们讨论了大同方言“V上”的语义分类及其演化路径，相对于现代汉语普通话而言，大同方言“V上”的用法更为多样，虚化也更为彻底，尽管方言中的这些用法特殊，但也和语言发展的普遍规律相一致，其发展动因和演变路径也都遵循语言发展的基本规律。

参考文献

丁　萍　2009 《动结式“V好”与“V完”的比较研究》，上海师范大学硕士学位论文。
郭校珍　2008 《山西晋语语法专题研究》，华东师范大学出版社。
李临定　1990 《现代汉语动词》，中国社会科学出版社。
梁银峰　2007 《汉语趋向动词的语法化》，学林出版社。
刘月华　1998 《趋向补语通释》，北京语言大学出版社。
孟　琮、郑怀德等　2005 《汉语动词用法词典》，商务印书馆。
沈家煊　1995 《“有界”与“无界”》，《中国语文》第5期。
于辉荣　2010 《“V上”及其相关问题研究》，上海师范大学硕士学位论文。
张谊生　2006 《试论主观量标记“没”、“不”、“好”》，《中国语文》第2期。
宗守云　2013 《试论“V+个+概数宾语”结构》，《世界汉语教学》第1期。

豫北彰德府的历史移民与方言形成*

谷少华

（信阳师范大学文学院　信阳　464000）

提　要：豫北彰德府的历史移民主要有三种类型。本文以此三类历史移民，探讨豫北彰德府历史移民与方言形成的关联。第一种类型是由政府组织的大规模外来人口移徙，此类移民直接影响了该区域的方言形成，具体表现为：移民方言语音特征杂糅至原方言共时音系中，致使今方言音类特征呈现共时互补式分布。第二种类型是方言属性相同的移民迁入，此类移民因其插播式嵌入迁入地，非但没有改变原土著方言属性，反而被同化，不过从一些差异较大的音类特征出发，仍可追根溯源。第三种类型是迫于生计或军屯等其他原因迁至此地的附籍流民，此类附籍流民对方言音系影响不大，但可能会借有少量词汇，并延续至今。

关键词：豫北方言；彰德府；历史移民；方言形成

豫北彰德府属地隋唐时称相州，自金明昌三年，升为彰德府，辛亥革命后废府设县。历史上曾辖今河南安阳、林州、内黄、汤阴等地和河北临漳、磁县、涉县、武安等地。由于战事频繁、兵祸不断，历史上曾多次发生大规模移民。这些移民直接影响了原彰德府属地的方言形成。这也是该地区方言不同于中原汴洛地区的主要原因之一。方言是地域文化的载体，了解其方言形成就是在了解该地域的文化。陈鹏飞（2004：9）、史艳锋（2013：5—8）曾从语言学角度论及该区方言受到明代移民影响。裴泽仁（1988）认为豫北方言的形成与明代人口移徙直接有关。然而，原彰德府属地的今方言性质可划分两类三小片：安阳、汤阴为晋方言邯新片获济小片；林州、磁县、临漳、涉县、武安今属晋方言邯新片磁漳小片；内黄今属中原官话郑曹片。那么，同有明代移民，为什么对方言影响却迥然不同，甚至影响到其方言属

* ［**基金项目**］河南省哲学社会科学规划青年项目“语言接触视域下的晋冀豫毗连区域方言语音研究”（编号：2023CYY036）；河南省高等学校人文社会科学研究一般项目“晋冀豫毗连区域方音接触变异与历史层次研究”（编号：2021-ZZJH-013）资助阶段成果。

性？因此，我们认为不同历史时期的移民同该地区方言的形成均有一定关联，且影响程度不一。这一点前贤时彦并未过多涉及。文章不揣浅陋，将在前贤时彦基础上进一步尝试探讨今属豫北的旧彰德府属地（以林州、安阳、内黄方言语音为代表点，以语音特征为例）的历史移民与方言形成之间的关联。

一、大规模外来人口的历史移徙与方言形成

豫北彰德府属地历史移民来源及类型复杂。关于豫北彰德府历史移民的史实，豫北地区地方志中多有记载，其中直接影响到汉语方言变化的移民史料要以林州、安阳大规模移民为主。据《安阳县志》大事记580年，“杨坚使韦孝宽率兵攻邺，相州总管尉迟迥兵败，在西门豹祠南自杀。孝宽破城后焚烧邺城（今河北邯郸临漳）。坚将相州、魏郡、邺县治所均迁安阳城”（安阳县志编纂委员会，1990：26）。此为豫北地区首次涉及到的历史移民。从文字记载，容易发现此次移民是因城池被焚导致的治所迁移，属于有政府组织的移民。然而，“至开皇十年（590年），邺县治所回迁，复安阳县”（安阳县志编纂委员会，1990：27）。可见，十年内，治所于邺城、安阳之间两度迁移，人口在两地流动，自然也就加强了两地方言的融合。从某种程度而言，由于当时人口数量较少，语言演变速率自然也较快，很有可能经过数年时间的推移，方言已趋于一致。不过，还有一种可能：隋唐时期，该区方言属性本就相同。因此，我们在此可以充分假设：此时（隋唐时期）临漳（同林州方言属性相同）、安阳方言就是原豫北彰德府方言的“早期层次”。当然，由于年代久远，此处追根溯源已难以作出充分论证。不过，从今方言分布面貌出发，我们仍能发现一些门径。

谷少华、郭沈青（2018）结合相关历史移民研究发现，林州人口移民结构应包括：（早期“土著”）+邯郸移民+泽潞（长治）移民三个层次。在此基础上，通过该移民线索，参照移民来源地语音特征，容易离析出林州方言语音的不同层次。下面先以林州方言入声字读音为例，如表1：

表1 林州方言入声字历史层次

历史层次	方言性质	语音特征	来源地
隋唐早期层	中古音	舒声	土著
宋元移民层	晋语邯新片	舒声、促声	邯郸
明代洪武移民层	晋语上党片	促声	泽潞二州

表1说明，林州方言入声字这一音类的今读面貌是不同历史时期积累的结果，而今舒声与促声呈共时互补式分布。也就是说林州方言同一中古音类呈现出的不同读音类型是由不同的历史移民同当地土著接触层叠导致的。再如阳声韵的演变，同一中古音类呈现系统性的变化：咸山摄鼻音韵尾［-n］失落与元至正邯郸移民相关，宕江摄、深臻曾梗通收舌根鼻韵尾［-ŋ］同明洪武泽潞移民相关（谷少华，2022a）。这也符合晋方言鼻音韵的一般类型（乔全生、余跃龙，2020）。但是同一中古音类的接触型层叠已被一般规律淹没。这需要从方言中残留的词汇中寻找到证据，如林州方言词汇中仍残留有咸山摄收舌根鼻韵尾［-ŋ］现象，读同宕江摄，与泽、潞二州相同。这说明林州方言咸山摄曾受泽、潞二州移民影响，但并未改变其整体属性，相反保存了其“早期层次”。由此，林州方言是不同来源地的历史移民将自身的语音特征杂糅至原土著方言中，致使今方言面貌中同一中古音类呈现出不同的读音类型，如知系字大多同标准语一致，仅庄三入声字读［tʂ］组，像“测［$tʂ^{h}əʔ^{42}$］”、“缩［$ʂuəʔ^{42}$］”等。

下面，再看安阳移民。《明太祖实录》卷一百九十三有记载，“迁山西泽、潞二州民之无田者往彰德、真定、临清、归德、太康诸处闲旷之地，令自便置屯耕种，免其赋役三年，仍户给钞二十锭，以备农具。”（转引自史艳锋，2013：6）然而，彰德府属地较广，山西泽、潞二州移民到底安置在何地，仍可再察。通过查阅谍谱资料，我们认为此次移民安置在彰德府西部山区林州的可能性更大，也更广。因为很多家谱资料中有所记载，如《冯氏谱系》（明嘉靖三十年）载：“明洪武二十二年（1389）冯氏先祖弟兄五人由山西壶关县冯坡村奉诏东迁，一迁浚县八角村，一迁安阳石井岗，其余三人迁林县合脉掌。”（转引自史艳锋，2013：7）结合零星谍谱资料，容易发现明洪武年间有所记载的移民，还是以迁入林州为主，当然，也有少量迁入安阳等地。因此，关于安阳的移民来源就较为复杂，它不像林州移民那么明确，可证就是来自泽、潞二州移民。再据明太祖洪武元年，“元末，天灾兵乱，民众流亡失所，安阳土著居民十不存一。公务初，民开始归附，然田地荒芜不治。安阳知县蔡城（安徽巢县人）乃千方百计经营，备酒食，邀请富民到县衙，亲自主持订立契约，让富民借给贫民耕牛、种子。仍然不足者，由官府借给。于是垦荒更重、民安居富裕。洪武初至永乐间，先后自山西洪洞县迁民于安阳。”（安阳县志编纂委员会，1990：34）该记载又显示，此次移民又来源于山西洪洞县，迁入地以安阳为主。综上，我们的结论是，隋唐之后，尽管明洪武年间，安阳曾大量接收过外来移民，但因其来源地较杂，既有来自泽、潞二州的移民，又有来自洪洞县的移民，故移民对安阳方言与林州方言的影响不尽一致。

林州移民相对单一，主要来源于山西泽、潞二州。我们以此为线索，容易发现安阳与林州方言的不同。安阳因其较为复杂的移民来源，尽管有大规模外来移民，却仍保留了一些原区域内的语音特征。如不分尖团音、精组与知系字合流，而这些特征在今临漳方言（尹大仓，1995；杨春宇、张贝贝，2013）、长治方言（侯精一、温端政等，1993）中也有所保留。这从漳河老调中也可窥知一二。如流行于旧彰德府属地的漳河老调“发花≈遥条辙”、“人辰≈中东辙”，同林州方言相同，却与安阳方言不同。安阳方言因其移民来源混杂，演变速率较快，“人辰≠中东辙”，并未显示出泽、潞二州移民方言的痕迹（谷少华，2022b）。

综上，我们认为尽管林州、安阳都曾接收了大量外来移民，但因移民来源地属性的不同，方言接触点的不同，导致了今方言面貌的差异。明代的泽、潞二州移民在迁入彰德府后，由于移民规模较大，导致部分方言语音特征融入安阳、林州方言中，迫使安阳、林州方言发生了“语言转换”（沈钟伟，2007），并进行了“方言上的重新洗牌”。林州方言语音特征也因此呈现出音类共时互补分布状态。而安阳方言因其移民复杂，区域内人群交流接触到的方言较多，除了杂糅一些移民特征外，还加速了其语言演变速率，导致其与林州方言不同，而只在其音系中保存一些区域特征。

二、方言属性相同的外来移民与方言形成

内黄县位于河南省北部，地处黄河故道，因黄河而得名。元明两代曾属大名府，清雍正年间改属彰德府。据顾炎武《天下郡国利病书》卷5《北直隶》中引《大名府·田赋志》记载：“国家洪武初，承金、元之后，户口凋耗，闾里数空，诸州县颇徙山西泽、潞民填实之。予过魏县，长老云：‘魏县非土著者什八，及浚、滑、内黄、东明之间，隶屯田者什三，可概见矣’”。可见属于内黄屯田户未有魏县多，浚、滑县、内黄、东明之间约占十分之三。类似于此的资料在内黄县志中亦有记载，如嘉靖《内黄县志》卷一《里甲》载：“洪武初，十八里，天顺初增十六里，今共编三十四里”，内有迁民里。又记，屯六：迁民屯、集凤屯、樊里长屯、刘里长屯、朋固屯、王里长屯。据《明史》卷七十七记载：“太祖仍元里社制、河北诸州县，土著者以社分里甲，迁民分屯之地，以屯分里甲”，可见，明初以屯、寨命名的村落为迁民居住区，且分散于各地。我们发现，天顺年间增十六里，相比与明初洪武人数将近增加一半，可见城区扩张较快，且为人口自然增长，移民较

少，三十四里中仅有一个迁民里，且仅屯六。另外，据内黄县东庄乡西台头村《始祖马二公讳克左配赵君之墓碑》载："始祖原籍山西省洪洞县标岗村……我祖克左，迁居内黄县西台村……，系明永乐二年迁居……，因地为家"；"据内黄二安乡小槐林村戴、马同宗墓碑文记载，始祖子成、子才祖籍山西洪洞，明洪武年间移民时，子才改姓马，二人一同被迁至此，死后并排筑墓，故谓'双立祖'"；再有"陈邵墓碑"中陈邵一宗；六村乡王、温二姓原籍洪洞县枣林村，于明永乐年间迁来，生二子，一随父亲姓王，一随母姓温。结合谍谱、碑志资料显示，"屯六"移民人口来源应多是明洪武、永乐年间来自山西洪洞，且均是以家族为单位定居，随时代变迁，自然成村。

这一移民现象甚至至今仍反映在今地名中。地名有以姓氏为村名，并根据姓氏村名的不同，方言也略有差异。如内黄方言的中北部，包括城关、东庄、张龙、马上、亳城、高堤、楚旺、宋村、田氏、窦氏、石盘屯以及后河的北部，舌尖声母只有一组，读舌尖前声母，南部的二安、井店、六村、梁庄、中召五个乡镇两组舌尖声母都有。除这个语音特征外，还有古知、章组合口三等字韵母的归属也明显不同，如中部的城关、东庄、亳城、马上、张龙、后河今读［y yɛ］，北部的宋村、楚旺、田氏、窦公今读［u uɛ］，南部的井店、二安、梁庄今读［ʮ ʮɛ］。韵母归属明显不同显然是受其声母制约。如城关等地部分知组、章组合口三等字声母读［tɕ］组，宋村等地读［ʦ］组，井店等地读［tʂ］组（李学军，2012）。可见，从微观角度来看，内黄方言的今方言分布情况同明代移民密切相关，但明代移民并没有影响到内黄方言的整体归属与形成。

综上所述，内黄外来移民人口数量较少，且并未呈现覆盖性分布。即使有移民，也是移民以家族为单位散布各地。在此种情况下，因其为散点分布，且移民方言在当地并不具备权威性，因此未能改变其原有方言属性，但其语音差异较大的音类特征却被顽固地延续了下来，并保存在今方言当中。

三、军屯附籍与方言形成

据葛剑雄、曹树基（2004：228）研究，"彰德府接纳的民籍虽然只占全府人口的16%左右，但其人口总数较少，只有一卫军及其家属，就足以占该府人口的11%以上的比例"；明朝军队编制实行"卫所制"，据《彰德府志》卷三《建置》，洪武七年（1374年）设彰德卫，驻扎于彰德府城，更有宁山卫近半在彰德府屯田，再据

《明太祖实录》卷二二三，“彰德等四府，屯田凡三百八十一屯”，如果分府屯之，宁山卫军户在彰德四府各占四分之一，每府约占一卫之八分之一。据《明史·兵志》：“大率五千六百人为卫，千一百二十人为千户所，百十有二人为百户所”。由此，统计下来，安阳仅军屯移民就一又八分之一卫，约六千三百户。如此算来，按户均4人来算，安阳军屯人数约两万五千余人。据葛剑雄、曹树基（2004：438），洪武二十四年，彰德府人口为132015人，排除民籍移民11%人数，约15000余人，安阳当时人口仅115000余人，可见，安阳军屯人数约占据整府人数20%。据刘昌、胡谧《河南总志》卷十彰德府47A-49B，彰德府军户来源共计31户，其中祖籍来自直隶20户，又以来自安徽合肥、宣城、宿安等地为主，方言归属为江淮官话洪巢片，还有来自湖广等地的多户。

据民国十年铅字重印本《安阳县志》卷十二《兵防志》载：“明初，立民兵万户，府寓兵于农，即屯兵所起，其兵即领之，卫所三分守城，七分屯种，是其制也”，“彰德营拨，县西曲沟拨守兵两名，水冶镇拨守兵二名，科泉拨守兵二名”，也就是说，在安阳县府守城仅占三成，也即占在上文提到20%的30%，再加上守城者之三成也被分拨到各乡镇，这样，相比较来说，军屯移民人数所占府城人数少之又少。三分守城人数如此，那么七分屯种者是否也是如此呢？据《林县志·里社》卷一：“顺治十六年，裁本县守御千户所归并县属，共为编户三十六里，而一里分为十甲（每十户一甲），每里设里书一名”。可见，屯田者是被散分到全县各里，且人数较少，每里仅百余户人口。自然，来自巢湖片的屯田军户为了融入当地，只有放弃自己的方言，改用当地方言，但通过深入发掘，我们仍能够发现一些例外字，而这些例外字显然带有安徽江淮官话洪巢片的特点。如“嫩”字在洪巢片中读［luən^{21}］，而安阳周边方言中仅高平一点［n l］混同，但其混同还和今韵母的拼合有关，而江淮官话洪巢片古泥来母字一律读［l］（刘祥柏，2007）。由此可见，这一字似乎是豫北彰德府方言向来自洪巢片屯田军户移民的借字。再譬如“渠”字读［tɕy^{51}］，为平声字读不送气声母，对应的普通话为平声送气而仄声不送气，再比较山西方言，无论平仄都读不送气音主要集中在中区太原片（侯精一、温端政，1993：8），而太原地区向旧彰德府并无历史移民记载，可见也与山西方言并无关联。“胎”字读［tai^{33}］（轮胎），为次清母平声字读不送气声母，与一般规律不同。类似这类例外字，我们认为或与军屯附籍移民方言有关，但具体方言属性却难以考证。

四、结语

豫北彰德府属地历史悠久，因地处华北平原，属中原地区。历来为战略要地，战乱不断，人口迁徙流动自然较大。在此基础上，类似于政府移徙的大规模移民会直接影响土著方言原有的音系结构。在双方力量对比悬殊下，土著（老民）与新民为促进交流，语音必然会发生折中转换，甚至音系重构。如安阳、林州等地方言语音。然而，如果移民性质为老民回迁，非但不会改变土著（老民）方音性质，还会加强土著（老民）方言势力，如滑县。如果移民性质相同，不同来源地的移民进入该区域后，由于方言中的语音特征大多雷同，容易融合趋同，而差异较大的方言特征也会保存在自己方言当中，短时期内难以融合合并，如内黄知系字读音。或许，对方言形成影响最小的是为生计所迫散居在区域内的军屯附籍移民。

参考文献

（一）古籍

（明）崔　铣 《彰德府志·卷三·建置》，嘉靖元年刊本。

李见荃等纂 《重修林县志·卷一》，民国二十一年影印本。

（清）张廷玉等　1974 《明史·兵志二》，中华书局。

（二）现代论著、期刊论文

安阳县志编纂委员会　1990 《安阳县志》，中国青年出版社。

陈鹏飞　2004 《豫北晋语语音演变研究》，延边大学出版社。

傅　辉　2006 《华北移民后裔异姓同宗现象探微》，《寻根》第5期。

葛剑雄、冻国栋　2004 《中国人口史（第二卷）》，复旦大学出版社。

葛剑雄、吴松弟　2004 《中国人口史（第三卷）》，复旦大学出版社。

葛剑雄、曹树基　2004 《中国人口史（第四卷）》，复旦大学出版社。

谷少华　2022a 《河南林州方言阳声韵的读音及其历史层次》，《现代语文》第7期。

谷少华　2022b 《“中原学”视域下的河南方言文化研究》，《河南科技大学学报》（社会科学版）第3期。

谷少华、郭沈青　2018 《河南林州方言入声字读音及其历史层次》，《殷都学刊》第1期。

侯精一、温端政等　1993 《山西方言调查研究报告》，山西高校联合出版社。

靳文豪　2013 《明代豫北移民若干问题研究》，广西师范大学硕士论文。

李学军　2012 《河南内黄方言音系》，《方言》第1期。

刘祥柏　2007 《江淮官话的分区（稿）》，《方言》第4期。

裴泽仁 1988 《明代人口移徙与豫北方言——河南方言的形成》(一),《中州学刊》第4期。
乔全生、余跃龙 2020 《晋方言与官话非同步发展(五)——鼻音韵尾的弱化和消失》,载《北斗语言学刊》第五辑。
沈钟伟 2007 《语言转换和方言底层》,载《历史层次与方言研究》,上海教育出版社。
史艳锋 2013 《豫北晋语单字音与变音现象研究》,陕西师范大学博士论文。
杨春宇、张贝贝 2013 《邯郸晋语内部语音差异研究》,《现代语文》(语言研究版)第3期。
尹大仓 1995 《邯郸方言的语音特点及其形成》,《河北师范大学学报》(社会科学版)第2期。
台湾"中研院"历史语言研究所 1963 《明太祖实录》,台湾"中研院"历史语言研究所校印本。

晋语太原方言虚词“着”的语法功能与形成路径*

尤　越

（山西省社会科学院（山西省人民政府发展研究中心）
学术期刊中心，太原 030032）

提　要：文章指出，晋语太原方言虚词“着”的语法功能项主要有充当处所介词，充当持续体助词，充当语气助词和充当先行体助词 4 种。不同语法功能的虚词“着”在各方面表现各有不同，与不同情状的动词、形容词的组配情况同中有异。太原方言虚词“着”的语法功能反映了汉语史上表附着义的动词“着（著）”语法化的不同阶段在共时平面上的留存。

关键词：着；晋语；太原方言；语法功能；形成路径

普通话的虚词“着”主要充当持续体助词，表示动作 / 行为在观察点下是持续状态的，而汉语方言中虚词“着”的语法功能除作持续体助词外更加丰富多样，与其在汉语史上不同语法化阶段产生的功能形成映照。乔全生（1996），刘平（2002），杨永龙（2002），邢向东（2004），李小平（2014），汪国胜、王毅（2021）等都曾对汉语方言中虚词“着”的句法语义功能、来源等问题进行过探讨。太原方言作为晋语并州片方言的代表，虚词“着［təʔ²］”十分常用，且具备多种语法功能，但在现有成果中尚未见专门的系统研究，本文拟系统描写分析晋语太原方言虚词“着”的语法功能与形成路径，以期充实相关研究成果。

下文将结合笔者对母语调查、内省来的语料展开分析，虚词“着”与动词、形容词的组配情况将借助太原方言动词、形容词语料库（本文对动词与形容词的分类

---

① 本文是山西省社会科学院（山西省人民政府发展研究中心）2022 年度青年规划课题“太原方言体助词的共时与历时研究”（编号：YNQN202213）的成果之一。感谢《北斗语言学刊》编辑部为文章修改提出的宝贵建议。

方法也依据此语料库[①]）来观察。

一、太原方言虚词“着”的语法功能项

太原方言的虚词“着”可以作介词和助词，具体语法功能可分为 4 项，下面分别分析。

（一）着$_1$：充当处所介词

太原方言的虚词“着”可以用于动词后，介引表示处所的名词性成分，构成“V 着 N$_{处所}$”结构，用于陈述句、疑问句、感叹句和祈使句。能与介词“着”组配的主要是动词，包括姿势动词、位置动词、动作动词和个别结果动词。根据动作 / 行为与处所的关系，“着$_1$”的功能又可以分为 2 种：

1. 着$_{1a}$：介引动作 / 行为或其产生的结果存在的处所，大致相当于普通话的“在”。例如：

（1）看□［ȵia^{11}］一天圪蹴着门门口，甚也不做。看人家整天蹲在门口，什么都不干。

（2）一半天就吃完咧，就搁着桌子上哇。过一两天就吃完了，就放在桌子上吧。

（3）来，我把棉花絮着下里［xaʔ^{2}li^{53}］。来，我把棉花铺在里面。

（4）咋把钥匙忘着家下里［xaʔ^{2}li^{53}］咧！怎么把钥匙落在家里了！

介词“着”可以直接介引动作 / 行为存在的处所，如例（1），也可以介引动作 / 行为产生的结果存在的处所，如例（2）。句子的时态可以是已然或未然的，事件体现为时段，在时间轴上起始点有无均可，但一定没有终止点。

2. 着$_{1b}$：介引动作 / 行为使客体到达的处所，大致相当于普通话的“到”。例如：

（5）把人搊［tsəu^{53}］着兀儿哇。把人搀扶到那里吧。

（6）你咋把衣裳挂着树上咧！你怎么把衣服挂到树上了！

（7）我想楔着墙里个钉子挂包包嘞。我想钉到墙里一个钉子挂包呢。

（8）栽着哪咧？摔到哪里了？

---

① “太原方言动词、形容词语料库”主要参考戴耀晶（1997）和郭校珍（2008）的做法，将太原方言动词划分为静态动词（包括纯静态的属性关系动词和弱动态的心理感受动词）、动态动词（包括动作动词和结果动词，又各分瞬间和持续 2 类）和动静兼类词（包括姿势动词和位置动词，前者静态强、动态弱，后者动态强、静态弱）3 类，将太原方言形容词划分为性状形容词（包括性质形容词和状态形容词）和变化形容词（包括单向变化形容词和双向变化形容词，前者又包括始点形容词和终点形容词，后者又包括正向形容词和负向形容词）2 类。详参尤越（2021）。

这种情况下句子的时态可以是已然或未然的，事件可以体现为时点或时段，在时间轴上起始点有无均可，但一定有终止点，即客体位移到指定处所的时刻。

（二）着$_2$：充当持续体助词

太原方言的助词“着”表示动作/行为或性质/状态在观察点下是持续状态的，用于陈述句、疑问句和感叹句。持续体助词“着”位于句子的核心谓语之后，核心谓语可以由动词充当，包括心理感受动词、姿势动词、位置动词和动作动词，也可以由形容词充当，包括始点形容词、正向形容词、负向形容词、状态形容词和个别性质形容词。例如：

（9）见□［ȵia¹¹］买下车咧，正眼红着嘞。看到人家买了车了，正嫉妒着呢。

（10）累咧，后晌都睡着来。（大家）累了，下午都躺着来着。

（11）北面的家圈［tɕʰyɛ⁵³］着狗儿嘞，不咾见人就咬。北边的房间关着狗呢，不然看到人就狂吠。

（12）我正处⁼着嘞，等圪一下。我正（用橡皮）擦着呢，等一下。

（13）还早着嘞！慢当些哇。还早着呢！慢点吧。

（14）饭热着嘞没啦？饭热着没？

（15）没睡醒？看你还困着嘞。没睡醒？（我）看你还困着呢。

（16）改咾几次咧，还错着嘞！改了几次了，（怎么）还错着呢！

（17）还全欢着嘞，早些过来挑哇。还齐全着呢，早点过来挑选吧。

以上句中的事件都体现为时段，在时间轴上没有起始点和终止点，因为说话人关注的主要是动作/行为持续的这一部分，起始与终止都不在观察范围内。动作/行为持续状态的表现有所不同，静态动词表现为这一动作/行为稳定地持续，如例（10）的“睡$_{躺}$”；动态动词表现为动作带来的结果的持续，如例（11）；或是这一动作/行为持续地重复，如例（12）的“处⁼$_{用橡皮擦掉字迹}$”。当句中谓语部分是述宾结构时，语序一般是“VO着”结构，如“在兀面瞭$_{看}$娃娃着嘞”，也可以是“V着O”结构，如“鏊子$_{烙饼器具}$上烙着饼嘞”。前者在太原方言中更占优势，且是固有的，这种语序在山西多地方言中都存在，后者应该是受到普通话的影响而产生的（乔全生1996）。

一般情况下，动词和形容词与“着”组配时表示的是动作/行为在观察点下是持续状态的，句子的时态可以是正然的，如例（15），也可以是已然的，如例（10），并不一定表示动作/行为和性质/状态一定是在说话时持续的。谓语前有副词“正”

时，构成“正 V/A 着嘞”结构，表示动作/行为或性质/状态在观察点下是正在进行或持续的，句子的时态一定是正然的，如例（9）。句中有处所名词充当的主语出现时，可以表示存续，动词通常具备［+附着］的语义特征，表示动作/行为保持于某处或其结果存续于某处，如例（11）。此外，在连动式中，根据两动作/行为的语义关系，“V_1 着”可以表示“V_2”进行的方式、手段等。例如：

（18）□［ȵia¹¹］站着跟人谝嘞。人家站着跟别人聊天呢。

（19）咋圪蹴着吃嘞，给你凳子。怎么蹲着吃（饭）呢，给你凳子。

（20）快啃着吃骨头哇。快啃着吃排骨吧。

（21）拿调羹舀着吃哇。用勺子舀着吃吧。

从太原方言中持续体助词“着”的表现来看，其基本语法功能就是表示动作/行为与性质/状态在观察点下是持续的，至于“进行”“存续”等义都是在其持续义基础上，与句中其他成分共同呈现出的，并不是助词“着”固有的（钱乃荣 2000）。

（三）着$_3$：充当语气助词

太原方言的“着”可以充当语气助词，位于句末的语气词“着”只用于祈使句，句子的时态是未然的。“着”可以表示的语气有以下 2 类：

1. 着$_{3a}$：表示命令的语气。

（22）让他先掂掇着，完咾告我。让他先斟酌吧，完了告诉我。

（23）你把他着，我歇圪一下。你给他把尿吧，我歇一歇。

（24）你先穿着，外头可冻了。你先穿着吧，外面特别冷。

（25）叫他给㨃着，我做饭去。让他择（菜）吧，我去做饭。

“着”表示命令的语气时，句中核心谓语仅由动词充当，包括心理感受动词、姿势动词、位置动词和动作动词。且为实现劝请听话人做某事的目的，句中充当核心谓语的动词都具有［-消极］的语义特征，“磕碰、呲咋$_{训斥}$、坑$_{害}$”等动词不能在表命令语气的“着”句中充当谓语。句中的事件体现为时段，在时间轴上没有起始点和终止点。

2. 着$_{3b}$：表示警告的语气。

（26）看□［ȵia¹¹］鄙低⁼你着。小心人家小看你。

（27）看推得倒咾着。小心推倒。

（28）看把你压咾着。小心把你压住。

（29）看挨你妈骂着。小心挨你妈的骂。

（30）躲得远些，看碰住着。躲得远点，小心碰伤。

（31）不敢火大咾，看老咾着。火不能太大了，小心（肉）老了。

（32）现在不买，看二天贵咾着。现在不买，小心过几天贵了。

（33）喝咾不盖住，看凉咾着。喝了水不盖住（杯盖），小心（水）凉了。

（34）热天还把袋袋系住，看臭咾着。这么热的天还把袋子系着，小心发臭。

以上句中的事件体现为时段，在时间轴上同样没有起始点和终止点。“着”表示警告的语气时，句首一般有表示“小心”义的“看”，句中核心谓语可以由动词和形容词充当，动词除了包括表命令语气时的心理感受动词、姿势动词、位置动词和动作动词外，还有结果动词；形容词则包括终点形容词、正向形容词、负向形容词和个别性质形容词。且为实现禁阻听话人做某事的目的，句中充当核心谓语的动词、形容词都含有［+消极］的语义特征，这种“消极”不一定是绝对意义上的，而是相对于说话人来说的，如例（33），“凉”本身没有感情色彩，但水变凉以后不便饮用，所以对说话人来说是消极的。这一点与“着”表命令语气时充当句中核心谓语的动词的语义特征是互补的。

（四）着$_4$：充当先行体助词

先行体助词“着”表示使某事先得以实现，再进行或考虑其他，可以理解为“等/先……（再……）”，再进行或考虑的事件已发展成为隐含义，多数时候隐而不表。先行体助词“着”位于句末，句子一般是祈使句。可以与先行体助词“着”组配的是动词，包括姿势动词、位置动词、动作动词、结果动词和个别心理感受动词，也可以是形容词，包括终点形容词、正向形容词和负向形容词、个别性质形容词和个别状态形容词，此外还有时间词，包括时间名词和时间结构：

（35）–给，你荷住！给，你拿着！–站起着。（等我）站起来再给（我）。

（36）–来，我看。来，我看看。–我先贴好着。我先贴好（再给你看）。

（37）–拾掇哇。收拾吧。–吃咾烟着。（等）抽完烟（再收拾）。

（38）–紧着给问询么。赶紧给（我）问啊。–碰见他着。（等我）碰到他（再问）。

（39）–打问上一下。打听一下。–等俺俩惯熟咾着。等我们俩熟悉了（再打听）。

（40）–快吃哇。快吃吧。–等熟咾着，不咾闹肚也。等熟了（再吃），不然会闹肚子。

（41）–换上个新的哇。换一个新的吧。–等松咾着。等手头宽裕了（再换）。

（42）–快把衣裳收咾哇。快把衣服收了吧。–干咾着。（等）干了（再收）。

（43）–盛上吃哇。盛出来吃吧。–软咾着，再煮上一下。（等）软了（再吃），再煮一下。

（44）–关咾哇。关了吧。–满咾着。（等桶）满了（再关）。

（45）–想出去看灯嘞。想出去看花灯呢。–十五着。（等到正月）十五（再去）。

（46）–走哇。走吧。–一阵着。过一会儿（再走）。

（47）–过兀面住两天哇。去那边住几天吧。–以后着。（等）以后（再去）。

以上句中的事件可以体现为时点和时段，在时间轴上起始点可有可无，但一定有终止点。句子的时态都是未然的。先行体助词位于句末而非核心谓语之后，且句中还能有其他体助词与之共现，如例（39）的“咾”。句中的核心谓语同表示命令语气的“着”句中一样，都具有［–消极］的语义特征。

《太原方言词典》（沈明，1994）显示，太原方言虚词“着”的语法功能有 4 项，分别是：1）表示动作的持续，如“他们正说话着嘞”；2）表示状态的继续，如“桌子上放着一碗水”；3）用在动词或表示程度的形容词后面，加强命令或嘱咐的语气，如“路上小心着”；4）加在某些动词后面，使变成介词，如“朝着”（沈明，1994）。根据我们的观察，太原方言的虚词“着”的语法功能也有 4 项，但与词典所载略有不同。词典所载的前 2 项语法功能似可合二为一，看作是“着”作为持续体助词的语法功能，因为“动作的持续”和“状态的继续”主要是与“着”组配的动词的情状不同造成的，并非“着”的语法意义有别。此外，我们还发现虚词“着”有词典未载的先行体助词语法功能项。具体来说，太原方言虚词“着”的 4 种语法功能可以总结为：1）充当处所介词，介引动作 / 行为（或其结果）存在或使客体到达的处所；2）充当持续体助词，表示动作 / 行为或性质 / 状态在观察点下是持续的；3）充当语气助词，可以表示命令和警告语气；4）充当先行体助词，表示事件在观察点下先实现，再进行或考虑其他。

二、太原方言虚词“着”语法功能项的对比分析

根据前文的描写分析可知，太原方言的虚词“着”有 4 种语法功能项，分别记为“着$_1$”“着$_2$”“着$_3$”“着$_4$”。其中，“着$_1$”根据动作 / 行为与处所的关系分为“着$_{1a}$”和“着$_{1b}$”，“着$_3$”根据所表语气的差异分为“着$_{3a}$”和“着$_{3b}$”。因语法功能不同，它们的诸多方面表现各异，下面我们主要对太原方言不同语法功能的虚词“着”的各方面表现进行对比分析，揭示它们的异同。

（一）基本表现对比分析

由上节的描写可知，在句法位置上，太原方言虚词“着”所在句法位置二分为直接位于核心谓语之后与位于句末 2 种。“着$_2$”使用中较占优势的“VO 着”语序

对虚词“着”可以位于句末起到了关键作用，使得虚词“着”相对远离了核心谓语，逐渐变得不是依附于核心谓语，而是依附于整个句子（乔全生，1996）。在句类方面，“着$_1$”对句类基本没有要求，“着$_2$”几乎不用于祈使句，而“着$_3$”“着$_4$”几乎仅用于祈使句。在时态方面，虚词“着”所在结构 / 句子的时态由“着$_1$”“着$_2$”所在句子主要是已然、未然和正然态，转变为“着$_3$”“着$_4$”所在句子主要是未然态。这与虚词“着”能够出现的句类变得相对集中有直接关系，祈使句主要是提出命令、请求，劝请或禁阻听话人做某事，命令、请求的内容在当下自然是未然的。在句中事件长度上，只有“着$_{1b}$”和“着$_4$”比较特殊，事件呈现为时点、时段均可，其他语法功能的虚词“着”所在句子中的事件都体现为时段。至于事件的起始点和终止点的有无，“着$_1$”和“着$_4$”对于事件起始点没有要求，“着$_{1a}$”所在句中的事件没有终止点，“着$_{1b}$”“着$_4$”所在句中的事件有终止点，而“着$_2$”和“着$_3$”所在句中的事件既没有起始点也没有终止点。上述差异的对比情况见表 1：

表 1　太原方言虚词“着”基本表现对比

		词性	位置	句类	时态	事件长度	起始点	终止点
着$_1$	着$_{1a}$	介词	谓语后	陈述、疑问、感叹、祈使	已然 / 未然	段	±	−
	着$_{1b}$	介词	谓语后	陈述、疑问、感叹、祈使	已然 / 未然	点 / 段	±	+
着$_2$		助词	谓语后	陈述、疑问、感叹	已然 / 正然	段	−	−
着$_3$	着$_{3a}$	助词	句末	祈使	未然	段	−	−
	着$_{3b}$	助词	句末	祈使	未然	段	−	−
着$_4$		助词	句末	祈使	未然	点 / 段	±	+

由表 1 可知，太原方言虚词“着”由“着$_1$”到“着$_4$”，句法位置由句中转变为句末，可以出现的句类集中为祈使句，结构 / 句子的时态也向未然态转变，事件长度多体现为时段，事件有无起始点和终止点的差异也很明显，“着$_{1a}$”“着$_{1b}$”句中事件终止点的情况互补，“着$_2$”“着$_3$”句中事件都没有起始点和终止点，而“着$_4$”句中的事件一定有终止点。

（二）与动词、形容词组配情况的对比分析

1. 与动词的组配情况

太原方言中 4 种语法功能的虚词“着”都能与动词组配，① 但与不同情状的动词

① 此处的“组配”不仅针对虚词“着”直接位于谓词之后的情况，也包括位于句末时与句中核心谓语的组配情况。

的组配情况有较明显的差异，4 种语法功能的虚词“着”都不与属性关系动词组配，都可以与姿势动词、位置动词和动作动词组配，在与心理感受、姿势、位置和结果 4 类动词组配时的具体情况有所不同。详见表 2：

表 2 太原方言虚词“着”与各类动词组配的情况

		属性关系	心理感受	姿势		位置		动作		结果	
				静态	动态	静态	动态	瞬间	持续	瞬间	持续
着$_{1}$	着$_{1a}$	−	−	+	−	+	−	+	+	?	?[①]
	着$_{1b}$	−	−	−	+	−	+	+	+	?	?
着$_{2}$		−	+	+	+	+	+	+	+	−	−
着$_{3}$	着$_{3a}$	−	+	+	−	+	−	+	+	−	−
	着$_{3b}$	−	+	−	+	−	+	+	+	+	+
着$_{4}$		−	?	+	+	+	+	+	+	+	+

由表 2 可知，“着$_{1}$”和“着$_{3}$”在与动态、静态兼可的姿势动词和位置动词组配时，“着$_{1a}$”和“着$_{1b}$”、“着$_{3a}$”和“着$_{3b}$”两两之间的组配情况大致互补。“着$_{1a}$”表示动作 / 行为本身或其结果静态地保持在某处，“着$_{3a}$”表示命令语气时有明显的持续义的语义滞留，所以主要与静态的姿势动词、位置动词组配，如“端着$_{\text{在}}$手上”“摆着$_{\text{在}}$桌子上”“把手举着”“教$_{\text{让}}$他搬着”中的“端”“摆”“举”“搬”都表示静态的动作，后两例中的“着”还带有明显的持续义；“着$_{1b}$”表示动作 / 行为使某客体动态地到达某处，“着$_{3b}$”由于核心谓语具有［+ 消极］语义特征，句中的姿势、位置动词常带有表示趋向、结果等的补语，所以主要与动态的姿势动词、位置动词组配，如“站着$_{\text{到}}$边边起$_{\text{旁边}}$”“贴着$_{\text{到}}$手上”“看他把车子骑出去着”“看给你按坏着”中的“站”“贴”“骑”“按”都表示动态的动作，后两例中的“着”的持续义明显弱化了。

组配情况有明显差异的是心理感受动词和结果动词。心理感受类动词具有弱动态性，表示某种心理活动或内心感受，可以与“着$_{2}$”“着$_{3}$”组配，如“正麻烦$_{\text{心烦}}$着嘞”“你先掂掇$_{\text{斟酌}}$着”“看他噎$_{\text{顶撞}}$你着”，但由于“着$_{1}$”要求动作 / 行为具有［+ 附着］的语义特征，“着$_{4}$”要求动作 / 行为有可终止性，所以前者几乎不与之组配，后者则很少与之组配。结果动词带有内在终止点，可以与“着$_{3b}$”“着$_{4}$”组配，如“看跑$_{\text{液体挥发}}$咾着”“等退咾休着”，但同样因为“着$_{1}$”对动词语义特征的要求，“着$_{2}$”“着$_{3a}$”所表事件没有终止点，所以“着$_{1}$”很少与之组配，“着$_{2}$”“着$_{3a}$”几乎不与之组配。

① “？”表示此类动词中仅有个别（不超过总数的一成）可以与虚词“着”组配，具体数据见于尤越（2021）。后表同。

2. 与形容词的组配情况

除“着$_{1}$”“着$_{3b}$”外，太原方言中其余语法功能的虚词“着”都可以与形容词组配，与不同情状形容词的组配情况也有较明显的差异，“着$_{2}$”“着$_{3b}$”“着$_{4}$”都可以与双向变化形容词和个别性质形容词组配，与状态形容词和单向变化形容词组配时的具体情况有所不同。详见表 3：

表 3 太原方言虚词“着”与各类形容词组配的情况

		性状形容词		变化形容词			
		性质	状态	单向		双向	
				始点	终点	正向	负向
着$_{1}$	着$_{1a}$	−	−	−	−	−	−
	着$_{1b}$	−	−	−	−	−	−
着$_{2}$		?	+	+	−	+	+
着$_{3}$	着$_{3a}$	−	−	−	−	−	−
	着$_{3b}$	?	−	−	+	+	+
着$_{4}$		?	?	−	+	+	+

由表 3 可知，状态形容词能与“着$_{2}$”组配表示事物的某一状态是持续状态的，但由于此类形容词具有［-消极］语义特征，所以不能与表示警告语气的“着$_{3b}$”组配，由于其很少具有内在终止点，所以仅有个别能与表先行义的“着$_{4}$”组配。单向变化形容词中，始点形容词是事物的初始状态，是已然的，无法出现在祈使句中被禁阻或要求先实现，所以不能与“着$_{3b}$”和“着$_{4}$”组配，只能与“着$_{2}$”组配表示该性质 / 状态是持续的，终点形容词是事物的终结状态，含有内在终止点，与持续这一状态相矛盾，所以不能与“着$_{2}$”组配，而能与“着$_{3b}$”和“着$_{4}$”组配，表示警告小心此性质 / 状态的出现或使之先实现。可以看出，“着$_{2}$”与“着$_{3b}$”“着$_{4}$”同单向变化形容词组配时的情况是互补的。

由本节分析能够看出，太原方言 4 种语法功能的虚词“着”与动词、形容词组配的情况呈现出不同程度的差异性与互补性。此外，“着$_{4}$”还能与名词性的时间词组配，直接位于其后构成“（等）+ 时间词 + 着”结构，这是其他 3 种语法功能的虚词“着”所不具备的。

三、太原方言虚词“着”语法功能项的形成路径

本节我们主要依据汉语史这一历时平面上“着（著）”的语法化过程，分析太原

方言共时平面上虚词“着”多个语法功能项的形成路径。

（一）汉语史上“着（著）”的语法化过程

汉语史上“着（著）”虚化地很早，根据曹广顺（2014）的研究，能看出其在语法化历程中产生了多种语法功能。例如：

（48）犹如话多缠着金柱。（东汉《大藏经·佛本行经》卷四）

（49）婢惊云：瓮中有人！妇人乘醉，令推着山下。（唐《太平广记·广异记》卷四六〇）

（50）雨中溪破无干地，浸着床头湿着书。（唐·王建《雨中寄东溪韦处士》）

（51）栋梁君莫采，留着伴幽栖。（唐·白居易《题遗爱寺前溪松》）

（52）自说孤舟寒水畔，不曾逢着独醒人。（唐·杜牧《赠渔父》）

根据曹广顺（2014）的研究，在汉代，表附着、置放义的“着（著）”就有了虚化的表现，如例（48）。唐代，与“着（著）”组配的动词的语义限制被突破，“着（著）”虚化为介词，介引动作 / 行为使客体到达的处所，如例（49）。这一时期“着（著）”进一步虚化为助词，表示动作 / 行为或其结果的持续，如例（50）。还出现了“V_1 着 V_2”结构，“V_1”是“V_2”进行的条件或方式，如例（51）。在有结果义的结构中，“着（著）”还产生了表结果的功能，如例（52）。宋代、元代表持续义和结果义的助词“着”使用增多，明代表持续义的“着”使用渐趋稳定。随着汉语助词系统内部分工的明确，结果义由其他助词专门表示，如“了”“却”，逐渐消失在“着”的语法功能之中（曹广顺，2014）。虚词“着”的语法化历程在表持续义、结果义的语法功能产生之后仍在继续，产生了其他语法功能（吴福祥，1996，杨永龙，2002）。例如：

（53）大众虔心合掌着，要问名字唱将来。（五代《敦煌变文集新书》卷二）

（54）伯爵道：“咱时候好去了。”西门庆道：“也等吃了早饭着。”（明·兰陵笑笑生《金瓶梅》一回）

根据杨永龙（2002）、邢向东（2004）的研究，唐五代时期，表持续义的助词“着”句中充当核心谓语的动词不再限于持续义的，表语气的“着（著）”产生，如例（53）。明代，随着句末语气词“着（著）”使用范围的单一化和具体化，表先行义的助词“着（著）”产生，如例（54）。

（二）太原方言虚词“着”的语法化过程

汉语史上的“着（著）”在语法化过程中产生了多种语法功能项，在普通话中，常见的是表持续义的助词“着”，但在不少汉语方言中，“着”的语法功能更加丰富多样，保留了其在汉语史上不同语法化阶段的语法功能。

从太原方言虚词“着”的表现来看，汉语史上表附着义的动词“着”虚化后首先语法化产生的介词“着$_{1}$”一直在使用，“着$_{1}$”又二分为介引动作 / 行为（或其结果）存在的处所的“着$_{1a}$”，以及介引动作 / 行为使客体到达的处所的“着$_{1b}$”。之后由“着$_{1a}$”发展出表持续义的“着$_{2}$”。因为“着$_{1a}$”所在句子 / 结构表示的是动作 / 行为静态地存在于某处，事件没有终止点，为其虚化为“着$_{2}$”提供了理据（梁银峰，2010）。随着用于祈使句的“着$_{2}$”主观性增强，句中核心谓语不再限于持续义的，结果动词也能充当。核心谓语具有［-消极］语义特征时表命令语气，即“着$_{3a}$”，具有［+消极］语义特征时表警告语气，即“着$_{3b}$”。随着“着$_{3a}$”使用环境的单一化、具体化，发展出表先行的“着$_{4}$”（邢向东，2004），句中核心谓语同样具有［-消极］的语义特征，且“着$_{4}$”仍有命令语气的语义滞留。

太原方言虚词“着”多种语法功能项的形成路径如下图所示：

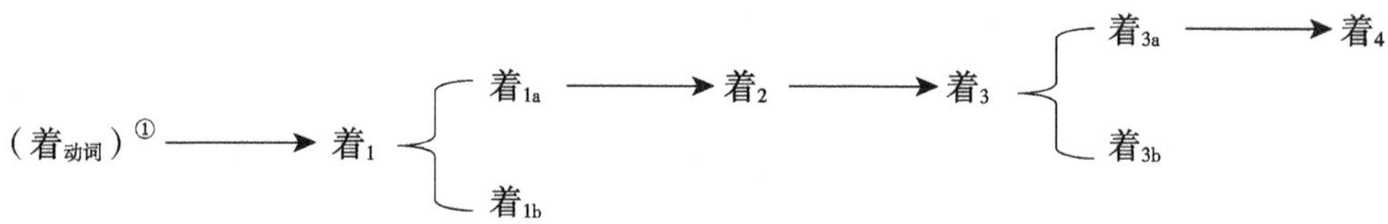

图 1　太原方言虚词“着”多种语法功能项的形成路径

除表附着义和结果义的语法功能外，汉语史上虚词“着”的各项语法功能都保留在太原方言中。太原方言共时平面上虚词“着”的语法功能可以大致串连出它的虚化路径，虚化的过程中还能看出上一阶段的语义滞留。对比汉语史和方言中的表现可知，太原方言虚词“着”的 4 种语法功能是汉语史上不同语法化阶段的“着”在共时平面的留存。

四、结语

太原方言的虚词“着”具有 4 种语法功能项，可以充当处所介词、持续体助词、语气助词和先行体助词。对比不同语法功能的“着”在句中的各方面表现可以发现，其句法位置、句子时态、事件长度等方面都存在差异。从能够组配的词类看，着$_{1}$仅

① 添加括号表示此种语法功能历时上曾存在，但并未保留在太原方言的共时平面上。

能与动词组配，着$_2$、着$_3$能与动词和形容词组配，着$_4$能与动词、形容词和时间词组配。从情状类型看，不同语法功能的虚词“着”与不同情状的动词、形容词的组配情况呈现出不同程度的差异性和互补性，主要体现在与心理感受、姿势、位置和结果四类动词以及状态和单向变化两类形容词的组配情况上。

结合汉语史及汉语方言的有关研究成果可知，太原方言共时平面上虚词“着”的语法功能是汉语史上“着（著）”语法化过程中不同阶段的留存，除表附着义和结果义的“着”已几乎不见外，其他语法功能都仍在使用，且它们之间能基本串连出虚化的路径，存在语义滞留的表现，为汉语方言共时表现与汉语史历时探究的结合提供了参考和佐证。

参考文献

曹广顺　2014 《近代汉语助词》，商务印书馆。
戴耀晶　1997 《现代汉语时体系统研究》，浙江教育出版社。
郭校珍　2008 《山西晋语语法专题研究》，华东师范大学出版社。
李小平　2014 《河北方言中的语气助词“着”》，《河北师范大学学报》（哲学社会科学版）第3期。
梁银峰　2010 《论汉语持续体标记“着”和进行体标记“着”的语法化路径》，《语言研究集刊》（第七辑），上海辞书出版社。
刘　平　2002 《宜春话的语气助词“着”》，《语言研究》第1期。
钱乃荣　2000 《体助词“着”不表示“进行”意义》，《汉语学习》第4期。
乔全生　1996 《试论北京话、晋南话对唐以来助词“着”的类化作用》，《语文研究》第2期。
沈　明　1994 《太原方言词典》，江苏教育出版社。
汪国胜、王　毅　2021 《湖南祁东方言的先事助词“着”和“才”》，《语文研究》第1期。
吴福祥　1996 《敦煌变文集语法研究》，岳麓书社。
邢向东　2004 《论现代汉语方言祈使语气词“着”的形成》，《方言》第4期。
杨永龙　2002 《汉语方言先时助词“着”的来源》，《语言研究》第2期。
尤　越　2021 《太原方言时体系统研究》，陕西师范大学硕士学位论文。

湖南石刻文献俗字研究述略

龙仕平
（贵州师范大学文学院 / 出土文献及
近代文书研究中心，贵阳 550025）

提　要：湖南石刻文献种类繁多，内容庞杂，遍布于三湘四水之间，从唐代以前至今，延续不断，字体各异，书风遒劲，蔚为壮观。其中俗字很有特色，既具有湖湘文化的精美圆润，又具有中原文化的雄劲简练，此为湖湘文化的重要组成部分。湖南石刻文献俗字存现情况、类型、特点以及产生的途径等值得学界关注，拙文拟就这几个方面问题进行研究述略，达到进一步了解和掌握湖南石刻文献俗字的目的。

关键词：石刻；文献；俗字；研究

一、湖南石刻文献的搜集情况

为了完成《湖南石刻文献集成》（2021：13）一书撰写，笔者曾对湖南省全省14个市州、122个县（市、区）以及2354个乡（镇）的石刻文献进行“地毯式”搜集和采集，前后花了三年多的时间，采用拓碑、照相、摄影、复印等手段将分布在山湘四水的石刻文献资料和数据基本收毕。其搜集石刻文献数量如下（括号外为初收数，括号内为最后定数；但不包括湖南省博物馆储存的各种石刻拓片资料）：长沙地区1903（1650）；株洲地区：204（200）；湘潭地区606（585）；岳阳地区691（644）；益阳地区370（370）；常德地区549（555）；娄底地区806（900）；邵阳地区1653（1381）；衡阳地区997（962）；郴州地区1241（1249）；永州地区1855（1731）；怀化地区1424（1452）；张家界地区695（690）；湘西自治州地区855（820）。按历史分野，这些搜集来的湖南石刻文献可分为唐以前、宋元、明代、清代及民国等时期。在文献整理过程中发现湖南石刻文献存有很多俗字，这些俗字是湖湘文化的重要有机组成部分，记载了湖南乃至中国的历史文化，镌刻了宏伟的篇章，留下了不朽的精神财富。下面按五个时期来进行述说。

（一）唐以前石刻

湖南最早的汉“秦岩”摩崖石刻，现存于江华县勾挂岭西岩洞。长 140cm，宽 70cm，字体楷书，笔力遒劲。（刘刚，2009）勾挂岭西岩洞可容纳数千人，传为秦时老百姓避难之处，“秦岩”两字，传为汉代蔡邕亲笔书写而不留名。这是今天所见湖南最早的汉代摩崖石刻。进入三国时期以后，湖南的石刻文字与汉末的碑刻（汉隶）文字差别不大，但三国的碑刻字形渐趋于方形，其字势向纵深的方向发展。耒阳出土的“吴故九真太守谷府君之碑”就是一个典型的例子。此碑文辞古雅，书法端庄，浑劲高古，绝去痕迹，不见起止转折之象，与其他汉碑一般隶法不同，实为隶书转变为楷书之始。通过对原碑文释读，除了“谷”、“于”（“谷府”之谷姓，姓氏中一律用“谷”，其余用“穀”；于、於在碑中出现混用。）等字用简体字外，发现有 81 个俗字，分别如下：陽（陽）、章（章）、之（之）、其（其）、顯（顯）、舜（舜）、虞（虞）、姓（姓）、扉（扉）、谷（穀）、因（因）、而（而）、焉（焉）、流（流）、奕（奕）、履（履）、備（備）、顔（顔）、純（純）、歳（歳）、色（色）、恭（恭）、曽（曾）、曆（曆）、淑（淑）、流（流）、正（正）、遷（遷）、播（播）、以（以）、垂（垂）、恩（恩）、郎（郎）、密（密）、廣（廣）、校（校）、渥（渥）、彊（彊）、御（御）、辭（辭）、退（退）、衡（衡）、彝（彝）、于（於）、竊（竊）、邑（邑）、囿（囿）、婁（婁）、俾（俾）、群（群）、普（普）、明（明）、德（德）、遐（遐）、諧（諧）、有（有）、年（年）、鳴（鳴）、呼（呼）、哉（哉）、玄（玄）、京（京）、騰（騰）、墀（墀）、黎（黎）、勳（勳）、齊（齊）、永（永）、耆（耆）、翼（翼）、終（終）、濟（濟）、勒（勒）、茲（茲）、惠（惠）、徽（徽）、機（機）、戢（戢）、著（著）、寢（寢）、碑（碑）。在这些俗字中，有的字是加一笔或减一笔变成的，有的字是改变部件或部首变成的，有的字则是完全改变了原字形状，有的更是使用了古体字形等，出现了早期的隶、楷书转化、混同等现象。湖南晋代墓志见于著录者极少，现存于湖南省博物馆的东晋周芳妻《潘氏墓志》为其代表。其墓志为长方形灰白色滑石板，高 23cm、宽 12cm、厚 0.9cm，两面均为阴文，正面共刻 191 字，背面共刻 107 字。记载了当时随葬的衣服、器物名称和一段“买地券”式的文章，这对了解墓葬的确切年代和晋代湖南地区殓葬的风俗，提供了新的可信数据。书体为行楷，这种书体确也不乏大量俗字产生，如：梁（梁）、捐（捐）、羅（羅）、縮（縮）、兩（兩）、紫（紫）、碧（碧）、複（複）、裙（裙）、滕（滕）、繻（繻）、綾（綾）、羅（羅）、雙（雙）、環（環）、叙（叙）、鉾（鉾）、絜（絜）、雜（雜）、邊（邊）、巖（巖）、具（具）、馥（馥）、櫛（櫛）、囊（囊）、糸（糸）、布（布）、氏（氏）、襪（襪）、履（履）、綺（綺）、被（被）、靈（靈）、笙（笙）、幡（幡）、幹（幹）、釘（釘）、襟（襟）、升（升）、平（平）、年（年）、寅（寅）、朔（朔）、國（國）、衛（衛）、臨（臨）、縣（縣）、鄉（鄉）、潘（潘）、氏（氏）、年（年）、即（即）、醉（醉）、隨（隨）、存（存）、所（所）、服（服）、飾（飾）、得（得）、妄（妄）、詆（詆）、迄（迄）、還（還）、妻（妻）、律（律）等。上述字出现一字多体现象，如：年（年）、年（年）等。从三国到隋代在这一时期的字书有晋吕忱的《字林》、梁顾野王《玉篇》，韵书有陆法言《切韵》、陆德明《经典释文》等，这些字书和韵书一方面收集新字，另一方面又对古今字、异体字和俗字加以说明，并加注音读。因此，搜集新增字和异体字，类集经典释文，给出规范标准，纠正了六朝以来字体混乱现象。入唐以后，唐贞观七年（623）唐太宗颁布颜师古《五经定本》，其目的达到“正字”的标准，控制俗字、异体字以及通假字产生。颜师古著有《字样》，已佚，今存《匡谬正俗》对正字、俗字加以订正。例如：李邕《麓山寺碑》（公元 730 年撰文并书）有 1400 余字，仅出现 66 个俗字（不算重复字）。其俗字如下：故（故）、德（德）、域（域）、列（列）、業（業）、於（於）、虚（虚）、無（無）、肅（肅）、若（若）、弘（弘）、墟（墟）、色（色）、寂（寂）、覈（覈）、經（經）、究（究）、乘（乘）、茲（茲）、厥（厥）、刺（刺）、廟（廟）、留（留）、俟（俟）、候（候）、葺（葺）、侯（侯）、紹（紹）、年（年）、或（或）、涅（涅）、鼓（鼓）、閣（閣）、徹（徹）、並（並）、然（然）、融（融）、聳（聳）、坐（坐）、定（定）、遷（遷）、寫（寫）、釋（釋）、後（後）、得（得）、界（界）、量（量）、戒（戒）、所（所）、澋（澋）、心（心）、修（修）、跡（跡）、默（默）、發（發）、龍（龍）、啟（啟）、足（足）、藏（藏）、矧（矧）、檀（檀）、搜（搜）、圍（圍）、腦（腦）、殼（殼）、模（模）等。颜真卿《大唐中兴颂》只有 6 个俗字，即：鐫（鐫）、邊（邊）、宜（宜）、明（明）、刺（刺）、年（年）。此时，唐颜之推的《干禄字书》、张参的《五经文字》和唐玄度的《新加九经字样》等同样对字的规范化起过很大的调控作用。

（二）宋元石刻

宋元时期，湖南石刻的形制、字体等诸多方面，与隋唐时期区别不大。比较重要的石刻有《还丹赋》摩崖石刻、李挺祖刻蔡邕《九嶷山铭》、赵不退《坦山岩劝农记》、《步瀛桥记》石刻、雷简夫《明溪新寨题名记》、何致的《岣嵝碑》、《道州江华县阳华岩图》碑、秦观《踏莎行·郴州旅舍》三绝碑、《岳麓书院重修碑记》、元至元年石刻等。这一时期以郭忠恕《佩觿》、张有《复古编》等字书理论书籍，对形近字的辨别以及俗字区分起了很大作用。例如：《九嶷山铭》有俗字11个，即：疑（疑）、于（于）、播（播）、民（民）、芒（芒）、勛（勛）、明（明）、世（世）、而（而）、璣（璣）、登（登）。《坦山岩劝农记》有俗字6个，即：德（德）、農（農）、勝（勝）、黄（黄）、辰（辰）、真（真）。入宋元以后，石刻多为摩崖石刻，主要在浯溪碑林和南岳衡山、宁远九嶷山、江华阳华岩、永州朝阳岩及永州文庙、道县月岩、东安九龙岩等地方。这些题刻俗字仅为常见流通俗字，几乎没有呈现新增加的俗字。

（三）明代石刻

这一时期湖南碑刻的规模、体制、形制，除部分稍有变化外，大都承袭晋唐两宋没有大的创新。由于明朝初年上层官僚间形成的一种“台阁体”的影响，使得很多碑刻没有了生气；明代近三百年间，虽然也出现了一些有造诣的大家，但纵观整朝没有重大的突破和创新。湖南碑刻也是如此。此时期比较有影响的碑刻有：赵贤书刘禹锡题“桃源佳致”碑、《记善碑志》《武德将军厚侯墓志》《九疑祭碑》、周元公《先祖墓碑记》、欧阳玉振《甘棠八景》诗碑、计宗道题“天下第一泉”摩崖石刻、曹来旬《游愚溪》诗碑、戴嘉猷《重修独醒亭记》碑、严嵩《寻愚溪谒柳子庙》碑、丁懋儒《奉诏抚瑶颂》碑、陈涧《宁远县新建石城记》碑、余自怡《重建三闾祠碑记》、李得阳《桃花源》诗碑、王泮《捕蛇歌》诗碑、明刻程子四箴碑等。其中“桃源佳致”碑有俗字两个，即：致（致）、光（光）；《记善碑志》有俗字14个，即：歲（歲）、輩（輩）、無（無）、勤（勤）、品（品）、助（助）、捐（捐）、肴（肴）、创（创）、恶（恶）、堂（堂）、構（構）、叁（叁）、勒（勒）；《武德将军厚侯墓志》有俗字10个，即：侯（侯）、禦（禦）、職（職）、略（略）、惡（惡）、濟（濟）、襲（襲）、再（再）、葬（葬）、點（點）。在这近三百年内，这些俗字有一个共同特点，那就是受张自烈《正字通》的不断检讨，使得民间俗字尽量少变“讹”字或误字，甚至有些俗字变成了后来的正字。

（四）清代石刻

湖南这时期的碑刻书法艺术，几乎与全国一样，既有早期的字体方正规矩、匀圆丰满的、因科举制度而形成考场通用字体“馆阁体”型碑刻，又有一批类似何绍基之辈倡导碑学、创立新风、身体力行的书法大家。清朝两种《字学举隅》：一为龙启瑞作，一为赵增望作。这两书虽与唐代的正字书有些不同，但仍可以把它视为正字之作。因此，这两种正字书和历代的一些字书理论等共同对湖南碑刻文字产生一定影响。这一时期的主要碑刻有：清《捐碑》、清《捐修北塔考棚碑》、胡景曾《重建紫微山开福寺碑记》、《续修蜚云塔碑记》、宣慰彭弘海德政碑、彭心鉴《湘乡万福桥记碑》、王文清《岳麓山书院学规》石刻、《御制平定准噶尔告成太学碑》、湘潭《棉花规例》碑、《不许舅霸姑婚碑》、《朝阳岩铭并序》碑、舜陵《谕祭文》碑、廷桂重刻《荔枝碑》、刘琨《重修岳楼书院记》、萧振《楚三闾大夫诏灵侯庙记》碑、彭玉麟题“半壁烟云”摩崖石刻、《虎溪书院章程碑》、徐书均《长沙开福寺碑》《禁山告示碑》《衡州教案碑》、清船山学院记、清何绍基诗刻、清《奉宪禁采碑》、清《正堂示谕》碑、清卞宝第《重修南岳庙碑》、清九嶷山诗文图刻、清《镇山碑》等。其中清《捐碑》俗字有 14 个，即：北（北）、楚（楚）、嫌（嫌）、經（經）、鵝（鵝）、翠（翠）、闕（闕）、過（過）、貲（貲）、流（流）、德（德）、緣（緣）、卻（卻）、碑（碑）；《捐修北塔考棚碑》俗字有 8 个，即：辰（辰）、才（才）、指（指）、能（能）、置（置）、兼（兼）、驥（驥）、裘（裘）；《续修蜚云塔碑记》俗字有 4 个：滙（匯）、啓（啟）、就（就）、創（創）。中国清朝碑刻之多，源于清朝各代皇帝和王公贵族的喜好所致，使得碑刻之风更为盛行，其数量之多，超越了历代，湖南的清朝碑刻亦如此。

（五）民国石刻

辛亥革命结束了一个旧王朝，却没有结束纷争与动荡。这段历史有近 37 年，时间短，战乱频繁，社会局势一直动荡不安。但在这一时期湖南的政治和文化特别活跃，名人甚多，碑刻在内容、形制上形成了独特的湖湘特色，得以在民间广泛流传。同时，缔造了像齐白石、毛泽东、茶陵谭氏兄弟等一大批书画大师。这段时期主要碑刻有：《丙穴摩崖石刻》、《二号碑》石刻、《朝阳岩记》碑、《万人坑第一墓碑记》、“不息”题刻、“峻极”题刻、“三战三捷”石刻、“虎跑泉”石刻、“登峰造极”题刻、“五岳独秀”题刻、“经之营之”题刻以及 9 方浯溪碑林民国碑刻等。其中《丙穴摩崖石刻》有俗字 5 个，即：聲（聲）、聽（聽）、留（留）、船（船）、卧（卧）；《二号碑》有俗字 7 个，即：烟（煙）、垂（垂）、兒（兒）、允（允）、第（第）、幽（幽）、光（光）。民国时期虽然很短暂，但留下的碑刻文献却意义深远；碑刻文献里面的俗字仍然是非常有价值、有意义的，值得我们去认真研究和思考。

二、湖南石刻文献俗字类型

欧昌俊、李海霞两位先生（2004：47）指出："任何科学研究，当从搜集材料开始。特别是对汉字的研究，就应在占有大量材料的基础上，进行科学的排比、归纳、总结，找出其内部和外部的原因，探索出带有规律性东西来。石刻俗字研究，也不能例外。"从研究方法来说，黄征先生把俗字归纳为 10 类 41 种（详见《敦煌俗字典》）；张涌泉先生归纳为 5 种，即偏旁分析、异文比勘、归纳类比、字书佐证、审查文义等；郑贤章先生归纳为 4 种，即据异文考释俗字、据《龙龛》所给俗字的读音考释俗字、据《一切经音义》及汉文佛经考《龙龛》俗字、据敦煌写本文献考《龙龛》俗字等；欧昌俊、李海霞两位先生归纳 8 种，即增减和改变笔画类、增减和改造部件以及部件移位类、增减和改造形旁类、减少和改变声旁类、草书楷化类、字形同化类、同音代替类、全新创造类等。除此之外，黄德宽先生将古文字的考释方法分为 4 种，即字形比较法、偏旁分析法、辞例归纳法、综合论证法；杨宝忠先生将疑难字（近代汉字）的考释分为 5 种，即以形考字、以音考字、以义考字、以序考字、以用考字。李运富先生（2012：120—121）《汉字学新论》指出："为了描述汉字的形体，我们把形成汉字可视外观的基本书写元素分析为不同单位，叫做书写单位。""有关书写单位的指称术语主要有：实块、线条、笔画、部件、结体等。"其中除了"实块、结体"在湖南俗字未见或很少见外，其余三种常见。据此，湖南石刻俗字可分为部件替换、部首位移、笔画或部首增加、笔画或部首减省、换新代号、隶法楷化、楷法草化、避讳、新造、古字、合文 11 种。下面我们结合碑刻字例来逐一说明。

（一）部件替换

汉字部件是由笔画组成的具有组配汉字功能的构字单位（引自《信息处理用 GB13000.1 字符集汉字部件规范》），王宁先生（2002：135）称之为"构件"。其定义是："汉字的构形单位是构件（也称部件）。当一个形体被用来构成其他字，成为所构字的一部分时，我们称之为所构字的构件。"这类俗字在湖南碑刻中较常见，如：譔（撰）、葬（葬）、雙（雙）、發（發）、捐（捐）、錧（館）、㳟（恭）、蒙（蒙）、䓁（等）、畆（畝）、取（取）、族（族）、兹（茲）、晋（晉）、玞（玖）、遷（遷）、苐（第）、圗（圖）、貟（員）、戱（戲）、楚（楚）、㳂（沿）、隷（隸）、剌（刺）、勢（勢）、軆（體）、構（構）、泐（泐）、邉（邊）、郡（郡）、銀（銀）、菴（庵）、厥（厥）等。这类部件位置不变，只是在原来位置上替换了其它新部件，所替换的新部件与原来的旧部件变得面貌全非，在意义上没有任何联系的俗字而已。

（二）部首位移

“偏旁部首”常常连在一起说，于是有些人就认为“偏旁”和“部首”是一回事，这是一种误解。偏旁和部首，虽然有某些联系，却是两个不同的概念。部首是表义的偏旁，部首也是偏旁，但偏旁不全是部首，偏旁与部首是整体与部分的关系。这类俗字在湖南碑刻中相对较少，如：點（點）、厥（厥）、承（承）、節（節）、鐫（鐫）、聲（聲）、匯（匯）、壻（壻）、歸（歸）、唯（唯）、縣（縣）、彭（彭）、群（群）、峰（峰）、護（護）、攜（攜）等。部首发生位移，由左右结构变上下结构，由上下结构变左右结构，由内变外或由外变内等，但该俗字在用法上与原来意义相同，只是换成了一副新面孔而已。

（三）笔画或部首增加

笔画或部首增加，笔画增加即增加“点、横、竖、撇、捺、折”六种的笔画；部首增加即增加新的部首。不管是笔画增加还是部首增加，都没有影响原字的意义和用法。这类俗字在湖南碑刻中较常见，如：栢（柏）、制（制）、啟（啟）、明（明）、于（於）、血（血）、恤（恤）、凡（凡）、在（在）、為（為）、助（助）、州（州）、冤（冤）、武（武）、堂（堂）、舊（舊）、才（才）等。

（四）笔画或部首减少

这类字与笔画或部首增加正相反，即减少“点、横、竖、撇、捺、折”六种的笔画；减少自身的部首。不管是笔画减少还是部首减少，均没有影响原字的意义和用法。这类俗字在湖南碑刻中也较常见，如：師（師）、懿（懿）、朔（朔）、職（職）、德（德）、鬼（鬼）、遭（遭）、再（再）、生（生）、鳴（鳴）、呼（呼）、惠（惠）、聽（聽）、初（初）、贊（贊）、垂（垂）、悉（悉）、碑（碑）等。

（五）换新代号

“换新代号”，即指原来字不是笔画，也不是部首，是旧的一种代号符号。这种符号分单纯性符号或复合性符号。单纯性符号指没有意义或只有一种意义的符号；复合性符号指有两种意义或两种以上意义的符号。这类字在湖南碑刻中也很常见，如：丗（世）、烟（煙）、侯（侯）、悪（惡）、禦（禦）、竒（奇）、與（興）、拔（拔）、两（兩）、深（深）、禄（禄）、疆（疆）、能（能）、届（届）、乗（乘）、年（年）、秊（年）、嵓（巖）、艷（艷）、平（平）、贈（贈）等。

（六）隶法楷化

“隶法楷化”包含两层意思：一是用楷书的笔法书写具有隶书或隶书部件特征的俗字；二是隶定的古字即陆德明和孔颖达所谓“隶古”者以楷书的笔法写之。表现在湖南碑刻中的这类俗字，如：辰（辰）、經（經）、至（至）、参（參）、留（留）、垂（垂）、室（室）、振（振）、幽（幽）、焉（焉）、真（真）、以（以）、窗（窗）、民（民）等。

（七）楷法草化

“楷法草化”指简便快速之需求而结构省简和笔画纠连，导致草化俗字现象。这种草化和正字字体草化演变的内在规律是一致的。在湖南碑刻俗字中亦常见，如：船（船）、介（介）、正（正）、熙（熙）、歷（歷）、無（無）、貲（貲）、書（書）、燕（燕）、隆（隆）、寫（寫）、濤（濤）、處（處）、勝（勝）、風（風）、從（從）、僊（僊）、修（修）、蹤（蹤）、促（促）等。

（八）避讳

君王或尊亲为了显示威严，规定人们说话中避免直呼其名或在行文中直写其名，而以别的字相代替，这种做法叫避讳。一般避讳避如下四种：一是避帝王，对当代帝王及本朝历代皇帝之名进行避讳，属于当时的“国讳”或“公讳”。如在刘秀时期，秀才被改成茂才；乾隆曾下诏门联中不许有五福临门四字，为的是避讳顺治帝福临之名。有时甚至还要避讳皇后之名，如吕后名雉，臣子们遇到雉要改称野鸡；二是避长官，即下属要避长官本人及其父祖的名讳；三是避圣贤，主要指避至圣先师孔子和亚圣孟子的名讳，有的朝代也避中华民族的始祖黄帝之名，有的还避周公之名，甚至有避老子之名的；四是避长辈，即避父母和祖父母之名，是全家的“家讳”或“私讳”。湖南碑刻中象这类字有：玄（玄）、大（太）、丘（邱）、序（引）、谈（同）、秀（茂）、巳（民）、隆（隆）、廿（世）等。

（九）新造

按武周于载初元年（689）造新字十二：年、月、日、照、载、初、天、定、君、臣、正、星，后又造国、人、授、圣、证五字，这十七个字一般行用到武周统治结束的神农元年（705），但这些新字可以作为界定年代的标志。今天在湖南碑刻中都已经变成常用字了。湖南碑刻出现的新造字有：殳（殳）、魚（魚）、品（品）、肴（肴）、永（永）、乙（一）、丙（兩）、艮（銀）、艮（銀）、个（錢）、分（分）、廾（升）、國（國）、廿（廿）等。这些新造字构件看不出造字理据，整个构件加起来才组合成一个新字。

（十）古字

古字，顾名思义，就是指古代的文字，汉字历经甲骨文、金文、小篆、隶书、楷书，其中经历了各种添加笔画和删减笔画的时期，而且一个字往往有多种形态，很多字已经失去了这个字的原始形态，如“时”这个字，古文“旹”从“日”㞢（之）声，而小篆改从“寺”，于是古今差别由此而来。湖南碑刻中的古字有：旹（時）、旨（旨）、𠂤（師）、明（明）、皃（貌）、无（無）、采（彩）、景（影）、然（燃）等。

（十一）合文

“合文”是一个关于汉字的概念，早在商代已被大量使用，而“合字”条目所描述的概念，随了适用于“合文”外，也适用于汉语以外的二合字母，是个大小概念的问题。湖南碑刻里合文是一种特殊类型，是一种符号化合文。只有几个字而已，如珷（周文王、周武王）、菩提（菩提）、𦬇（菩薩）、厶乙（某乙）、卌（涅槃）等。

三、湖南石刻文献俗字特点

从上面的分析可以看出，湖南俗字有如下特点：

（一）石刻俗字的随意性

随意性是依存俗字的简便易记、可任意取舍的性质决定的，包括俗字相对于正字的字数、俗字的出现频率以及偏旁之间随意相混现象等。俗字相对于正字而言，普遍为“多对一”的关系，即多个俗字对应于一个正字；但很少有一个俗字对应于多个正字这种特殊现象。前者如："勢"，北宋《义帝新碑》作㔟、唐《侍郎坦摩崖石刻群》作埶；"撰"，清《亘古维新碑》作𢷎、清《汤公矩庵墓志铭》作禩、清《张德烺墓志铭》作譔；后者如："才"，清《光绪圣旨石碑》作扌才；"材"，清《捐修北塔考棚碑》作扌才等。在用字上，俗字的出现次数即频率也能说明问题。以下我们选取10通不同时代的碑刻，逐字数其用字，重复的重复计算。俗字出现比例是：

碑文	刻写年代	总字数	俗字数	俗字占比例
吴故九真太守谷府君之碑	272	495	103（含重复）	1.14%
潘石墓石	361	298	85（含重复）	0.94%
麓山寺碑	730	1400	93（含重复）	1.03%
义帝新碑	1059	862	98	1.09%
重修义帝庙记	1345	1518	201	2.24%
先祖墓碑记	1411	605	118	1.31%
重修汨罗碑记	1541	363	45	0.50%
宣慰彭弘海德政碑	1713	885	112	1.24%
棉花规则碑	1781	482	86	0.96%
修建文塔考棚记	1836	2068	206	2.30%
合计		8973	1147	12.78%

从上表我们发现，湖南千字以上的碑刻俗字大概在百分之十左右。可见，俗字在用法上的随意性。其随意性还表现在偏旁混用方面：如《张颙墓志铭》中"等"写成"寺"；"體"写成"軆"；又如《记善碑志》中"構"写成"搆"。诸如此类，扌与土、亻与彳、彳与扌、禾与木、火与忄、礻与衤、禾与示、代作伐等这些偏旁混用现象，已经出现在湖南的碑刻之中。

（二）俗字的记号性

俗字是随意创造出来的，往往无理据而言。随着俗字的大量产生，从而增加了汉字的无理性，降低了汉字的有理性。致使象形字难以"象形"，会意字难以"会意"，形声字难以"形声"的局面。例如：

（1）象形字

永，《说文解字·永部》："长也。象水巠理之长。《诗》曰'江之永矣。'"《白羊塘禁烟碑》作"永"、《永禁差役乘坐轿马碑》作"永"等。

辰，《说文解字·辰部》："震也。三月，阳气动，雷电振，民农时也。物皆生，从乙、匕，象芒达；厂声也。辰，房星，天时也。"《坦山岩劝农记》碑作"辰"。

鼎，《说文解字·鼎部》："三足两耳，和五味之宝器也。籀文以鼎为贞字。"《大王庙石碑》作"𪔂"。

（2）会意字

灾，裁的或体，由宀、火会意。又有災，籀文裁，巛会意兼形声。《张颙墓志铭》碑作"災"。

品，《说文解字·品部》："众庶也。从三口。"《记善碑志》作"品"。

（3）形声字

巖，《说文解字·山部》："岸也。从山，嚴声。"《拙翁巖》碑作"㟧"。

歷，《说文解字·止部》："过也。从止，厤声。"《万俟倬墓志铭》作"歴"。

歸，《说文解字·止部》："女嫁也。从止，从婦省，𠂤声。"《川原旷雨崖刻》作"歸"。

以上碑刻俗字皆为新产生的记号性俗字，随着汉字形声字数量逐渐占优势，就成为新的义音文字体系。这种新的体系使其无理性逐渐凸显出来，促使汉字生命力逐渐削弱。

（三）俗字的多样性

俗字的多样性表现于简化、繁化、类化三个方面。简化是自身笔画减少，比原来的字的笔画明显减少了。简化是没有规矩、法则可言的，随着书手兴趣、文化程度的高低，简化则有所不同。有时是简化部件里一小部分。如：《重修候憩仙碑》"興"作"兴"、《侍郎坦摩崖石刻群》"朔"作"朔"、《胡林翼墓志铭碑》"禄"作"禄"；有时出于书手的书写习惯会简化整个部件或用一个符号来代表整个部件。如：《汤公矩庵墓志铭》"乾"作"乹"、"取"作"耴"；《侍郎坦摩崖石刻群》"垂"作"𡍮"、"經"作"经"；《张德烺墓志铭》"敷"作敷"。繁化与简化相反，繁化是使自身笔画的增加，笔画变得繁复起来。如：《南亭王李氏宗祠碑刻》"寫"作"寫"等。

类化是出土文献、写本文献中出现的，以俗字为最多的一种非理性形体类推关系。毛远明先生（2012：188—189）指出："文字受自身形体或者相邻文字结构的影响，以及受使用环境中相关词汇语义的沾染，在思维类推作用下，产生的非理性形体类推，增加或者改变其中一个字的构件或偏旁。"这就是类化字。在湖南碑刻文献中，主要是形符类化字，具有能产性低、以俗字为最多、临时性使用特征等性质。如：《记善碑志》："洛郡邑建礄，有助建凉亭，有助建寺，有助则波及者远矣。"此

“礄”当是“桥”之异体，指石桥；此“礄”亦是“桥”之类化换形字。又如：《童训新编碑》：“后世文繁，哀恸不及，夫子忧，易也甯戚。”“文繁”讲不通。“文”甲骨文作“𠆢”或“𠆢”，像纹画交错的样子，或繁或简，未有定数；“繁”本是“緐”的俗体字，本义为马髦饰，后引申为众多之义。因此，“文繁”即“纹緐”，指规矩、仪式繁多之意。诸如此类，出于篇幅，不再赘述。

四、湖南石刻文献俗字产生途径

湖南石刻文献俗字产生的原因是多方面的，湖南石刻文献俗字产生的方式途径也是多种多样的，有的是书刻者个人所致，有的是字体演变所致，有的是历代传承所致。

（一）书刻讹误

湖南石刻分官刻和私刻；私刻又分自刻和他刻等。由于书刻者文化程度不同、爱恶不同、社会阅历等不同，在语言文字运用没有立法规定的时代，造成石刻讹误是极其容易的事。由于官刻几乎最后都要“校检”，因此官刻中出现的讹误要比私刻中要少得多。总之，无论是官刻、私刻，所造成的讹误直接给文字系统带来了消极的影响，同时，也为文字系统增添了新的内容。湖南碑刻文献俗字大部分是通过字的形体讹误产生的，有的讹误只是部分构件讹误，有的讹误则几乎面貌全非，难以清晰辨认。如：《记善碑志》“叁”作“叁”；《两叉桥修建碑》“垂”作“垂”；《故显考程公墓志铭》“葬”作“塟”；《续修蜚云塔碑记》“创”作“刱”。其中大部分亦为形体讹误所致。又如：《彭氏先后派序》：“以此铭刻之意愈坚，因岁暮未就，本年四月初二，予值七旬有三。”按：“岁暮”之“岁”，当为“岁”之讹误。“岁暮”即指“一年将终时。”唐杜甫《自京赴奉先县咏怀五百字》：“岁暮百草零，疾风高冈裂。”正用的是此意。

（二）字体演变

字体的演变经历了五个过程，即甲骨文、金文、小篆、隶书、楷书等，每一个过程都会或多或少地产生某些俗字。其中隶书到楷书的变化尤为突出，被称之为隶变。隶变对汉字形体结构的影响主要表现在如下三个方面：一、部首形体的变化；二、简省或讹变；三、混同等。湖南碑刻文字也不例外，经过隶变以后，有些字形脱胎换骨，变成与原字形的不同；但有些字变得与原字形基本相同。

（1）变成基本不同字形。如：

①《两叉桥修建碑》："龙麻二君承认包元，得成此夆（举）。"

②《胡林翼太子太保碑》："甫絟（经）口赏口，遽闻溘逝，披览遗章，实深悼惜。"

③《永定茶规》："如有奸商、痞棍倚势恃财乗（乘）机调戏欺压贫民，立即加等重究。"

（2）变成基本相同字形。如：

①《渡船原碑》："所谓仁普万物而无私义，亘千秋而不癈（廢）者。"

②《崔夫人墓志铭并序》："为士大夫着族，齐姜宋子，实口媾之冣（最）。"

③《柳溪河口碑》："今新立规条，永禁永革洪水漂流，不准乱搶（捡）。

④《通乡公议规程》："以上十条上遵国法下正经网，举口乡市，各冝（宜）章遵。"

从上面（1）、（2）我们发现这些俗字的真正来源，多数来源于汉隶，少数则来源于秦隶；所以说秦汉隶书是楷书俗字的最大来源，但也有些俗字来源于唐五代以后的俗字。

（三）历代传承

我们知道唐代颜元孙《干禄字书》和王仁昫的《刊谬补缺切韵》里所收俗字极多。宋元以后在戏曲小说刻板书里还经常应用一些俗字，其中很多俗字一直到现在还在应用，有不少已作为正式的简化字。显然，俗字是非一人一世所创造出来的一种字体，它是历代传承的结果。例如：源于六朝以前的俗字有：[illegible]（朔）、[illegible]（德）、竒（奇）、[illegible]（旨）、[illegible]（員）、[illegible]（時）、[illegible]（啟）、[illegible]（流）等；流于唐五代以后的俗字有：[illegible]（礎）、[illegible]（能）、[illegible]（兼）、[illegible]（助）、[illegible]（邊）、[illegible]（罷）、[illegible]（禄）、[illegible]（從）、[illegible]（悉）等。我们既要用好这些俗字，又要控制好新俗字的产生；既要珍视六朝唐五代以来俗字的特点和意义，又要重视俗字对当今楷书结构以及各方面的影响。

五、结论

湖南石刻文献分为唐以前石刻、宋元石刻、明代石刻、清代石刻、民国石刻五个时期，每个时期都有很重要的碑刻。例如：三国《吴故九真太守谷府君之碑》，俗称《谷朗碑》，它为湖南省内唯一仅存之吴碑，实为隶书转变为楷书之始碑。又如：东晋潘氏衣物滑石券，俗称"墓券"，为我们了解东晋"俗体字"的种种写法，提供了极其珍贵的实物资料。尤其是明清以来，碑学兴起，书学盛行，涌现了大量的书法名家，从而倡导汉、魏碑学之风；出现以伊秉绶、陈鸿寿、吴熙载、何绍基等为代表的碑学书派；以吴大澂、杨守敬、吴昌硕、康有为、李瑞清为代表碑学新派。这两大碑学派别，促使湖南的碑刻书法艺术走向了新的历史时期。同时，也产生了很多石刻俗字。这些俗字分为部件替换、部首位移、笔画或部首增加、笔画或部首减省、换新代号、隶法楷化、楷法草化、避讳、新造、古字、合文 11 种。

湖南石刻俗字是湖湘文化的有机组成部分，与全国石刻文献情形大体一致，表现为随意性、记号性和多样性三方面特点。俗字的产生途径多种多样，主要是通过书刻讹误、字体演变和历代传承所引起。它的产生必然导致不同历史时期，文字当然也有差别，但即便是同一时期内，也因文献类别、地域差异、雅俗观念、个体情况等因素导致对字形的书写标准和书写精确程度的要求都有明显的差别。因此，俗字的应用，对于当今分析汉字构造方式的发展、衍变、异化以及汉字造型艺术的研究均有着其特殊的价值和意义；同时，这些俗字为揭示湖湘碑刻历史文化底蕴，增添了新的亮点，注入了新的活力。

参考文献

郭在贻　1992 《郭在贻语言文学论稿》，浙江古籍出版社。
黄　征　1993 《汉语俗语词通论》，杭州大学博士学位论文。
黄　征　2019 《敦煌俗字典》，上海教育出版社。
蒋礼鸿　1959 《中国俗文字学研究导言》，《杭州大学学报》（社会科学版）第 3 期。
李运富　2012 《汉字学新论》，北京师范大学出版社。
刘　刚　2009 《湖湘碑刻》，湖南美术出版社。
毛远明　2012 《汉魏六朝碑刻异体字研究》，商务印书馆。
欧昌俊、李海霞　2004 《六朝唐五代石刻俗字研究》，巴蜀书社。
裘锡圭　1988 《文字学概要》，商务印书馆。
王　宁　2002 《汉字构形学讲座》，上海教育出版社。
熊建华、龙仕平　2021 《湖南石刻文献集成》，岳麓书社。
张涌泉　1995 《汉语俗字研究》，岳麓书社。

《新华字典》（第12版）字头及其附列字的增、删、改、调*

王国荣[1]　史光辉[2]

（1. 贵州师范大学文学院，贵阳 550025；
2. 杭州师范大学人文学院，杭州 310018）

提　要：在继承《新华字典》（第11版）的基础上，《新华字典》（第12版）参考《通用规范汉字表》、《普通话异读词审音表》（修订稿）等规范标准，新增了岕、铓、嚯、辻、籰等42个字头和晻、糶、阪、髈、梄等56个异体字，删除了“褶（zhé）”、“睥（bì）”、“侗（tǒng）”和“酖（dān）”等15个字头，改换了chī、jīng、léng、lù、mǐn、pī、zé、zhā、zhǔ这9组音节内所辖同音字头的字序和“泛”、“帮”、“策”、“剿”等79个字头后面括标异体字的字序，调整了“耙（bà）”与“糶”、“绸”与“紬（chóu）”等9组字际关系和字头“划”、“括”、“蟆”内部的音义关系。

关键词：《新华字典》（第12版）；字头；附列字；修订

引言

2020年8月，《新华字典》（第12版）隆重出版，其目录后的“修订说明”指出，《新华字典》（第12版）“根据《通用规范汉字表》等规范标准，增、删、改、调部分字头及其附列字和相关义项”。为方便广大读者全面、深入地了解《新华字典》（第12版），试述“增、删、改、调”的详情如下。

一、新增的字头及其附列字

据《新华字典·凡例》，“附列字”指附在主体字头后面的繁体字、异体字。对比

* 本文得到国家社科基金项目“郑珍小学研究”（编号：16FYY004）资助。

《新华字典》(第11版),《新华字典》(第12版)新增了42个主体字头与56个异体字,其中的9个异体字曾是《新华字典》(第11版)的繁体字。此次修订,一方面体现了《新华字典》全面落实国家语言文字规范,满足基础教育教学用字需求;另一方面,也反映了《新华字典》及时吸收最新学术成果,精准把握社会语言生活动态。

(一)新增的字头

《新华字典》(第12版)立足现实,突出规范,新增了42个字头。

1. 新增字头的类型

《新华字典》(第12版)新增字头的类型,根据汉字字用的职能分为5类:地名专用字、姓氏人名用字、科技术语专用字、日常生活语用字和古汉语用字。(见表1)

表1 《新华字典》(第12版)新增字头类型

类型	字头
地名专用字	奤、桲、[illegible](dǎn)、畚、沕(hū)、岕、楞(lèng)、们(mén)、𫭟(ōu)、宕(tàn)、洞(tóng)、鲗(zé)
姓氏人名用字	晟、谌(shèn)、辻(shí)、埮
科技术语专用字	氭、𫟷、𫟼、𬒂
日常生活语用字	胳(gā)、饹、粳(gēng)、嘛(má)、喔(ō)、㘗、吁(yū)、馇
古汉语用字	膻(dàn)、匮(guì)、蛄(gǔ)、廑(jǐn)、沕(mì)、嗛(qiān)、廑(qín)、絼、莳(shí)、媞(tí)、潝(xī)、嗛(xián)、籑、𦯀

2. 新增字头的依据

《新华字典》(第12版)的"修订说明"交代了新增字头的主要依据,一是根据《通用规范汉字表》等规范标准,二是分析现实语料,适量增补。此外,《新华字典》(第12版)还采纳了最新研究意见,反映当代学术动态。

首先,依据规范标准。

《新华字典》(第12版)新增的25个字头于国家规范标准文献中可查。(见表2-1)

表2-1 《新华字典》(第12版)新增字头来源

国家规范标准文献	新增字头
《通用规范汉字表》	桲、晟、谌(shèn)、膻、廑(jǐn)、饹、蛄(gǔ)、们(mén)、莳(shí)、洞(tóng)、吁(yū)、馇、𦯀
《普通话异读词审音表》(修订稿)	粳(gēng)①、匮(guì)

① 《普通话异读词审音表》(修订稿)与王洪君(2016:490—493)、王彤伟(2017)的意见相同。

续表

国家规范标准文献	新增字头
《日本汉字的汉语读音规范》（草案）	辻（shí）
全国科学技术名词审定委员会	氭、铯、钚、硼
教育部审定义务教育教科书[①]	嚁、嗛（qiān）、嗛（xián）、绥、簻

《新华字典》（第12版）新增的10个字头于国家规范型语文辞书里可查。（见表2-2）

表2-2 《新华字典》（第12版）新增字头来源（续）

国家规范型语文辞书	新增字头
《现代汉语词典》（第7版）	奁、胳（gā）、沕（hū）、沕（mì）、畲、夯、喔（ō）、廑（qín）、埮（用于人名）、媞（tí）
《现代汉语规范词典》（第3版）	埮（古同“坛”，坛子）[②]

其次，来自现实语料。

新增字头里地名专用字“楞（lèng）”[③]和“坭”（ōu）[④]采自最新的现实语料。

再次，汲取学术成果。

新增的“宕（tàn）[⑤]”、“鲗（zé）”（麦耘，2015）、“崴（dǎn）”（覃远雄，2016：380—381）、“嘛”（金倩，2019）和“潝（xī）”[⑥]5个字头，是汲取了最新的学术研究成果。

① 习惯上称为“教育部统编版小学语文教科书”。

② 《新华字典》（第12版）新增字头“埮”（tán）的义项❶A（古同“坛❸”）见于《现代汉语规范词典》（第3版）：“埮 tán 古同‘坛$_2$’（坛子）。”2022年出版的《现代汉语规范词典》（第4版）亦同；义项❷（用于人名）见于《现代汉语词典》（第7版）：“埮 tán 用于人名。”

③ 《中华人民共和国地名大词典》第1卷“高楞镇”条：“[Gāolèngzhèn] 因地势高，昔为松花江岸木材垛楞地，故名。”（第1155页）“高楞”的“楞”来源于“楞地”。又，“中国・国家地名信息库”（2020版）收录的地名“高楞场”，拼音写作 Gāolèngchǎng，“该地名来源于楞场。因早在光绪末年此地就是木楞场，因地势高，故命名高楞场。”（访问网址：http://dmfw.mca.gov.cn）

④ 在《中华人民共和国地名大词典》里收有该字在江苏的“邹～镇”，注音为：Zōuqū Zhèn，还收有山西的“陈～镇”，注音为：Chén'ōu Zhèn。程荣研究员从所涉地图上发现写作“邹区镇”“陈区镇”不算少，电话咨询当地“陈区镇”的“区”的读音，无法证明读 ōu，这就跟旧有资料存在出入。为确保“坭”字用于地名时注音释义的准确性，必须到当地调查，直接获取第一手最新资料。程荣研究员在2019年9月北上，到了山西高平。（《新京报》2020年10月28日）

⑤ 甘肃陇南市宕昌县“宕”字，当地人自古读 tàn，而该读音并未收录于以往各版《新华字典》、《现代汉语词典》等常用语文辞书。2014年2月15日，关于“宕昌”县名的审音论证会在北京召开，“宕”的“tàn”读音在常用汉字工具书中注音被予以认可。同年3月27日，民政部、教育部、国家语言文字工作委员会联合批复省民政厅、省教育厅和省语言文字工作委员会，正式将陇南市宕昌县县名的读音定为“tàn chāng”。

⑥ “潝”字增补又音 xī，或是吸取了《辞源》（第3版）和《古音汇纂》的审音意见。

（二）新增的附列字

《新华字典》（第 12 版）一方面根据《通用规范汉字表》增补了 47 个异体字，另一方面，又根据对字际关系的调整，把《新华字典》（第 11 版）的“䎱”、“阪”、“紬（chóu）”、“掆”、“殨”、“𤸫”、“鹼”、“鹻”、“鰌”这 9 个繁体字纳入《新华字典》（第 12 版）新增异体字之列。（详见表 3-1、表 3-2、表 3-3、表 3-4）

表 3-1《新华字典》（第 12 版）新增异体字

字头	暗	耙	坂	膀	杯	奔	操	绸	淳	喋	动	驮
新增异体字	晻	䎱	阪	髈	桮	奔	捺、掾	紬	湻	啑	働	馱

表 3-2 《新华字典》（第 12 版）新增异体字（续一）

字头	翻	扛	嗥	哄	呼	糊	回	溃	记	缄	碱
新增异体字	繙	摃、掆	獋	閧	謼	粘	迴	殨	𤸫	椷	鹼、鹻

表 3-3 《新华字典》（第 12 版）新增异体字（续二）

字头	洁	粳	揪	飓	寇	拿	婪	历	璃	奁	弄	渺	泯
新增异体字	絜	秔	揫	颶	冦	拏、挐	惏	歷、曆	琍	籢	衖	渺	冺

表 3-4 《新华字典》（第 12 版）新增异体字（续三）

字头	拟	铅	憔	秋	麹	嘻	欣	宴	野	以	灾	糟	斋	咨	最
新增异体字	儗	鈆	癄	鰌	麴	譆	訢	讌	壄	菑	叭	蹧	亝	諮	冣

二、删除的字头

《新华字典》（第 12 版）保留了《新华字典》（第 11 版）里已收录的所有附列字，但出于规范汉字的字用、字音和字形的考虑，直面部分汉字承载音义已转移的现实，删去了 15 个字头。

（一）因规范字用而删除的字头

《新华字典》的历次修订，各自参照的国家语言规范标准略有区别。《新华字典》（第 11 版）的修订，参照的是《简化字总表》《现代汉语通用字表》《第一批异体字整理表》等规范标准，而《通用规范汉字表》在 2013 年发布后，成为了最新的规范标准。《新华字典》（第 12 版）全面贯彻《通用规范汉字表》，根据最新的用字规范，删除了《新华字典》（第 11 版）里的 9 个字头。

1. 删除“䄂”“䌷”等 8 个类推简化的字头

《通用规范汉字表》在辩证吸收《简化字总表》成果的基础上，重新明确了汉字的字用职能，放弃了部分类推简化字的使用。《新华字典》（第 12 版）全面贯彻《通用规范汉字表》精神，删除了“䄂”、“䌷”（chōu，引出，缀缉，“䌷绎”旧同“抽绎”）、“䌷”（chóu，绸缎，旧同“绸”）、“㧐”、“殨”、“疘”、“硷”和“䲡”8 个字头。

2. 删除字头“摺”

在古代汉语里，“摺”表示“摧折”义，音“之涉切”，而“折”表示“折断”义，音“旨热切”。原本这是两个不同音的近义词。但是，到了现代汉语里，由于语音的演变，“摺”和“折”同音，语义上也出现混用。《新华字典》（第 11 版）的处理是，“折”字在义项❹❺上对应繁体字是“摺”[①]，同时“摺”也被另立字头，释义作“‘摺’简化为‘折’，在意义上可能混淆时，仍用‘摺’。”可见，当“摺”与“折”意义发生混淆时，《新华字典》（第 11 版）选择恢复繁体字“摺”来解决问题。

《通用规范汉字表》始终坚持简化政策，在通用汉字层面上，不主张恢复繁体字的使用（王宁，2013），并明确了“摺”作为“折”在部分义项上的简化字职用。据此，《新华字典》（第 12 版）删除了字头“摺”。

（二）因规范字音而删除的字头

《新华字典》（第 12 版）参考 2013 年发布的《通用规范汉字表》及其配套的字典、手册，并结合 2016 年发布的《普通话异读词审音表》（修订稿）意见，吸收最新规范型辞书成果，剔除《新华字典》（第 11 版）里的不规范字音的同时，一并删除了原来为该读音设立的字头。

1. 删除为俗语音设立的字头“睥（bì）”

《新华字典》（第 11 版）曾设立的字头“睥（bì）”，它的读音采自俗音。“睥睨”，又写作“睤睨”，《龙龛手镜 · 目部》：“睤，俗布迷反。”又，《韵略易通 · 西微韵 · 冰纽 · 去声》：“睥，睥睨，傍视也。音笓。”但如今“睥”读作 bì 的情况已属少见，最新出版的《通用规范汉字字典》、《现代汉语规范词典》和《现代汉语词典》等规范型语文辞书，也只收录了“睥”的规范读音 pì。或鉴于此，《新华字典》（第

① 《新华字典》（第 11 版）字头“折”：“❹ 叠，折叠：～衣服｜～尺。❺（一子、一儿）用纸折叠起来的本子：存～”。

12 版)删除了曾为俗音所立的字头“睥(bì)”。

2. 删除为误读音设立的字头“芥(gài)”

《新华字典》(第 11 版)曾设立字头“芥(gài)”：

芥 gài 芥菜(也作“盖菜”),是芥(jiè)菜的变种,叶大,表面多皱纹,可用作蔬菜。

《新华字典》(第 11 版)收录了“芥”字两个读音,即 jiè 和 gài ;相应地,“芥菜”也有“jiè cài”和“gài cài”(又写作“盖菜”)两读。这是把普通话读音跟方言音搅在了一起(江蓝生,2013 : 1—19),“芥”读作 gài 实际上是照搬某些南方方言读音所致,而把“芥菜”的“芥”写作“盖”,在北方话或北京话里勉强行得通,在一些南方方言里反而行不通。如粤方言“芥菜”的“芥”读作[kai]音,而“盖”字读作[kɔi]音,写成了“盖”字反而不符合实际读音(刘祥柏、刘丹青,2017 : 65—70)。《普通话异读词审音表》(修订稿)把“芥”统读作 jiè。《新华字典》(第 12 版)或采纳其意见,删去了字头“芥(gài)”。

3. 删除为方言音设立的字头“郎(làng)”

《新华字典》(第 11 版)曾设立字头“郎(làng)”：

郎 làng [屎壳郎]蜣螂的俗称。

“屎壳郎(shǐ · ke làng)”是方言口语词,《新华字典》(第 11 版)为该方言音而单立了字头“郎”(làng)。徐世荣(1997)指出“郎”读作 làng 是“láng 的变调”。根据《北京土话辞典》、《现代北京口语词典》的记载,“郎”的变调不止一个(有的读成 lāng)。参照《现代汉语词典》凡例中“一般不注变调”的原则,汉语辞书直接按照它们的本调来标注,无疑最佳的选择(江蓝生,2013 : 93),《新华字典》(第 12 版)删去了字头“郎(làng)”,不再为“屎壳郎”这类语流音变里的读音而另立字头。不过,对于有些非语流音变的方言音,《新华字典》(第 12 版)依然保留。比如,《新华字典》(第 12 版)设立字头“蹲”时,仍保留 dūn、cún 两读。

(三)因规范字形而删除的字头

《新华字典》(第 11 版)为“笼统”的异形词[优侗]设立了字头“侗(tǒng)”,“优”是“儱”字的类推简化字,该字形并不见于《印刷通用汉字字形表》《简化字总表》《现代汉语通用字表》等国家规范字表,不属于规范汉字。《新华字典》(第 12 版)为规范汉字的使用,删除了字头“侗(tǒng)”及其所辖复音词[优侗]。

（四）因音义转移而删除的字头

随着汉字的使用和规范化，旧有的一些字形由于长期偏废，渐被淘汰，而该字所承载的读音与义项也转移到了新的字形之上。《新华字典》的每次修订，既是对社会大众规范用字的指导，也是对最新社会用字情况的反馈。

1. 删除字头“酖（dān）”

《新华字典》（第11版）曾设立字头“酖（dān）”：

酖 dān 同“耽❷”。

在“沉溺”义上，“酖”被视为“耽”的异体字。其实，根据传统字书的记载，在“沉溺”义上，“酖”是本字，“耽”是借字。《说文解字·酉部》：“酖，乐酒也。”段玉裁注：“毛《诗》假‘耽’及‘湛’以为‘酖’。《氓》传曰：‘酖，乐也。’”由于“沉溺”该义项长期被借字“耽”表示，其本字“酖”逐渐被弃用。经BCC语料库的筛查，新中国成立后，《人民日报》里只出现了3次“酖”表示“沉溺”义的用例：

（1）无论我们是否乐意，我们总不能不面对现实，而完全酖于一种空想。（1958年10月30日）

（2）刘美鹃在“孔雀胆”中，生动地塑造了阿盖公主这一美丽善良的妇女形象，特别是在末场“东寺饮酖”的演唱，真如杜鹃泣血，充分显示了程派艺术的特色。（1959年11月08日）

（3）李鸿祥先生即兴赋诗一首赠朱德同志，诗云：“青山一发是滇南，白首相逢慷慨谈。论道经邦动天地，春醪共醉乐酖酖。”（1981年10月30日）

本字“酖”弃用，借字“耽”通行，已成趋势。根据《通用规范汉字表》规定，目前“酖”字只在“毒酒”、“用毒酒害人”义项上用作“鸩”的异体字，不再承载“沉溺”义，《新华字典》（第12版）删除了字头“酖（dān）”。

2. 删去字头“杏（qǐ）”

《新华字典》（第11版）曾设立字头“杏（qǐ）”：

杏 qǐ 〈古〉明星。

“杏（qǐ）”最早见于《龙龛手鉴·口部》，是“启（明星也）”的俗字。“明星”先日而出，故又称“启”，义取“开始”，“启明”即“始明”。不过，在“明星”义上，“杏（qǐ）”字只保存在汉语语文辞书里，古代汉语里很少用单音节词“杏（qǐ）”指称金星，而常用复音词“启明”，如《诗·小雅·大东》：“东有启明，西有长庚。”

参考《通用规范汉字表》所附的《规范字与繁体字、异体字对照表》，“杏

(qǐ)”未被视作“启”的异体字,《新华字典》(第 12 版)删除了字头“启(qǐ)”。

三、改换的字头及其附列字

“改”,或指《新华字典》(第 12 版)改换了《新华字典》(第 11 版)里部分主体字头、异体字的字序。

(一)改换字头的字序

《新华字典》在确定主体字头的字序时,采用了“音序排序法”和“形序排序法”相结合的办法,先用“音序排序法”确定音节顺序,再用“形序排序法”确定同音字的顺序。《新华字典》(第 12 版)根据《通用规范汉字表》,全面贯彻“形序排序法”,改换了《新华字典》(第 11 版)里的 chī、jīng、léng、lù、mǐn、pī、zé、zhā、zhǔ 这 9 组音节内各自所辖部分同音字的顺序。

以音节 chī 为例,《新华字典》的第 11 版与第 12 版里音节 chī 内所辖部分同音字的字序对比如下。(详见表 4)

表 4 《新华字典》(第 11 版)与《新华字典》(第 12 版)音节 chī 所辖同音字头的字序对比

音节	chī	
字典版次	《新华字典》(第 11 版)	《新华字典》(第 12 版)
同音字头的字序	哧→蚩→嗤→媸→鸱→絺→豨	哧→鸱→蚩→嗤→媸→絺→豨

(表注₁:上述表格里的“→”用作字序的前后连接符号,例如:哧→蚩,表示“哧”在“蚩”前面。下同,不复注)

《新华字典》(第 12 版)对字序的改换步骤,试作如下还原:

先根据“形序排序法”原则,按笔画数排列字头的字序,笔画数相同的,再按笔顺编号排列字序。(见表 5-1)

表 5-1 《新华字典》(第 12 版)音节 chī 所辖同音字头的笔画与笔顺(一)

字头	哧	鸱	蚩	絺	豨
笔画数量	10	10	10	10	11
笔顺编号	2511213234	3515435451	5221251214	5533413252	34132521554
字头	嗤	媸			
笔画数量	13	13			
笔顺编号	2515221251214	5315221251214			

再根据“共同构形部件类聚”原则，“协调处理部分相关条目及个别体例”，把具有共同构形部件的主体字头邻近编排。（见表 5-2）

表 5-2《新华字典》（第 12 版）音节 chī 所辖同音字头的笔画与笔顺（二）

字头	哧	鸱	蚩	嗤	媸
笔画数量	10	10	10	13	13
笔顺编号	2511213234	3515435451	5221251214	2515221251214	5315221251214
字头	絺	瓻			
笔画数量	10	11			
笔顺编号	5533413252	34132521554			

与之同理，《新华字典》（第 12 版）里 jīng、léng、lù、mǐn、pī、zé、zhā、zhǔ 8 组音节之下所辖同音主体字也是按照同样的方法改换了在《新华字典》（第 11 版）里的字序。（见表 6）

表 6 《新华字典》（第 11 版）与《新华字典》（第 12 版）部分音节所辖同音字头的字序对比（音节 jīng/léng/lù/mǐn/pī/zé/zhā/zhǔ）

音节	《新华字典》（第 11 版）同音字头的字序	《新华字典》（第 12 版）同音字头的字序
jīng	菁→腈→睛→鹡→精→鼱	菁→腈→鹡→睛→精→鼱
léng	塄→楞→崚→稜	崚→稜→塄→楞
lù	赂→鹿→漉→辘→簏→麓→路→蕗→潞→璐→鹭→露	赂→路→蕗→潞→璐→鹭→露→鹿→漉→辘→簏→麓
mǐn	皿→闵→悯→闽→抿→泯→缗→愍→黾→敏→鳘	皿→闵→悯→抿→泯→缗→愍→黾→闽→敏→鳘
pī	丕→伾→邳	丕→邳→伾
zé	咋→迮→笮→舴→择→泽	择→泽→咋→迮→笮→舴
zhā	咋→哳→查→揸→喳→渣→楂→奓	咋→查→揸→喳→渣→楂→奓→哳
zhǔ	拄→让→渚→煮→褚→属→嘱→瞩→麈	拄→麈→让→渚→煮→褚→属→嘱→瞩

（二）改换附列字的字序

《新华字典》（第 12 版）对 79 个字头后面所括标异体字的字序，分 3 类情况改换：

1. 笔画数不同的异体字

关于笔画数不同的异体字，《新华字典》（第 12 版）分“另作字头”和“不作字头”两种情况排序。

对于另作字头的异体字，异体字排在首位，其他异体字根据笔画数，笔画少的字排在前，笔画多的字排在后。（见表 7）

表 7 《新华字典》（第 12 版）另作字头的异体字的字序改换情况

字头	《新华字典》（第 11 版）异体字的字序	《新华字典》（第 12 版）异体字的字序
泛	汎（6画）→△氾（5画）	△氾（5画）→汎（6画）
蕊	蕋（15画）→蘂（19画）→△橤（16画）	△橤（16画）→蕋（15画）→蘂（19画）
碗	盌（10画）→△椀（12画）→瓮（9画）	△椀（12画）→瓮（9画）→盌（10画）

（表注₂：上述表格里的下标圆括号用于说明笔画数量，例如：汎（6画），表示“汎”的笔画数是6画。下同，不复注）

对于不作字头的异体字，根据笔画数的多少，“钵”、“窗”、“雕”等 60 个不作字头的异体字的字序被改换：其笔画少的字在前，笔画多的字在后。（见表 8-1、表 8-2、表 8-3、表 8-4、表 8-5、表 8-6）

表 8-1 《新华字典》（第 12 版）不作字头的异体字的字序改换情况

字头	《新华字典》（第 11 版）异体字的字序	《新华字典》（第 12 版）异体字的字序
帮	幚（14画）→幇（12画）	幇（12画）→幚（14画）
钵	缽（11画）→盋（10画）	盋（10画）→缽（11画）
尝	嚐（17画）→甞（13画）	甞（13画）→嚐（17画）
窗	䆫（12画）→窓（11画）→窻（16画）→牕（15画）→牎（13画）	窓（11画）→䆫（12画）→牎（13画）→牕（15画）→窻（16画）
酬	醻（21画）→詶（13画）	詶（13画）→醻（21画）
瞅	矁（18画）→𥄫（9画）	𥄫（9画）→矁（18画）
厨	廚（15画）→㕑（14画）	㕑（14画）→廚（15画）
雕	鵰（19画）→彫（11画）→琱（12画）	彫（11画）→琱（12画）→鵰（19画）
叠	疉（19画）→疊（22画）→曡（18画）	曡（18画）→疉（19画）→疊（22画）
碇	椗（12画）→矴（7画）	矴（7画）→椗（12画）

表 8-2 《新华字典》（第 12 版）不作字头的异体字的字序改换情况（续一）

字头	《新华字典》（第 11 版）异体字的字序	《新华字典》（第 12 版）异体字的字序
斗	鬭（26画）→閗（14画）→鬬（20画）	閗（14画）→鬬（20画）→鬭（26画）
厄	阨（6画）→戹（5画）	戹（5画）→阨（6画）
法	灋（21画）→㳒（8画）	㳒（8画）→灋（21画）
蜂	蠭（22画）→䗬（16画）	䗬（16画）→蠭（22画）
麸	麱（18画）→粰（13画）	粰（13画）→麱（18画）
皋	臯（12画）→皐（11画）	皐（11画）→臯（12画）
挂	掛（11画→罣（10画）	罣（10画）→掛（11画）
皓	皜（15画）→暠（14画）	暠（14画）→皜（15画）
蛔	蚘（10画）→蛕（12画）→痐（11画）→蜖（13画）	蚘（10画）→痐（11画）→蛕（12画）→蜖（13画）
赍	齎（21画）→賫（17画）	賫（17画）→齎（21画）

表 8-3 《新华字典》（第 12 版）不作字头的异体字的字序改换情况（续二）

字头	《新华字典》（第 11 版）异体字的字序	《新华字典》（第 12 版）异体字的字序
夹	裌（12 画）→袷（11 画）	袷（11 画）→裌（12 画）
鉴	鑑（22 画）→鑒（17 画）	鑒（17 画）→鑑（22 画）
局	跼（14 画）→侷（9 画）	侷（9 画）→跼（14 画）
俊	儁（14 画）→㑺（12 画）	㑺（12 画）→儁（14 画）
糠	穅（16 画）→粇（10 画）	粇（10 画）→穅（16 画）
莅	蒞（13 画）→涖（10 画）	涖（10 画）→蒞（13 画）
隶	隸（16 画）→隷（15 画）	隷（15 画）→隸（16 画）
奁	匳（15 画）→匲（14 画）→籢（23 画）	匲（14 画）→匳（15 画）→籢（23 画）
磷	燐（16 画）→粦（12 画）	粦（12 画）→燐（16 画）
留	㽞（11 画）→畱（12 画）→畄（9 画）	畄（9 画）→㽞（11 画）→畱（12 画）

表 8-4 《新华字典》（第 12 版）不作字头的异体字的字序改换情况（续三）

字头	《新华字典》（第 11 版）异体字的字序	《新华字典》（第 12 版）异体字的字序
骂	罵（15 画）→傌（12 画）	傌（12 画）→罵（15 画）
脉	衇（12 画）→䘑（11 画）	䘑（11 画）→衇（12 画）
咩	哶（10 画）→𠯈（9 画）	𠯈（9 画）→哶（10 画）
冥	寘（11 画）→冥（9 画）	冥（9 画）→寘（11 画）
亩	𤰟（7 画）→畮（12 画）→畒（9 画）→畆（9 画）→畂（8 画）	𤰟（7 画）→畂（8 画）→畆（9 画）→畒（9 画）→畮（12 画）
楠	枬（9 画）→柟（8 画）	柟（8 画）→枬（9 画）
暖	煖（13 画）→暝（13 画）→煗（13 画）	暝（13 画）→煗（13 画）→煖（13 画）
糯	穤（19 画）→稬（14 画）	稬（14 画）→穤（19 画）
戚	慼（15 画）→慽（14 画）	慽（14 画）→慼（15 画）
启	啟（11 画）→唘（10 画）	唘（10 画）→啟（11 画）

表 8-5《新华字典》（第 12 版）不作字头的异体字的字序改换情况（续四）

字头	《新华字典》（第 11 版）异体字的字序	《新华字典》（第 12 版）异体字的字序
却	卻（9 画）→㕁（8 画）	㕁（8 画）→卻（9 画）
绒	羢（12 画）→毧（10 画）	毧（10 画）→羢（12 画）
膻	羶（19 画）→羴（18 画）	羴（18 画）→羶（19 画）
剃	鬀（17 画）→薙（16 画）	薙（16 画）→鬀（17 画）
喂	餵（17 画）→餧（16 画）	餧（16 画）→餵（17 画）
熙	熈（14 画）→煕（13 画）	煕（13 画）→熈（14 画）
效	傚（12 画）→効（8 画）	効（8 画）→傚（12 画）
携	攜（21 画）→擕（15 画）→㩗（16 画）→攜（18 画）	擕（15 画）→㩗（16 画）→攜（18 画）→攜（21 画）
萱	蘐（19 画）→萲（12 画）→蕿（16 画）→藼（19 画）	萲（12 画）→蕿（16 画）→蘐（19 画）→藼（19 画）
烟	煙（13 画）→菸（11 画）	菸（11 画）→煙（13 画）

表 8-6 《新华字典》（第 12 版）不作字头的异体字的字序改换情况（续五）

字头	《新华字典》（第 11 版）异体字的字序	《新华字典》（第 12 版）异体字的字序
岩	巗（22画）→巖（22画）→嵒（12画）	嵒（12画）→巗（22画）→巖（22画）
恿	慂（14画）→惥（12画）	惥（12画）→慂（14画）
郁	鬱（27画）→欝（25画）	欝（25画）→鬱（27画）
愈	癒（18画）→瘉（14画）	瘉（14画）→癒（18画）
冤	寃（11画）→冤（10画）	冤（10画）→寃（11画）
咱	喒（12画）→偺（11画）	偺（11画）→喒（12画）
帙	袠（11画）→袟（10画）	袟（10画）→袠（11画）
稚	穉（17画）→稺（15画）	稺（15画）→穉（17画）
砖	甎（15画）→塼（14画）	塼（14画）→甎（15画）
斫	斲（14画）→斵（17画）→斮（12画）	斮（12画）→斲（14画）→斵（17画）

2. 笔画数相同而笔顺不同的异体字

对笔画数相同而笔顺不同的异体字，《新华字典》（第 12 版）根据笔顺编号的大小，对“策”、“捣”、“劫”等 12 个正体字后面括标异体字的字序进行了优化，按照笔顺编号的大小，由小到大地排列字序，笔顺编号小的排在前。（见表 9-1、表 9-2）

表 9-1《新华字典》（第 12 版）异体字的字序改换情况（二）

字头	《新华字典》（第 11 版）异体字的字序及笔顺编号	《新华字典》（第 12 版）异体字的字序及笔顺编号
策	【字序】筞（13画）→筴（13画）	【字序】筴（13画）→筞（13画）
	【编号】筴：3143141343434；筞：3143144451234	
捣	【字序】擣（17画）→擣（17画）	【字序】擣（17画）→擣（17画）
	【编号】擣：12111525121251124；擣：12112151211251124	
獾	【字序】貛（24画）→獾（24画）	【字序】獾（24画）→貛（24画）
	【编号】獾：135333412225125132411121；貛 344353312225125132411121	
劫	【字序】刼（7画）→刦（7画）→刧（8画）	【字序】刦（7画）→刼（7画）→刧（8画）
	【编号】刦：1215422；刼：1215453	
厩	【字序】廏（12画）→廐（12画）	【字序】廐（12画）→廏（12画）
	【编号】廐：413511541535；廏：413511543554	
袅	【字序】嫋（13画）→嬝（16画）→褭（16画）	【字序】嫋（13画）→褭（16画）→嬝（16画）
	【编号】褭：4112112544443534；嬝：5313251115413534	
驱	【字序】敺（15画）→駈（15画）	【字序】駈（15画）→敺（15画）
	【编号】駈：121125444432121；敺：125125125152154	

表 9-2 《新华字典》（第 12 版）异体字的字序改换情况（二）（续）

字头	《新华字典》（第 11 版）异体字的字序及笔顺编号	《新华字典》（第 12 版）异体字的字序及笔顺编号
袜	【字序】韤（23 画）→韈（23 画）	【字序】韈（23 画）→韤（23 画）
	【编号】韈：12212511212225221134534；韤：52125115212225221134534	
污	【字序】汚（6 画）→汙（6 画）	【字序】汙（6 画）→汚（6 画）
	【编号】汙：441112；汚：441115	
叙	【字序】敘（11 画）→敍（11 画）	【字序】敍（11 画）→敘（11 画）
	【编号】敍：34112342154；敘：34112343134	
葬	【字序】𦵏（12 画）→塟（12 画）	【字序】塟（12 画）→𦵏（12 画）
	【编号】塟：122135435121；𦵏：122135435134	
鬃	【字序】騌（18 画）→騣（19 画）→鬉（19 画）	【字序】騌（18 画）→鬉（19 画）→騣（19 画）
	【编号】鬉：1211154333345234354；騣：1211254444345234354	

3. 笔画数与笔顺都相同的异体字

对于笔画数和笔顺编号都相同的异体字，《新华字典》（第 12 版）根据“字形优选原则”（王宁，2000）重新排序，改换了“剿”、“昆”、“仑”、“恤”4 个字头后面括标异体字的字序，一方面以当下社会流通程度为重要标准，另一方面优先考虑构形理据，把流通度高的、构形理据强的字优先排列在前。（见表 10）

表 10 《新华字典》（第 12 版）异体字的字序改换情况（三）

字头	《新华字典》（第 11 版）异体字的字序及笔顺编号	《新华字典》（第 12 版）异体字的字序及笔顺编号
剿	【字序】勦（13 画）→勦（13 画）	【字序】勦（13 画）→勦（13 画）
	【编号】勦：5552511123453；勦：5552511123453	
昆	【字序】崑（11 画）→崐（11 画）	【字序】崐（11 画）→崑（11 画）
	【编号】崑：25225111535；崐：25225111535	
仑	【字序】崙（11 画）→崘（11 画）	【字序】崘（11 画）→崙（11 画）
	【编号】崘：25234125122；崙：25234125122	
恤	【字序】卹（8 画）→賉（13 画）→䘏（8 画）	【字序】卹（8 画）→䘏（8 画）→賉（13 画）
	【编号】卹：32522151；䘏：32522151	

首先，根据流通的程度排列字序。

“崑”和“崐”是“昆”的异体字；“崘”和“崙”是“仑”的异体字，在构形理据、笔画数量、笔顺编号上皆无差别。由于古今书写习惯存在差异，目前左右结构的汉字更符合人们的书写习惯，其通用程度也更高，左形右声并不是所有形声字形符和声符的位置关系，只是形符声符位置关系中的高频结构，但这种形体功能的有序联系，便于汉字的系统化讲解和记忆，为人们识读汉字带来了极大便利。（齐元涛，2018：69—74）因此，《新华字典》（第 12 版）将流通度更高的“崐”排在了“崑”的前面；“崘”排在了“崙”的前面。

其次，根据理据的强弱排列字序。

异体字在笔画数量、笔顺编号和字形结构上皆无差别时，《新华字典》（第 12 版）按照理据的强弱，排列字序。

先看“卹”与“邺”的构形理据比较：

“卹”和“邺”也都是“恤”的异体字，但“卹”的理据性更强。“卹”从血、卩声，其本义表示“忧虑”[①]，而“邺”乃是“卹”的讹写。早在战国文字里，卩、阝（邑）二旁就经常相混（刘钊，2006）。在今文字阶段，“卹”的偏旁“卩”写作“阝”的用例也不少：

（4）（徐无闻主编，2019：327）

（5）（徐无闻主编，2019：327）

（6）（黄征，2005：464）

因此，《新华字典》（第 12 版）把“卹”字排在了“邺”字之前。

再看“勦”与“勦”的构形理据比较。

在《通用规范汉字表》所附的《规范汉字与繁体字、异体字对照表》里，“勦”与“勦”被处理为规范汉字“剿”的异体字。《说文解字·刀部》：“剿，绝也。从刀，喿声。”从汉字的构形模式看，“剿”是义音合成字，“喿”属于示音构件，“刀”是表义构件，反映造字理据。考察《说文解字·刀部》，不难发现，“刀”在构形中反映了“断绝”“截断”的语义信息：

《说文·刀部》：“劈，断也。”

《说文·刀部》：“劖，断也。”

《说文·刀部》：“刵，断耳也。”

《说文·刀部》：“刚，强断也。”

《说文·刀部》：“剑，断也。”段《注》：“刖、绝、剑、断，义正相同。”

《说文·刀部》：“切，刌也。”段《注》：“其实作寸、作刌，皆得如切物之度其长短也。”

“剿”与“勦”是声符互换的异构关系，同属义音合成字，两者只是在示音构

① 《说文解字·血部》：“卹，忧也。”

件有所不同。在上古时期，“喿”（心母宵部）与“巢”（崇母宵部）属于邻纽叠韵的音近关系，“剿”的示音构件“喿”被“巢”替换，并未造成义位的变化。又，“刂”是“刀”在隶变过程中的书写变形。“剿”与“剿”之间被视作异体关系的理据性十分充足。

但是，“剿”与“勦”之间构成异体关系的理据性略显不足。

《说文解字》段注“剿”字：“《夏书·甘誓》：‘天用剿绝其命’。天宝已前本如是。《释文》曰：‘剿，子六反。’《玉篇》‘子小反。’马本作‘剿’。宋开宝已前本如是。今《玉篇》‘剿。子小切。绝也。剿同上。’此顾希冯之旧也。自卫包改‘剿’为‘剿’。以刀部训‘绝’之字，改为力部训‘劳’之字，于是《五经文字》力部曰：‘剿见《礼记》，又见《夏书》。’而刀部反无‘剿’字。开宝中改《释文》‘剿’为‘剿’，‘勦’为‘巢’。《群经音辨》、《集韵》等皆云‘剿，绝也。’……盖卫包当日改‘剿’为‘从刀’之‘剿’犹可说也，改为‘从力’之‘勦’则不可说矣。”（段玉裁，2007：322）从段玉裁的分析可知，卫包改“剿”为“从力”之“勦”，欠缺了足够的构形依据。“勦”的本义是“劳累”[①]，从力，巢声。从造字意图上看，“勦”字的部件“力”很难从字形上反映出“断绝”的造意。另外，在《说文解字》“从力”的字里，也未能找到与之相关的例证。

既然找不到构形上的依据，那么“勦”与“剿”就不可能是严格意义上的异体字[②]。也就是说，在造字之初，同音字“剿”和“勦”分别记录了两个不同的词[③]，只是在汉字的使用过程中，“勦”获得了“断绝”义，于是在该义项上与“剿”构成了异体关系。

考诸文献，“勦”是“剿”的俗字。

在古文字阶段，“刀”的字形与“力”的字形相差较大，但在今文字阶段，“刀”与“力”变得形似而近，尤其是在民间的俗写、手书里，此二字容易混淆。（张涌泉，2000）指出：“俗书‘力’旁‘刀’旁相乱（如《干禄字书》载‘功’字俗作‘切’）。”

如《集成》清刊本《大清全传》第七十三回：

① 《左传·宣公十二年》：“桓子欲还，曰：‘无及于郑而勦民，焉用之？’”杜预注：“勦，劳也。”

② 严格的异体字应当是音义全同、记词职能完全一样、仅字形不同，它们在任何语境下都能互相替代而不影响意义表达的一些字样。

③ 《说文解字·力部》：“劳也。《春秋传》曰：‘安用勦民？’从力巢聲。”该义项今写作“操”（操劳）。

（7）我到了公馆，必然调官兵来勦这花家老巢。（曾良、陈敏，2017：295）

例（7）里的“勦”同“剿”；

又如，《集成》清刊本《大清全传》第九十回：

（8）大人写信一封，派人给宣化镇，叫他带兵勦灭溪花庄。（曾良、陈敏，2017：295）

例（8）里的“勦”今写作“剿”。

综上，《新华字典》（第 12 版）把“勦”字排在了“勦”字的前面。

四、调整的字头

“调”，或指《新华字典》（第 12 版）调整了《新华字典》（第 11 版）内部的字际关系和音义关系。

（一）调整字际关系

这里的“字际关系”，指的是形、音、义在某一方面或几个方面相关联的一组汉字之间的关系。（黄德宽，2006：165—173）《新华字典》（第 12 版）调整“字际关系”，所依据的是《通用规范汉字表》中收列的规范字同它们所对应的繁体字、异体字之间在适用音项、义项上的对应关系，涉及了对 9 组字际关系的调整。（见表 11-1、表 11-2、表 11-3、表 11-4、表 11-5、表 11-6、表 11-7、表 11-8、表 11-9）

1.“耙（bà）”与“䎱”

表 11-1 《新华字典》（第 12 版）字际关系调整（一）

字典版次	字头	繁体字	异体字	字际关系
《新华字典》（第 11 版）	𦓤	䎱		简繁关系：“𦓤”与“䎱”
《新华字典》（第 12 版）	耙		䎱	正异关系：“耙”同“䎱”

元代王祯《农书》卷十二：“耙，桯长可五尺，阔约四寸。”《改并五音类聚四声篇海》引“俗字背篇”：“音坝”；“䎱”本音 bēi，也是用来轧碎泥块使田地平整的农具[①]。“耙”与“䎱”又发生了同义换读，被认为是“古今字”关系，如明代徐光启《农政全书·农器》“耙，今作䎱。”可见，“耙”与“䎱”构成了非严格意义上的异体字关系。

---

① 《集韵·支韵》：“䥯，《说文》：‘耜属。’《广雅》：‘耕也。’亦作𦓤。”

《新华字典》（第12版）将“罷”括标为“耙（bà）”的异体字，《新华字典》（第11版）里“䎬”与“罷”的简繁关系，随着字头“䎬”的删除而不复存在。

2.“阪”与“坂”

表11-2 《新华字典》（第12版）字际关系调整（二）

字典版次	字头	繁体字	异体字	字际关系
《新华字典》（第11版）	坂		岅	正异关系：“坂”同“岅”
《新华字典》（第12版）	坂		阪、岅	正异关系：“坂”同“岅” 正异关系：“坂”同“阪”

《说文·阜部》：“坡者曰阪”，“阪”的本义是斜坡；又，《集韵·阮韵》：“阪，或从土、从山。”“阪”的异体字写作“坂”或“岅”。1955年12月22日发布的《第一批异体字整理表》里“坂”为规范字，“阪”和“岅”为异体字。1956年3月23日发布通知，修正《第一批异体字整理表》内的“阪”字的职能，重新确定“阪”为规范字。《新华字典》（第11版）曾把“阪”和“坂”（“岅”被括注为异体字）分别立为字头。2013年发布的《通用规范汉字表》再次确认了“阪”和“坂”的字际关系：“阪”用于日本地名“大阪”是正体规范字；在表示“山坡、斜坡”的“岭阪”、“如丸走阪”中，“阪”仍是“坂”的异体字。《新华字典》（第12版）依据《通用规范汉字表》，在字头“坂”后面的括注里增加了异体字“阪”。

3.“绸”与“䌷（chóu）”

表11-3 《新华字典》（第12版）字际关系调整（三）

字典版次	字头	繁体字	异体字	字际关系
《新华字典》（第11版）	䌷	紬		简繁关系：“䌷”与“紬”
《新华字典》（第12版）	绸	綢	紬	简繁关系：“绸”与“綢” 正异关系：“绸”同“紬”

“绸”的本义是缠绕[①]，“䌷（chóu）”的本义指粗绸[②]。在汉字的使用过程中，“绸”获得了“绸缎”义，与“䌷”构成异体字关系：

> 《资治通鉴·陈纪（七）》：“唯听衣绸”，胡三省注：“绸，与䌷同，大丝缯也。”（宗福邦等主编，2003：1751）

此后，在表示“绸缎”义上，“绸”逐渐通用，“䌷”趋于偏废。《新华字典》

① 《说文解字·糸部》：“绸，缪也。”

② 《说文解字·糸部》：“䌷，大丝缯也。”段玉裁注：“大丝，较常丝为大也。今缯帛通呼为䌷，不必大丝也。”

(第 12 版)把“紬”括标为“绸”的异体字,《新华字典》(第 11 版)里“䌷”与“紬”的简繁关系,随着字头“䌷”的删除而不复存在。

4.“扛”(gāng)与“㧏”

表 11-4 《新华字典》(第 12 版)字际关系调整(四)

字典版次	字头	繁体字	异体字	字际关系
《新华字典》(第 11 版)	㧏	掆		简繁关系:“㧏”与“掆”
《新华字典》(第 12 版)	扛		摃、掆	正异关系:“扛”同“摃” 正异关系:“扛”同“掆”

虽然,“扛”和“掆”的本义都是“举”,但这两个字在古代并不同音[①],“扛”是江摄字,而“掆”是宕摄字。到了现代汉语普通话里,江、宕两摄合流,于是“扛”和“掆”便构成了一组音义全同的异体字。又,“㧏”是“掆”的类推简化字,《通用规范汉字表》未再收录。《新华字典》(第 12 版)将“掆”括注为“扛(gāng)”的异体字,《新华字典》(第 11 版)里“㧏”与“掆”的简繁关系,随着字头“㧏”的删除而不复存在。

5.“溃”(huì)与“殨”

表 11-5 《新华字典》(第 12 版)字际关系调整(五)

字典版次	字头	繁体字	异体字	字际关系
《新华字典》(第 11 版)	㱮	殨		简繁关系:“㱮”与“殨”
《新华字典》(第 12 版)	溃	潰	殨	简繁关系:“溃”与“潰” 正异关系:“溃”同“殨”

“殨”的本义指皮肉组织败坏[②],该义项后被借字“潰”长期承担[③],“殨”字渐被偏废。“㱮”是“殨”的类推简化字,“溃”是“潰”的类推简化字,《通用规范汉字表》只收录了“溃”,未收录“㱮”。《新华字典》(第 12 版)将“殨”括标为“溃(huì)”的异体字,《新华字典》(第 11 版)里“㱮”与“殨”的简繁关系,随着字头“㱮”的删除而不复存在。

---

① 扛,段玉裁《说文解字注·手部》:“凡大物两手对举之曰扛”,《广韵·江韵》:“扛,古双切”;掆,《玉篇·手部》:“举也。”《广韵·江韵》:“掆,古郎切。”

② 《说文解字·歺部》:“㱮,烂也。”段玉裁注:“今㱮烂字作溃,而㱮废矣。”

③ 《说文解字·水部》:“溃,漏也。”段玉裁注:“漏,当作屚,屋穿水下也。”

6.“记”与“疕”

表 11-6 《新华字典》（第 12 版）字际关系调整（六）

字典版次	字头	繁体字	异体字	字际关系
《新华字典》（第 11 版）	疕[①]	𤸫		简繁关系：“疕”与“𤸫”
《新华字典》（第 12 版）	记[②]	記	𤸫	简繁关系：“记”与“記” 正异关系：“记”同“𤸫”

“𤸫”字多见于古白话小说，指皮肤上生来就有的深色斑，如《红楼梦》第四回：

（9）且他眉心中原有米粒大的一点胭脂𤸫，从胎里带来的。

“𤸫”也写作“记”，如《水浒传》第十六回：

（10）一个鬓边老大义搭朱砂记。

在现代汉语里，“𤸫”的词义也已经被复合词“胎记”替代，“𤸫”的使用逐渐生僻化。《新华字典》（第 12 版）将“𤸫”括注为“记”的异体字，《新华字典》（第 11 版）里“疕”与“𤸫”的简繁关系，随着字头“疕”的删除而不复存在。

7.“碱”与“硷”

表 11-7 《新华字典》（第 12 版）字际关系调整（七）

字典版次	字头	繁体字	异体字	字际关系
《新华字典》（第 11 版）	硷	鹼	鹻	简繁关系：“硷”与“鹼” 正异关系：“硷”同“鹻”
《新华字典》（第 12 版）	碱[③]		堿、鹻、鹼	正异关系：“碱”同“堿” 正异关系：“碱”同“鹻” 正异关系：“碱”同“鹼”

“鹼”字的本义是“盐卤”[④]，“鹻”是“鹼”字的后起异构字[⑤]，而“堿”和“碱”都是“鹼”的俗字[⑥]，“硷”则是作为“鹼”曾经的规范简化字。《新华字典》（第12版）将“鹼”、“鹻”括注为“碱”的异体字，《新华字典》（第11版）里“硷”与“鹼”的简繁关系、“硷”同“鹻”的正异关系，随着字头“硷”的删除都不复存在。

---

① 皮肤上生来就有的深色斑。现在多写作“记”。

② 《新华字典》（第 12 版）“记”字在表示义项❺“皮肤上生来就有的深色斑”时，或写作“𤸫”。

③ 《新华字典》（第 12 版）字头“碱”：“❶ 含有 10 个分子结晶水的碳酸钠，性滑，味涩。……”

④ 《说文解字·鹽部》：“鹼，卤也。”又，《集韵·豏韵》：“鹼，鹽在水曰鹼。”

⑤ 《玉篇·卤部》：“鹻”，同“鹼”。

⑥ “堿”字见于《龙龛手鉴》，被借作“鹼”使用。又，《中华大字典·石部》：“碱，鹼俗字。”

8.“勤”与“廑”

表 11–8 《新华字典》（第 12 版）字际关系调整（八）

字典版次	字头	繁体字	异体字	字际关系
《新华字典》（第 11 版）	勤		懃、廑	正异关系：“勤”同“懃” 正异关系：“勤”同“廑”
《新华字典》（第 12 版）	勤		懃	正异关系：“勤”同“懃”

“勤”的本义是勤劳[①]，“廑（jǐn）”的本义是小屋：

《汉书·帝纪第四》：“今廑身从事，而有租税之赋，是谓本末者无以异也，其于劝农之道未備。”

颜师古注：“廑，古‘勤’字。”（注引晋灼《汉书音义》）

《新华字典》（第 11 版）把“廑”括注为“勤”的异体字。《通用规范汉字表》采纳了《第一批异体字整理表》的意见，只把“懃”列为“勤”的异体字。《新华字典》（第 12 版）根据《通用规范汉字表》，不再把“廑（qín）”字列为“勤”的异体字，而是立为新的字头。

9.“鳅”与“䲡”

表 11–9 《新华字典》（第 12 版）字际关系调整（九）

字典版次	字头	繁体字	异体字	字际关系
《新华字典》（第 11 版）	䲡	鰌		简繁关系：“䲡”与“鰌”
《新华字典》（第 12 版）	鳅	鰍	鰌	简繁关系：“鳅”与“鰍” 正异关系：“鳅”同“鰌”

“鰌”的本义指“泥鳅”[②]，“鳅”与“鰌”同词异字[③]。《新华字典》（第12版）将“鰌”括标为“鳅”的异体字，《新华字典》（第 11 版）里“䲡”与“鰌”的简繁关系，随着字头“䲡”的删除而不复存在。

（二）调整音义关系

这里的“音义关系”，指《新华字典》设立字头其记录的语素或词，在具体语言环境里，它们在读音与义项适配方面的关系。比对《新华字典》（第 11 版），《新华字典》（第 12 版）把字头“蟆”由轻声 ma 调整为 má；字头“划”在口语复音词

① 《尔雅·释诂上》：“劳也”。

② 《说文解字·鱼部》：“鰌，䲝也。”桂馥《说文解字义证》：“䲝也者，《埤雅》：‘今泥鰌也。似鳝而短，无鳞，以涎自染，难握。’”

③ 《广韵·尤韵》：“鳅，亦作鰌。”

“剅划”里的读音由 huai 调整为 hua；字头“括（guā）”在书面复音词“挺括”里的读音改从《普通话异读词审音表》的统读音 kuò。

1. 蟆：[蛤蟆]

表 12-1 《新华字典》（第 12 版）音义关系调整（一）

字典版次	字头	读音	释义
《新华字典》（第 11 版）	蟆	ma	见 178 页“蛤”字条“蛤蟆”（há—）
			[蛤蟆]（—ma）青蛙和癞蛤蟆的统称。
《新华字典》（第 12 版）	蟆	má	见 174 页“蛤”字条“蛤蟆”（há—）
		ma	[蛤蟆]（—ma）青蛙和癞蛤蟆的统称。

《广韵·麻韵》：“蟆，虾蟆。莫霞切。”字调上，“蟆”读 má；词调上，复音词“蛤蟆”的“蟆”读轻声 ma。《新华字典》（第 12 版）严谨地区分了字调与词调，把《新华字典》（第 11 版）里字头“蟆”由轻声 ma 调整为 má。

2. 划：[剅划]

表 12-2 《新华字典》（第 12 版）音义关系调整（二）

字典版次	字头	读音	释义
《新华字典》（第 11 版）	划	huà	❶ 分开。❷ 设计。❸ 同“画 ❸❹”。
		huai	见“剅”字条“剅划”（bāi—）。 [剅划]（—huai）〈方〉1. 处置，安排。2. 修理，整治。
《新华字典》（第 12 版）	划	huà	❶ 分开。❷ 设计。❸ 同“画 ❸❹”。
		hua	[剅划]（—hua）〈方〉1. 处置，安排。2. 修理，整治。

《现代汉语词典》（第 7 版）认为“剅划”一词中的“划”在方言口语里多读作 huai[1]，作为辞书而言，一般正标通用音，以括注的方式来说明口语音。《新华字典》（第 12 版）应是参考了《现代汉语词典》（第 7 版）的编纂意见，把《新华字典》（第 11 版）括注里“划”的读音由 huai 调整为 hua。

3. 括：[括挺]

表 12-3 《新华字典》（第 12 版）音义关系调整（三）

字典版次	字头	读音	释义
《新华字典》（第 11 版）	括	kuò	❶ 扎，束。❷ 包容 ❸ 加上括号。
		guā	[挺括]〈方〉（衣服、纸张等）较硬而平整。
《新华字典》（第 12 版）	括	kuò	❶ 扎，束。❷ 包容 ❸ 加上括号。 [挺括]〈方〉（衣服、纸张等）较硬而平整。

① 《现代汉语词典》（第 7 版）【剅划】bāi · hua（口语里多读 bāi · huai）。

《广韵·末韵》："括，检也。结也。至也。古活切。"根据《中国音韵学研究》（高本汉著，1940）的构拟，"括"在中古音系里读作 [kuɑt]。方言词"括挺"的"括"读作 guā，属于汉语音系规则演变的结果。20 世纪前期，"括"的字音受到同声符字"阔"、"蛞"、"筈"等读音的影响，增加了一个念作溪纽去声（kuò）的读音，与原有的见纽入声的读音形成异读：《国音常用字汇》[ㄍㄨㄚ，阴平] 之后列有"瓜、括、聒"等，又于 [ㄎㄨㄛ，去声] 之后列有"阔、括（又读）"。20 世纪中期以后，"括"后起的"又读"地位上升，原来的本音反而成了"又读"（钟明立，2008），并且只保留在"挺括"一词里。在 1985 年的《普通话异读词审音表》里，"括"虽已被统读为 kuò，但《现代汉语词典》（第 5 版）仍收录了"括"的"又读"guā。《现代汉语词典》（第 6 版）修订时，"括"字的读音才改从《普通话异读词审音表》的统读音。《新华字典》（第 12 版）进一步贯彻《普通话异读词审音表》，删去了"括"的 guā 读音，将使"括"的"扎、束"义在方言和普通话里都调整到了 kuò 的音项下。

结语

综合来说，《新华字典》（第 12 版）对字头的增、删、改、调，突出了"落实国家规范"的意识，反映了"紧跟时代步伐"的精神：

在字头的职用方面，全面落实《通用规范汉字表》，及时增补通用规范汉字，合理调整字际关系，优化汉字排列顺序；其次，收录《通用规范汉字表》外的中小学教材用字，实现基础教育阶段用字全覆盖；再次，分析现实语料，适量补充目前语言生活里活跃度较高的汉字。

在字头的读音方面，积极贯彻《普通话异读词审音表》（修订稿），及时采纳其他辞书意见，吸收最新的学术研究成果，删除了不规范的字音，统读了有争议的字音，补充了有理据的字音。

参考文献

（一）古籍

（明）兰廷秀　1997　《韵略易通》，齐鲁书社影印明万历三十七年吴允中刻本。

（辽）释行均　2021　《宋刊龙龛手鉴》，中国书店影印宋刻本。

（汉）许　慎撰，（清）段玉裁注，许惟贤整理　2007　《说文解字注》，凤凰出版社。

（二）现代论著、期刊论文

程俊英，蒋见元　2017 《诗经注析》，中华书局。
曾　良、陈　敏主编　2017 《明清小说俗字典》，广陵书社。
崔乃夫主编　1998 《中华人民共和国地名大词典》（第1卷），商务印书馆。
（瑞典）高本汉著，赵元任等译　1940 《中国音韵学研究》，商务印书馆。
徐无闻主编，汉语大字典字形组编　2019 《秦汉魏晋篆隶字形表》，中华书局。
何九盈、王　宁、董　琨主编　2015 《辞源》（第3版），商务印书馆。
黄德宽　2006 《关于古代汉字字际关系的确定》，载《汉字理论丛稿》，商务印书馆。
黄　征　2005 《敦煌俗字典》，上海教育出版社。
江蓝生　2013 《〈现代汉语词典〉第6版概述》，《辞书研究》第2期。
金　倩　2019 《异形词"干吗"与"干嘛"共时历时研究》，浙江师范大学硕士研究生学位论文。
李行建主编　2014 《现代汉语规范词典》（第3版），外语教学与研究出版社。
刘祥柏、刘丹青　2017 《略说普通话异读词的审音原则》，《语言战略研究》第5期。
刘　钊　2006 《古文字构形学》，福建人民出版社。
麦　耘　2015 《"鲗鱼涌"的"鲗"字音读》，《辞书研究》第6期。
齐元涛　2018 《强势结构与汉字的发展》，《北京师范大学学报》（社会科学版）第1期。
覃远雄　2016 《说"崴"》，《方言》第3期。
王洪君　2016 《"粳"字的读音》，《中国语文》第4期。
王　宁　2000 《系统论与汉字构形学的创建》，《暨南学报》（哲学社会科学）第2期。
王　宁主编　2013 《〈通用规范汉字表〉解读》，商务印书馆。
王　琦　2020 《〈新华字典〉（第12版）修订背后：为一字跑遍全国》，《新京报》2020年10月28日B01版。
王彤伟　2017 《关于"粳"字的读音问题》，《语言文字应用》第4期。
徐世荣　1997 《普通话异读词审音表释例》，语文出版社。
余廼永校注　2008 《新校互注宋本广韵》（定稿本），上海人民出版社。
张维佳　2015 《甘肃省宕昌县之"宕"变读成因》，载《语言历史论丛》第8辑，巴蜀书社。
张涌泉　2000 《汉语俗字丛考》，中华书局。
中国社会科学院语言研究所编修　2011 《新华字典》（第11版），商务印书馆。
中国社会科学院语言研究所编修　2020 《新华字典》（第12版），商务印书馆。
中国社会科学院语言研究所词典编辑室编写　2016 《现代汉语词典》（第7版），商务印书馆。
钟明立　2008 《汉字例外音变研究》，广东高等教育出版社。
宗福邦、陈世铙、萧海波主编　2003 《故训汇纂》，商务印书馆。
宗福邦、陈世铙、于　亭主编　2019 《古音汇纂》，商务印书馆。

清车王府藏曲本疑难俗字札考*

侯玉贵

（湖南师范大学文学院，长沙，410081）

提　要：清代车王府藏曲本中存在大量俗写，识读不易。文章对其中14个俗字进行考释，认为“訓”即“刻”之俗字，“撜”即“登”之俗字，“吙”即“躥”之俗字，“托”即“把”之俗字，“醲”即“浇”之俗字，“哖”即“念”之俗字，“扒”即“攛”之俗字，“擵”即“抹”之俗字，“槐”即“槐”之俗字，“踠”即“跳”之俗字，“搒”即“掽（碰）”之俗字，“祢”即“襯”之俗字，“扱”即“扔”之俗字，“兠”即“兜”之俗字。

关键词：清车王府藏曲本；疑难俗字；考释

车王府藏曲本是清代北京蒙古车王府流散出来的戏曲钞本文献，这批曲本多达两千多种，汇集了清代的戏曲、鼓词、小说、杂曲等多种类型的文献，是中国戏曲文献史上的重要发现。诚如王季思先生所说“它在近代的发现，将可与安阳甲骨、敦煌文书并提”（《车王府曲本提要·序》）。车王府曲本是钞本文献，是民间文学的实录，在曲本创作与钞写的过程中产生了大量的俗字。车王府曲本中的俗字对于近代汉字的研究具有重要的价值，对于字典辞书的编纂、修订也具有重要的价值。自1925年车王府曲本被发现以来，相关的研究主要侧重于曲本文献的整理与文学方面的研究，曲本俗字的研究一直未受到重视。近年来，曲本俗字的研究稍有改善，但相较于浩瀚的曲本文献，繁杂丰富的字形，目前的研究还远远不够，仍有广阔的研究空间。今读《清车王府藏曲本》《未刊清车王府藏曲本》，笔者发现曲本中尚有一些字书未收、前人误释的俗字，现举14例加以考释。不当之处，望方家指正。

---

* 本文是国家社科基金专项“西域古写经文献汉字的整理、考释与研究”（编号：21VXJ020）的阶段性成果。

一、訆

《彭公案·三河县》："长随、彭兴答应，立訆回身而专照着贤臣言词诸事办妥，这才回进房中将话回明。"（41/247）[①]

按："訆"，曲本原作"訆"，《汉语大字典·言部》（以下简称《大字典》）："同'讨'。"（4195）《中华字海·言部》（以下简称《字海》）："（一）tǎo 音讨。同'讨'。见玄应《一切经音义》卷二。（二）jiào 音叫。同'叫'。字见《龙龛》。"（1449）我们认为《彭公案·三河县》中"訆"与《大字典》《字海》中所收非一字，此处"訆"当是"刻"之俗字。"立訆回身"即"立刻回身"。

"刻"之俗字之所以作"訆"，盖与草书楷化有关。"刻"之草书可作"刻""刻""刻"[②]，而"言"之草书可作"言（《敦煌俗字典》475）""言（北宋黄庭坚草书）""言（飞鸟[③]圣德太子《法华义疏》）"，可知"刻"之草书左旁与"言"之草写形近，钞手不别误楷定作"言"，故"刻"之俗写与"讨""叫"的俗字"訆"同形。

二、撜

《香罗带》十七："铁坠云，开言说道全要去，先到河边去招魂，你们去把孝服备，期服孝褂与孝裙，还要白绫做幔帐，桌围炉瓶共厅灯，堂后速把丧棚撜，预备着，好设魂牌共亡灵。"（39/110）

按："撜"，曲本原作"撜"。"撜"在《说文》中是"抍"之异体。《说文·手部》："抍，上举也。从手，升声。《易》曰：'抍马壮吉。'撜，抍或从登。""撜"，《大字典·手部》已收："（一）zhěng 同'拯'。救助。（二）chéng 同'敹'。触；碰。"（2081）《字海·扌部》："（一）zhěng 音整。同'拯'，拯救。（二）chéng 音成。同'振'，接触。"（364）《汉语大词典》所释与《字海》近似。《明清吴语词典》也有此字："撜，即'戥'，掂量（轻重）。"（宫田一郎主编，2005：749）以上辞书所

---

① 文中所引例句，出自北京大学图书馆编《未刊清车王府藏曲本》（简称未刊）；首都图书馆编《清车王府藏曲本》，括号内斜线前数字代表册数，斜线后数字代表页码，下仿此。

② 本书中的草书字形默认摘引自二玄社 2007 年版《大书源》，下文不再出注，如有引用其他著作中草书字形，再另出注说明。

③ "飞鸟"指日本的飞鸟时代（约 593—710 年），相当于中国的初唐和盛唐，在这一时期日本大量吸收了中国的典章制度和文化。

释，皆不合此处文义。

《香罗带》中“撜”是“登”之增旁俗字，是动词，指“架、垫”之义。《说文·癶部》：“登，上车也。从癶、豆。象登车形。𤼷，籀文登从収。”段玉裁注：“登，上车也。引伸之凡上陞曰登。”（许慎，1988：68）《说文》所释为引申义，其本义当是进献新谷，后由其本义又引申有“由低处向高处移动，升高”之义，此即“架、垫”义用法的来源。需要注意的是，这里的“登”在方言中既可以是从零的基础上往上搭建，也可以是在原有的基础上进行加高。这种用法在中原、晋语官话中尚存。如《汉语方言大词典》：“凳，❷〈动〉架；垫。㊀中原官话。山东枣庄［təŋ^{42}］把床腿～高点儿。江苏徐州［təŋ^{42}］。把床～高点儿。㊁晋语。山西忻州［təŋ^{53}］把板子～起来就能放家具俩。河南汲县［təŋᵓ］铺不平，你再～～吧。”（6973）《汉语方言大词典》以“凳”作字头收“架、垫”义，此义实是“登”之引申义，“凳”自身无此义。在山东菏泽方言中亦有此用法。如“登［təŋ^{51}］棒子架”“登［təŋ^{51}］木板子”“登［təŋ^{51}］块砖”[①]等。

“登”“搭”皆有“支、架设”之义，故“把丧棚撜”又常作“搭丧棚”。如《红闺春梦》第五十六回：“后进又高搭丧棚，所有帏幔、祭献诸物，色色俱全。”（竹秋氏，2016：548）《广陵潮》第十七回：“次日晋芳眷属，遵制成服，搭丧棚，扎素彩，糊白门，设祭亭，十分热闹。”（李涵秋，2000：99）

三、⿰口穴

《龙凤奇缘》三：“众家将答应，一齐披挂。夫人们收拾行囊，打点金银等物，个个慌张全上轿。弟兄戎装已毕，⿰口穴上能行围裹家眷似箭如飞，闯出长安广太门外。”（46/394）

按：“⿰口穴”，曲本原作“⿰口穴”，诸字书未收。“⿰口穴”是“蹿（竄）[②]”之俗字。“蹿”之俗书也可作“⿰口窜”。如《五虎平西》一：“娄兵撮拥往外行，个个窜蹦能跳跃，跑山如同平地行，顺着盘道往下转。”（22/473）也作“⿰口竄”。《彭公案·白狗鸣冤》：“那只白狗汪的一声，⿰口竄出公案将身纵，恶似猛虎扑应登（‘应登’是人名），上去来，一口咬住他的脚，倒把个，应登时下唬冒魂。”（41/343）

---

① 菏泽方言的例子是笔者自己收集的，余同。

② 为便于说明字际关系，我们在文中会采用一些繁体字形，特此说明。

“躥”之所以作“⿰口竄（⿰口窜）”，当是受上下文意的影响而易旁，正如我们所举白狗躥出公案扑应登，一口咬住他的脚，“躥”和“扑”“咬”存在关联。就“躥”的动作来说与“手”“足”有关，故“躥”在曲本小说中有时也可换旁作“攛（撺）”。如《盗甲》二回：“进仪门见厅房的门大敞，暗暗的攛上了天棚在席底下爬。”（未刊109/234）《双凤奇缘》第三十六回：“甘奇身先士卒，弃了大斧，手执遮牌利刄，从马上直攛上云梯，那些番兵，一个个随后上来，势不可当。”（清卧云书阁藏版本，348）[①]就“躥”出咬人的结果来说与“嘴、口”有关，故“躥”也可易旁从“口”作“⿰口竄”。要之“⿰口竄”之作“吹”犹如“躥”之作“⿰𧾷欠”（侯玉贵，2022），二者都是在省略表意偏旁“鼠”的基础上形成的。

又《龙凤奇缘》廿六：“老英雄，台上正自夸海口，吹上一家美英雄。”（47/173）此例“吹”亦是“躥”。“能行”指“马”，《明清通俗小说语汇研究》《近代汉语大词典》（许少峰，2008）已发之。“吹上能行”即“躥上能行”“躥上坐骑”“躥[②]上（战）马”，在曲本中用例甚多。如《龙凤奇缘》廿九：“曹总帅，庙外⿰𧾷欠上能行马。”（47/209）《英烈春秋》四：“娘娘吩咐已毕连忙站起，从树上将那匹龙驹解将下来，把身形一纵，嗖一声躥上了坐骑。”（36/226）又同上四：“娘娘一见满心欢喜，连忙飞身躥上马去。”（36/226）《禅鱼寺快书》：“说罢抓猔躥上坐骑，一抖系缰磕战马。”（未刊124/293）《吴越春秋》三十一：“立刻戎装大披挂，躥上战马跑如梭。”（30/27）总之“⿰𧾷欠”“吹”皆是“躥”之省旁俗字，而“躥”又是为“竄”之“跳、猛冲”义所造的后起本字。

四、⿰扌毛

《龙凤奇缘》卅四：“天庆丁爷催坐骑，抡两鞭，照定蛮帅下绝情。撒帅拧叉⿰扌毛鞭架，只听咯当响一声，两匹马，忽的一声撞过去，各旋坐骑两相争。”（47/263）

按：“⿰扌毛”，曲本原作“⿰扌毛”，从字形上看皆似“⿰扌毛”，该本中此种写法又出现了多次，但皆不能按字书中所收“⿰扌毛”字的意思来理解。我们认为此例中的“⿰扌毛”当是“把”之俗写。《五彩舆总讲》十二本：“他如今连白日里都吵闹，⿰扌毛他的住房糊

① 本文所引刊刻古籍文献一般出自爱如生中国俗文库，括号内逗号前标注刻本或写本的朝代与刊坊，逗号后数字代表该页在数据中的页码，如有引自别处者，另出注说明。

② 日本明治12年（1879）4月由中田敬义翻译的中国语教学书《伊苏普喻言》中有一“⿰马竄”字，也是“蹿”之换旁俗字。（郭锐，2018）

个丝缝不通。"（未刊27/178）"托"亦"把"也。

在车王府曲本中"把"字俗写也作"托""扎（非'扎'字）"，那么这些俗写是怎么来的呢？我们想结合曲本及历代其他字形材料，对该字形演变过程试作考察。六朝至明清以来"把"字俗书右旁"巴"字中间的小竖可写作一横，如北齐曲神墓志"静念巴蕉"之"巴"作"巳"（《西南大学新藏墓志集释》57），《高昌延昌三十二年（592年）泛崇鹿随葬衣物疏》"手把玉肫一双"之"把"作"把"（《吐鲁番出土文书》1/251），隋郭达墓志"把"作"把"（《碑别字新编》39），敦煌文献"把"作"把"（《敦煌俗字典》8），《可洪音义》"把"作"把"（A730c11、B219b3）[①]，明清小说中作"把"（曾良、陈敏，2018），而清代以来民间曲艺俗文献中"把"字右旁"巴"的俗书横折"㇆"又常省去一小竖，俗写作"扡""扡""扡"（46/167）。在汉字的书写过程中，人们往往把非成字部件改成成字部件。人们在改写非成字部件时也会考虑字形整体的对称性，对称性是自然界的一种普遍现象，也是现代科学中的基本原理之一，它同样存在于汉字的结构之中。"把"之俗书"扡"右边"乇"不成字，故钞手（抑或曲本作者）在"扡"之书写的过程中，三横向左贯穿竖折"乚"作"托"，大致形成对称结构。同理，类似的书写例子还有"⺊"，"⺊"的小短横不便书写，特别是与短"丨"组合的时候，"⺊"常写成"十"，如英藏清刊本《施案奇闻》"丐"书作"丐"，"贞"作"貞"，"肯"作"肯"等。（叶荧光，2017：105）

"托"在书写的过程中，竖折乚又贯穿三横作"托"。如《龙凤奇缘》廿四："是人见他魂胆丧，腹中饥饿托路拦，吼的一声，尾巴一搅，身形往后一坐，金睛一瞪，就要扑人。"（47/150）"托路拦"即"把路拦"。《怀宗传》十四："各州府县古怪事，真正是，亘古无闻吓死人。妇女会托男子变，正逢六月水变冰，各处的，怪病多生还难治，公鸡下蛋草鸡鸣。"（50/162）"托男子变"即"把男子变"。"把"之俗写也作"扎"，在古本戏曲钞本中亦有此字形作"扎（如《古本戏曲丛刊》清泰县梅氏缀玉轩钞本《附四大庆·三本》第三场）"，吴小萱《〈古本戏曲丛刊〉俗写札记》释作"把"，并认为"把"之俗写作"扎"与草书简写有关，具体过程为"把"之草书右旁"巴"中的小竖常书作一点，若再写得草一些，右旁"巴"可径写成横折弯钩后加一小点两笔，并与左旁"扌"的提笔相连，其说可从。在车王府曲本中也有这种写法。如《施公案·浬江寺》："众人一扎话云。"（33/52）"扎

① 以上字形材料摘引自梁春胜教授《楷书异体俗体部件例字表》（未刊本）。

话云”即“把话云”。“把”之俗书亦有右旁“巴”省去中间那一小竖的，按照以上相似的字形变化规律，“把”之俗书就可作“扎（非‘扎’之俗写）”。如《施公案·任丘县》：“幸喜二位壮士到，望求帮助扎功成。”（34/75）“扎功成”即“把功成”。

五、⿰酉尧

《蝴蝶梦总讲》头本三场上：“（旦上白）啊，是吓[①]，先生与奴搧干新坟，扬长就走。（唔）我自有道理。啊，先生请来见礼。（庄白）还礼。（旦唱）施一礼将头上金钗取掉，谢先生搧干坟全当酒⿰酉尧。（庄唱）些小事何劳你酬谢不了，出家人不爱财，不贪酒⿰酉尧。”（未刊 2/475—476）

按：“⿰酉尧”，曲本原作“⿰酉尧”，诸字书未收，《清车王府藏戏曲全编》（以下简称《戏曲全编》）第二册照录原形（197），未作考证。《车王府曲本菁华·先秦两汉魏晋南北朝卷》录作“酬”（106），恐不确。首先，“酬”字在已有的汉草、墓志、敦煌文献及明清小说戏曲中均无这种写法[②]；其次，“⿰酉尧”若是“酬”之俗字，那么后一句“何劳你酬谢”为何不写作“⿰酉尧”，唯独“酒酬”之“酬”写作“⿰酉尧”，可见把“⿰酉尧”释作“酬”恐不可取。我们认为“⿰酉尧”当是“浇”之涉上字类化的换旁俗字，“浇”受上字“酒”的影响，换“氵”为“酉”。此外，我们还需要注意一点，“酒浇”不是一个凝固的词，而是一个动词短语，“浇”有“慰劳、犒劳”（杨琳，2011：229）之义，故“全当酒浇”实指“权当以酒慰劳或犒劳”，“不贪酒浇”即“不贪爱酒犒劳”之义。

在清代文献中也有“酒浇”连用的例子。如《先君讳日舟中志哀》：“回首家园魂暗销，白杨衰草冷萧萧。篷窗一把孤儿泪，流到坟头当酒浇。”（杨子才，2011：

---

① 此处“吓”非“惊吓”之“吓”的俗字，“吓”在此处为语气词，在车王府曲本中用例繁多，现有校点本（如《戏曲全编》）照录原形，未加考证；在明清小说中作“吓”“嗄”。（曾良、陈敏，2018：1）“嗄”，现有校点本也照录原形无考证。语言学家黎锦熙认为“吓”是“啊”在惊叹句的音变（上词韵母收音“ㄞ ɑi”，所举例证为：什么买卖（ㄇㄞ）吓（ㄧㄚ）？），我们从之，但“吓”在汉语史长河中的演变过程仍需详考。（黎锦熙，1924：330—331）

② 墓志字形的检索，笔者主要以梁春胜教授《楷书异体俗体部件例字表》（未刊本）为依据，金文、草书、竹简篆书、敦煌文献、明清小说字形主要以“引得市”检索平台所收录的名家著作为依据，传世字书文献检索主要以工作室 accelon 软件为依据，明清刻本文献主要以“爱如生中国俗文库”为检索平台，清末民初影戏主要以温振兴《影戏俗字研究》及李伟大《明清白话小说字词考释》为检索参考，谨致谢忱！

243）《秦淮画舫录》序三："过来絮果随波咽，未了花愁仗酒浇。"（龚斌、范少琳，2013：831）

六、哖

《玉堂春总讲》五本："（兑白）咳，不必说了，多是我不好。（唱）是非窟难退越，亲连枝叶休埋怨，免哖咶。"（未刊 44/308）

按："哖"，曲本作"哖"。《大字典》未收。《字海·口部》已收："哖，音年。〔瞧吧～〕地名，在台湾省台南县玉井乡。"（390）依《字海》所释，"哖"为地名用字，置入上文，不合文义。张梦露《〈清车王府藏曲本〉俗字考》列入待考（35）。《戏曲全编》第十册照录原形（249），未作考证。此处的"哖咶"，《车王府曲本菁华·宋卷》录作"唸聒"（161），可从。在车王府曲本中"年"可代替"念"作声旁。如《龙虎征南》卅三："常言道：'浑浊不分鲇共鲤，水清方见两边鳞。'"（46/316）"鲇"即"鲶"。

《玉堂春总讲》五本中"哖"是"唸"之俗字，"咶"同"聒"（《大字典》666），"哖咶"即"唸聒"[①]。"休埋怨"与"免哖咶（唸聒）"对举，"唸聒"与"埋怨"义近，皆为"抱怨、唠叨"之义。"唸"又同"念"（《大字典》694），"唸聒"即"念聒"，在明清戏曲文献中亦有他例。如明朱有炖《老病初痊戏作》："稀粥汤半合，软羊肉新割。不付能自觉的好也啰早，絮叨叨念聒。"（朱有炖等，2014：508）此例"絮叨叨"与"念聒"同义连文，均指"唠叨"之义。《全明散曲》第五卷无名氏《悭吝》："枉念聒，干咂嗑。谁敢道三声真个，不觅井便投河。"（谢伯阳，1994：5349）此处"枉念聒"与"干咂嗑"对举，亦是指"唠叨"。又同上卷："【六煞】割胸子用了四指脆骨，献猪头使了两双耳朵，盘肠肤肋都只是虚邀喝，厨头烧炙也只是提名件[②]，炉里干爆都只是假念聒，哪里有些儿个。"（谢伯阳，1994：5351）此处"假念聒"是指"炉里因食料少，故发出干爆之声像人的唠叨一样"。《三宝太监西洋记》第九十三回："道犹未了，国师念聒几声，偏衫袖儿里面，走出一个一尺二寸长的小和尚来，朝着国师打个问讯，说道：'佛爷爷呼唤弟子，有何使令？'"（罗懋登，2018：335）此处"念聒"皆"念叨"之义。

---

① 此处"唸聒"在陕西太白县方言中指"念叨"。（太白县地方志编纂委员会，2017：887）

② 此例"提名件"指"有名无实的菜名"，用来喻指东家的吝啬。正如今天的各大影视盛典"提名奖"一样，仅是奖项候选人，但实际上未获奖。

又《玉堂春总讲》六本："（胜白）啊呀爹爹，当年孩儿在庶母腹中，爹爹出外呵。（唱）家中话恶语已露，早为藏头，不敢实哖。"（未刊44/356）"哖"，曲本原作"𠵘"。《戏曲全编》第十册照录原形（262），未作考证。张梦露《〈清车王府藏曲本〉俗字考》列入待考（35）。《车王府曲本菁华》（宋卷）将此句录作"（唱）家中话恶语巳[①]露早，为藏头不敢实诉"（刘列茂、苏寰中、郭精锐，1991：180）。《车王府曲本菁华》（宋卷）所录不知所据何本校改。

此处的"哖"亦是"唸（念）"之俗字，但古代典籍中未见有"不敢实念"的说法，故我们认为《玉堂春》中"唸（念）[②]"又当是"言"之方言记音字，有"说、讲"之义。北方话中零声母字白读习读 n 声母，如"鹅"读如 né，"恩"读如 nēn，"殴"读如 nōu，"矮"读如 nǎi，"俺"读如 nǎn（李伟大，2022：188）者习见。"言"或读如"年"，中原官话、兰银官话中"言"有读如"年"者（宫田一郎主编，1999：2828）。另，《玉堂春》头本："（运白）对枪，改天罢。（胜白）来嘘。（正上白，啐）倘大娘到了看见又要说我，来罢。"（44/14）《倭袍记全串贯》七出："哎呀，爷爷吓，这都是大娘与王相公主谋的，不干我的事嘘。"（48/186）以上二例中"嘘"即"呀"，亦读如 nia 或弱化音 nie。又《弹词全串贯》："玉砌空堆马粪儿高。"（42/558）其中"儿"字，钞手（抑或是作者）旁注"唱泥"。《老侍卫叹》："老英雄自悔失言忙赔礼，说贤妻休要小性儿。"（115/221）其中"儿"字，钞手（抑或是作者）旁注"音泥"。以上二例中"儿"本是零声母字，但在车王府曲本中却与"泥"同音。《田家乐》："怕的夜深回来凉，也是喃反穿着皮袄。"（130/232）其中"袄"字，钞手（抑或是作者）旁注"唱脑"。安徽贵池傩戏《刘文龙四种》之三《和番记》第九出寄书："喜严亲媳妇安康。"编者注："'严亲'，原作'年亲'。池音'年''严'均读'年'音，今正。"（王兆干，2016：119）此亦是"严（言）""年"同音之切证。

此外，在车王府藏曲本及清代戏曲中"实言"连用表"实说"者伙多。如《善道除邪总讲》十本四场上："这个无知孙孙，又要娶那苏氏巧云……这事一往从前实言，并无虚话。"（33/95）又同上十四本头场："（顾成道）小的说的是句句实言。"（33/378）《平顶山全串贯》二出被擒："弟子猪八戒呵（作揖介唱）心内事说一番、

① 此处"巳"当是"已"字俗写，《车王府曲本菁华·宋卷》误录。

② 在吴语中有"唸（念）"表"说、讲"义的用法。如《汉语方言大词典》："念（唸），❸〈动〉说；讲；闲谈。吴语。上海［ȵiɛ¹³］。"（3479）但考虑到《玉堂春》所用的方言为北方话，与吴方言相差较远，故此处的"哖"不能直接释为"唸（念）"。

说一番，石将军保我免实言。”（42/71）《双金印》卷十四：“什么把物我不懂，不要含糊快实言。”（16/341）《铡判官》：“（包拯）既有此事，怎不禀知阎君？（油流鬼）判爷比阎君还厉害，所以不敢实言。”《胭脂判》：“（胭脂）〔哭介〕喂呀大老爷呀！皆因自已不肖…… 故而不敢实言，求大老爷宽恕！”（北京市戏曲编导委员会编辑，1957：57）《狸猫换太子·审郭怀》下集：“（稳婆）啊！（见郭槐即慌张）犯妇不敢实言！”（厦门市台湾艺术研究所编，2009：377）《相公苦》：“怕父母知此间得病回还，还须要瞒谊着不敢实言。”（张贵喜、张伟，2013：70）“唸（念）”之所以作“哖”，因“念”“年”读音相同，“唸”以“年”为声符更加接近实际读音，同时“年”笔画较少书写也较为便利，故“唸（念）”之俗字作“哖”。

七、扟

《英烈春秋》卷十三：“宣王听罢微冷笑，皇儿媳妇听朕云，自从他把地穴探，丑妇换了个俊佳人，那时我就把疑犯，怕他足有八九分，吃亏矬官宴仲平，显他的阴阳妙如神，扟拶大人把苍山下。”（15/413）

按：“扟”，曲本原作“扟”，诸字书未收，当是“攛”之换旁俗字。“攛”之俗字为何作“扟”，盖与汉语语音演变有关。“扟”从“川”得声，“攛”从“竄”得声。从声母上看，“川”在《中原音韵》中属彻穿母平声阴，“竄”在《中原音韵》中属清母平声阴，二字声母在元明时代本不同音，但是在清代以来戏曲中逐渐同音，如清末车王府藏曲本《凤仙传》有“抽奉”一词，据我们考证“抽奉”源于明清小说中“趋奉”（侯玉贵，2023）。“抽”在《中原音韵》中属彻穿母平声阴，“趋”在《中原音韵》中属清母平声阴。从声母发音方法及部位上来看，“清母字”与“彻穿母字”皆属塞擦音送气，二者仅是发音部位上舌尖前后的细微不同，故声母发音极为相近。同理，“川”“竄”二者的声母关系也与“抽”“趋”相同。从韵母上看，“竄”在《中原音韵》中属桓欢韵，收 -n 鼻音韵尾。“川”在《中原音韵》中属先天韵，收 -m 鼻音韵尾。明清以来 -m 鼻音韵尾逐渐消失（王力，2014：375），“竄”“川”二者韵尾发音逐渐相同，又同属言前辙阴平，故“攛”之声旁“竄”可换作“川”。“川”“竄”同音，在车王府藏曲本中尚有他例。如《五虎平西》二十二：“躥（竄）山豹，依从仍回番营去。”（23/242）也作“川山豹”。如同上书二十：“不表好汉川山豹，单说逃命众番兵。”（23/219）“川”是“躥（竄）”的音借字。

另，“拶”曲本原作“拶”，按照俗字书写通例当是“㩢”之俗字，但《大字典》

《字海》《大词典》所收“拸”字义项，施于此处，皆不合文义，此处“拸（拸）”当是“掇”之换旁俗字，有“踏、踩”之义。如《下河南全串贯》：“（胡笑介白）一句话就拸了狗屎上了，小子们怎想个方法儿给你大爷夺弄了来？”（25/136）又《聊斋俚曲集·慈悲曲》四：“张讷吃了些饭，到了学里看了看张诚，回来上外屋里扫了扫，拾拸了一铺。”（2527）董绍克先生《聊斋俚曲集俗字研究》认为《慈悲曲》中的“拸”是“掇”的借字（董绍克，2020：140），但联系到车王府藏曲本中的“拸（拸）”字，我们认为把“拸（拸）”理解为“掇”之换声旁俗字，似更恰当。总之，“撺拸”即“撺掇”，“撺掇大人把苍山下”指“怂恿大人把苍山下”之义。“撺掇”表“怂恿”例子，古代文献中用例甚伙，此不赘举。

八、摲

《封神演义》二百一十二本：“只杀得，空中飞鸟摲双翅；只杀得，走兽山中闭二睛。”（未刊92/356）

按：“摲”，曲本原作“摲”，《车王府曲本·封神榜》录作“摩”（1755），恐不确，文献中虽有“摩翅”的说法，但皆是指“摩擦翅膀”。如清代郝浴《游千山登璎珞观》：“瞥看云生处，翻身若摩翅。”（郝浴等，2017：13）清李修行《如此京华》第二十九回：“九秋鹰饱能摩翅，八月河清尚待槎。”（林鲤，1998：852）《与儿子登云中山取间出绝顶由石屏山后入城憩四官殿周览而归》：“中浴垂天鹏，雌雄互摩翅。”（郑珍，2012：198）我们认为此处的“摲”是“抹”之换旁俗字，“抹双翅”指“摘除双翅”。飞鸟“抹双翅”与走兽“闭二睛”对举，是用夸张的手法来表现二人旗鼓相当厮杀甚久，飞鸟走兽皆疲倦。

在西南官话方言中也有“摲”字，从形音义上来看，也是“抹”之俗字。如《汉语方言大词典》：“摲，❶〈动〉用手往下搓，捋，抹。西南官话。四川成都［ma²¹］～包谷玉米。唐枢《蜀籁》：‘理了又理，～了又～。’朗诵诗《约会》：‘头发～了～。’”（6796）《大字典·手部》已收“摲”字：“方言。用手按着并向下移动。”（2063）《字海·扌部》：“（一）mó 音膜。同‘摩’。字见《龙龛》。（二）mā 音妈。〈方〉同‘抹’，用手按着往下移动▷～下帽子|把扁担两头的绳子～下来。”（359）由于是方言用法，《大字典》未指出“摲”之本字为“抹”，《字海》言“摲”同“抹”，实际上“摲”就是“抹”的换声旁俗字。如《入院全串贯》：“我想一日不识羞三餐吃饱饭，我一摲脸儿，我干了罢，哎干了罢。”（51/245）《戏曲全编》第

十五册录作“抹”（807）。《入院全串贯》中使用的并非“抹”之实义，而是抽象化表示“放下自尊”之义。《大字典》《字海》所举例证为现代口语稍晚，车王府藏曲本《封神演义》《入院全串贯》可作为清代的例证补充《大字典》《字海》。

《金瓶梅续》第三十五回：“（月娘）这日吃了饭，睡了一觉，忽然心里疼，两肋发胀，就不好了。叫小玉擵撒心口、揉肚子，越发疼的狠了。”（清钞本，783）此例“擵”，笔者见到的三个校点本分别录作“搓”（紫阳道人、讷香居士，1993：225）“□（缺字符号）”（朱一玄等主编，1999：606）“麻”（讷音居士，1993：335），皆不确，“擵”是“擵”之手写体，“擵”又是“抹”之俗字。“擵撒”即“抹撒”，指“抚摸”之义。

九、榥

《罗成托梦》（马头调）：“（唱）心中牵挂母老妻单，子未成人，夜至三更，来到府门，但则见枯枝榥影，玉宇无尘，疏星点点，斜月半轮（对景好伤心）。”（118/436）

按：“榥”，曲本原作“榥”，诸字书未收。《子弟书选》《子弟书丛钞》《子弟书全集》《子弟书集成》所收的《罗成托梦》（六回）与《罗成托梦》（马头调）仅是同名异类的剧目。日本《和制汉字の辞典》中有“榥”字，“榥”在车王府藏曲本《卖杂货》中也是“棍”之俗字，但《罗成托梦》中的“榥”字，既非《和制汉字の辞典》所释的“榥”字[①]，也非“棍”之俗字，我们认为此处的“榥”是“槐”之俗字。

“槐”之俗字作“榥”也可说解。“槐”之右上部“由”字俗写常省去一撇作“田”，如明清小说中“鬼”之俗写作“鬼”“鬼”（曾良、陈敏，2018：217），俗书田、曰二旁相混，如睡虎地秦简“畺”作“畺”（《睡虎地秦简文字编》191），敦煌文献“界”作“界”（《敦煌俗字典》199），S.343《文样·患文》“伏枕累夕”之“累”作“累”（《英藏》1/140a），《可洪音义》“畿”作“畿”（B436c11）[②]，皆其证。另，“槐”之俗写“榥”右下部“兆”又当是“凶”之俗讹。

“榥”是“槐”之俗字，我们还可以从《罗成托梦》（马头调）相关的改编本得到证明。如车王府藏曲本《罗成托梦》：“将军遥见国公府，旧景凄凉惹断魂。但只见门前满地铺槐影，阶下枯枝带雪痕。”（52/304）《罗成托梦》（鼓词）第一回：“且

① 此处《和制汉字の辞典》“榥”字条对应的汉译，承蒙日本友人柏崎有里硕士见教。

② 以上字形材料摘引自梁春胜教授《楷书异体俗体部件例字表》（未刊本）。

说那屈死的将军罗士信，为国忘家已丧身。阴风滚滚随阴魄，正气腾腾拥正神。千里归家来看母，妻子孤零不放心。不多时来到长安临故里，漏下三更夜已深。将军望见国公府，旧景凄凉梦断魂。门前满地铺槐影，阶下枯枝带雪痕。几点疏钟人静悄，半轮斜月夜深沉。”（陈新，2004：372）又《罗成托梦》（大鼓书）：“罗爷说好送（生）看守我的驼魂马，莫要损坏打将鞭，我到家中去托梦，不肖三鼓就回还，呐喊一声鬼卒退。罗爷迈步来在府前，门前的槐影儿铺满地，旧景儿凄凉叹死咱。”（双红[①]27/86）《罗成托梦》（马头调）中“来到府门，但则见枯枝梘影”对应的是车王府藏曲本《罗成托梦》“但只见门前满地铺槐影，阶下枯枝带雪痕”、《罗成托梦》（鼓词）中的“门前满地铺槐影，阶下枯枝带雪痕”、《罗成托梦》（大鼓书）中的“罗爷迈步来在府前，门前的槐影儿铺满地”，显然“梘影”即“槐影”，“梘”即“槐”字无疑。

十、蹓

《阿宝》：“阿宝闻听唬一蹓，暗叫孙郎太痴迷，往外心怎急。”（126/147）

按：“蹓”，曲本原作“蹺”，诸字书未收，当是“跳”之俗字。“跳”之俗字作“蹓”，与汉语语音演变有关，“跳”从“兆”得声，“兆”在《中原音韵》中属萧豪韵知照母，“跳”在《中原音韵》中属萧豪韵透母，随着语音的发展演变，“兆”作为“跳”之表音偏旁并不能表现出“跳”的实际读音，而“跳”之新造俗字从“窕”得声，“窕”在《中原音韵》中属萧豪韵端母，“窕”“跳”韵母相同，二者声母仅有送气与不送气的区别，在车王府藏曲本中送气与不送气音不别，如“踏”唱“大”或说“达”、“婆”唱“波”、“叨”唱“涛”等。《子弟书选》《子弟书丛钞》《清蒙古车王府藏子弟书》《子弟书珍本百种》《子弟书全集》《子弟书集成》皆未收该剧目。

在车王府藏曲本中“唬一跳”的用例甚伙。如《商郎回煞》二回：“可是奴问你今从何至唬人一跳，擅傍妆台闯绣帏。”（113/11）《雪枚（梅）吊孝》：“秦宫闻听唬了一跳，说娇儿住口莫胡言。未婚的夫妇守什么寡，闺女如何去把孝穿。”（113/67）《窃打朝全三回》三回：“皇爷座上唬了一跳，说阿拉老额奇格，何人欺你只管言。”（103/139）《哭官哥》四回：“瓶儿闻听唬了一跳，双手接过小儿男。”（109/163）《鞭打芦花》：“李氏闻听唬一跳，双膝跪倒地平川。”（129/243）皆其证。

---

① 此处“双红”是《日本东京大学东洋文化研究所双红堂文库藏稀见中国钞本曲本汇刊》的简称。

十一、搒

《瞎子怕开沟》：“人中有瞎瞎，如畜昏沉沉。只疑沟动欲搒沟，枕沟倦向沟间梦，梦与瞎友携上舟。”（132/204）

按：“搒”，曲本原作“搒”，诸字书未收。《子弟书选》《子弟书丛钞》《清蒙古车王府藏子弟书》《子弟书珍本百种》《子弟书全集》《子弟书集成》皆未收该剧目。“搒”当是“掽（碰）[①]”之俗字。“碰”楷书最初作“掽”，从手，并声，并也兼相并之意。后俗改为从石。《字汇·手部》：“掽，搕掽（磕碰），撞也。”（梅膺祚，1991：179）本义为两物突然相触，相撞。“掽”从“并”得声，“搒”从“彭”得声，“并”在《中原音韵》中属庚青韵帮母去声，“彭”在《中原音韵》中属庚青韵滂母平声阴，二字韵母无别，声母仅有送气与不送气的区别，曲本送气音与不送气音混而不分（“蹝”字条考证有详述），惟有两字声调小异，故“彭”可作“掽（碰）”之声旁。

在清代戏曲钞本中亦有以“搒”代“掽（碰）”的例子。如《绣像芙蓉洞全传》第十九回：“（沈芳白）男呧奉太太个命，到花园里去拔百草，牡丹亭半边灿亮一来，男呧一看未到是一只金钗。男呧想得去末定是太太勒，娘娘亖遊花园了，特丢个要拿得来送还，拿拉手里勿好拔草，所以随手插拉豆（头）上，拔完了草走到偹衖里，搒着子红云要买故只金钗，男呧勿肯，红云竟抢子去哉。”（清道光十六年重刊本，446）“搒着”即“掽（碰）着（‘碰见’之义）”。《文星榜》下卷：“（丑上）杜绝是非门，员外事体真正壳弗定亖，那说我俚囡，呧出去尋尋死路，恰好搒着子向公子救子转来箇。”（民国十七年影印古香林本，253）《金兰谊》下卷：“（丑）鹊松能个两根头发黄豆能介，两只眼睛搒见小后生就寻斗。”（旧钞本，98）“搒见”即“掽（碰）见”。《盘陀山》下卷：“渠伴来亖转弯头等我，让我就搒得进去绞绞看。”（旧钞本，98）《三凤缘》中集：“我做了二三年媒婆，没有像今年失时。先前遇一个拐骗的，把一位现成的新郎马骗了去，如今又搒着个剪绺的，把我到手媒钱剪了去，害我这顿打，打听出来肉也咬他一口下来。”（旧钞本，131）此例前言“遇”，后谓“搒”，“搒”即“掽（碰）”也。

---

① “搒”在车王府藏曲本还是“捧”之俗字。如《午眠乍醒》：“盂兰会上把纸钱送，清明时节把黄土搒。”（134/149）

十二、祢

《湘云醉酒》："沉醉的卧佳人，红粉玉腻，酥胸半露，云环缭乱，凤钗横斜，宝钏儿轻溜，彩扇儿低垂，翠袖儿脱落，一缕香罗祢，褪吊金麒麟。"（136/99）

按："祢"，曲本原作"祢"，《清蒙古车王府藏子弟书》上册、《子弟书全集》（第9卷）、《子弟书集成》所收《湘云醉酒》与此曲内容不同。"祢"按照汉字类推简化规律，当是"禰"之简俗字。《大字典·示部》已收"祢"字："（一）nǐ ①奉祀亡父的宗庙。②古代军旅之事，常载神主而行，随行神主称祢。③效法；仿效。④古地名。故地在今山东省菏泽市西。（二）mí（旧读 nǐ）姓。（三）xiǎn 同'獮'。秋猎。"（2581）《字海·衤部》亦收："（一）nǐ 音你。①对死后在宗庙立神主的父亲的称呼。②随行的神主。（二）mí 音迷。姓。"（991）《汉语大词典·示（衤）部》："nǐ 音你。①亲庙；父庙。②父死，神主入庙后称祢。③随军的神主。④继承；崇奉。⑤古地名。mí 姓。"（7/968）"祢"在民间宝卷中还是"称呼"之"称"的俗字。如《养亲卷》："王千钦赐从二品，朱氏夫人祢太君。"（旧钞本，131）《玄帝卷》："家家户户把香焚，永祝君皇祢万岁。"（旧钞本，2）《湘云醉酒》中"祢"与《大字典》《字海》及民间宝卷文献所收非一字，当是"襯"之俗字。

"襯"之俗字作"祢"与字形演变无关，当是音借的结果。"称心"之"称"在清代小说及民间宝卷中形近"祢"。如《大汉三合明珠宝剑全传》第十三回："天子准奏：'命谏议大夫张敞出京，外内巡察奸歹官员。朕赐上（尚）方宝剑，难掩详论。果能祢职，位必高升。贪婪无厌，病政殃民者，革职难填。还照军法治之。'"（清道光经纶堂本，128）"祢职"即"称职"。《采莲船散偈全集》："羊羔美酒多祢意，了环使女捧饭盘。"（民国钞本，34）"祢意"即"称意"。《养亲卷》："张千夫妻如珍宝，惟有王仪不祢心。"（旧钞本，58）"祢心"即"称心"。"襯"在《中原音韵》属真文韵彻穿母去声，"称"在《中原音韵》属庚青韵彻穿母去声，在元代二字声母相同，韵母本不同音，随着语音的演变，至迟在清代以来北京话中庚青、真文二韵逐渐相同，在清中叶以来的十三辙中又同属人辰辙，"襯""称"二字声韵俱同，"襯"可音借作"称"，又因"称"之俗写可作"祢"，故"襯"之俗字也可作"祢"。

近代词曲名家吴梅在评注《古鲍老》时说："《广正谱》收无名氏散曲，载有换头一体，首数语云：'精神褪，腮露晕，两叶眉颦。春纤困，香罗襯，一曲臂刚伸。'

以下句法，与此曲同。”（吴梅，2002：98）此处“香罗襯”正是《湘云醉酒》中的“香罗祢”，是指“绫罗所制成的内衣”。

十三、扱

《王三公子落品》：“王公子找大了[①]，叹了三声，正遇见大了，他将出堂名。公子上前深施一礼，问一声：‘了事的，这向可安宁？’公子开言满面通红：‘我本是小儿的客，那个，你要富余，借我钱几吊，我学生好作本去卖落花生。’大了听此言哼的一声：‘你也不给买衣裳，也没有四大恒给小儿买玩意，买也买不起。’掏出来三吊票就往地下扱，公子拾起来一阵好伤情。”（139/109）

按：“扱”，曲本原作“扱”，《大字典·手部》：“（一）xī 收敛。（二）chā ①插。②捛取。③擭。④牵引。⑤举。（三）qì 及；至。”（1936）《字海·扌部》：“（一）xī 音西。收取。（二）chā 音茶阴平。同‘插’。（三）qì 音气。及，至。”（329）《大词典·手部》：“chā ①插。②引取。③舀取；捛取。④举物他徒。xī 敛取，收取。qì 至。同‘靸’。”（3/349）《戏曲全编》未录此剧目。《大字典》《字海》《大词典》所释“扱”字，施于此处，皆不合文义。

我们认为“扱”当是“扔”之俗字。俗书“乃”可作“及”。如唐唐张五墓志“乃含悲而为铭曰”之“乃”作“及”（《北京图书馆藏中国历代石刻拓本汇编》31/122），S.1441V《文样·愿文》“此乃无形之形，形于百亿”之“乃”作“及”（《英藏》3/53），P.2058V《亡斋文》“惟亡父乃天生素质”之“乃”作“及”（《法藏》3/366B），P.3596V《医药方》“极吹两耳，活乃止”之“乃”作“及”（《法藏》26/47B），敦煌文献“仍”作“伋”（《敦煌俗字典》339），《读书杂志》“乃”作“及”（14B），《玉篇（残卷）·欠部》“敼”字下释文“携”作“𢹂”（342）[②]，皆其证。《绣像三元传》：“商辂儿说：‘俺不去玩耍，你待如何？’蔡相公就恼了，将商辂儿扱倒在地，拳打脚踢，打得甚是疼痛难忍。”（99/40）“扱倒在地”即“扔倒在地”。

① “大了”是对婚丧嫁娶组织者的称呼。如《红楼梦》第一〇一回：“只见散花寺的姑子大了来了，给贾母请安，见过了凤姐，坐着吃茶。贾母因问他：‘这一向怎么不来？’大了道：‘因这几日庙中作好事，有几位诰命夫人不时在庙里起坐，所以不得空儿来。今日特来回老祖宗，明儿还有一家作好事，不知老祖宗高兴不高兴，若高兴也去随喜随喜。’”

② 以上字形材料摘引自梁春胜教授《楷书异体俗体部件例字表》（未刊本）。

在清代小说中也有与“往地下扔”类似的说法。《二十年目睹之怪现状》第六十六回：“总办便拿过来看，看了一眼，颜色就登时变了，再匆匆看了一会，忽然把那张报往地下一扔，跳起来大骂道：‘这贱人还要得么！’”（吴趼人，2018：309）《永庆升平后传》第二十二回：“那个和尚一看，说：‘这都是给我的吗？’把钱往地下一扔，说，‘岂有此理！’”（郭广瑞、贪梦道人，1995：511）

十四、兜

《王三公子落品》：“王三公子卖花生，叹了四声，没筐子用兜儿，心想把财生，兜到天桥，抓出堆来卖。”（139/109—110）

按：“兜”，曲本原作“兜（兜）”，诸字书未收，《戏曲全编》未录此剧目。“兜”当是“兜”之俗字。“兜”之所以俗写作“兜”，盖源于“兜”的另一个俗写“兠”，这种写法早在西汉以来就已出现。如居延简甲1826“兜”作“兠”（《秦汉魏晋篆隶字形表》616），魏元昭墓志“曾祖兜”之“兜”作“兠”（《北图》4/160），隋尉富娘墓志“曾祖兜”之“兜”作“兠”（《北图》10/129），《干禄字书》“兜”作“兠”（32）①，《佛教难字字典·儿部》“兜”收“兠”②（22），而“兜”之俗写“兠”上部“𠂉”“彐”与中间“白”断笔处皆相连成横，故“兜”之俗字可作“兜”。“兜”在此处指“用衣襟承物”（《大字典》298）。

参考文献

（一）古籍

（清）郭广瑞、（清）贪梦道人　1995　《永庆升平全传》，上海古籍出版社。

（清）郝　浴、王　玮　2017　《中山诗钞校注》，上海古籍出版社。

（明）罗懋登　2018　《三宝太监西洋记》（上），吉林出版集团股份有限公司。

（明）梅膺祚撰、（清）吴任臣编　1991　《字汇》，上海辞书出版社。

（清）讷音居士著、何香久校点　1993　《小奇酸志续金瓶梅》，花山文艺出版社。

（清）吴趼人　2018　《二十年目睹之怪现状》，北方文艺出版社。

（汉）许　慎撰、（清）段玉裁注　1988　《说文解字注》，上海古籍出版社。

（清）郑　珍著、黄万机点校　2012　《郑珍全集》（6），上海古籍出版社。

① 以上字形材料摘引自梁春胜教授《楷书异体俗体部件例字表》（未刊本）。

② 该字形下标有①，而根据“凡例”，注有①之字形收自于《细字法华经》。此书为复刻本，1977年出版。

（明）朱有燉，赵晓红整理　2014 《朱有燉集》，齐鲁书社。
（清）竹秋氏　2016 《红闺春梦》，天津古籍出版社。
（清）紫阳道人、讷音居士　1993 《金瓶梅续》（下），春风文艺出版社。

（二）现代论著、期刊论文

《汉语大字典》编辑委员会编纂　1988 《汉语大字典》，湖北辞书出版社、四川辞书出版社。
北京市戏曲编导委员会编辑　1957 《京剧汇编》（第 25 集），北京出版社。
陈传锋、董小玉　2003 《汉字的结构对称特点及其识别加工机制》，《语言教学与研究》第 4 期。
陈　新　2004 《中国传统鼓词精汇》（上），华艺出版社。
董绍克　2020 《聊斋俚曲集俗字研究》，商务印书馆。
龚　斌、范少琳　2013 《秦淮文学志》（中），黄山书社。
谷衍奎　2003 《汉字源流字典》，华夏出版社。
郭　锐　2018 《早期北京话的语言研究价值——“早期北京话研究书系”序》，载《北京话语音演变研究》，北京大学出版社。
（日）黑须雪子　2007 《大书源》，二玄社。
侯玉贵　2022 《清车王府藏曲本俗字例释》，《汉语史研究集刊》（31 辑）。
侯玉贵　2023 《清车王府藏曲本俗字俗语考释》（河北大学 2023 年博士学位论文）第三章《清车王府曲本疑难俗语考释》。
黄仕忠　2010 《清车王府藏戏曲全编》，广东人民出版社。
冷玉龙、韦一心等　1994 《中华字海》，中华书局、中国友谊出版公司。
黎锦熙　1924 《新著国语文法》（订正本），商务印书馆。
李涵秋　2000 《广陵潮》，中国戏剧出版社。
李琳华　1990 《佛教难字字典》，台北常春树书坊。
李伟大　2022 《明清白话小说字词考释》，中山大学出版社。
梁春胜　2012 《楷书部件演变研究》，线装书局。
梁春胜 《楷书异体俗体部件例字表》（未刊本）。
林　鲤主编　1998 《中国历代珍稀小说》（3），九洲图书出版社。
林连通、郑张尚芳　2012 《汉字字音演变大字典》，江西教育出版社。
刘烈茂等编　1991—1993 《车王府曲本菁华》，中山大学出版社。
罗竹风　1995 《汉语大词典》，汉语大词典出版社。
石汝杰，（日）宫田一郎主编　2005 《明清吴语词典》，上海辞书出版社。
太白县地方志编纂委员会　2017 《太白县志》，三秦出版社。
王　力　2014 《汉语语音史》，中华书局。
王兆干等搜集编校　2016 《贵池傩戏》，上海大学出版社。
温振兴　2012 《影戏俗字研究》，山西出版传媒集团、三晋出版社。
吴　梅　2002 《吴梅全集·南北词简谱卷》（上），河北教育出版社。
吴小萱　2020 《〈古本戏曲丛刊〉俗写札记》，《汉语史学报》第 22 辑。
谢伯阳　1994 《全明散曲》，齐鲁书社。
许宝华，（日）宫田一郎主编　1999 《汉语方言大词典》，中华书局。

许少峰　2008 《近代汉语大词典》，中华书局。
杨宝忠　2005 《疑难字考释与研究》，中华书局。
杨宝忠　2011 《疑难字续考》，中华书局。
杨宝忠　2018 《疑难字三考》，中华书局。
杨　琳　2011 《训诂方法新探》，商务印书馆。
杨子才　2011 《万首清人绝句》（第3卷），昆仑出版社。
叶荧光　2017 《英藏清刊本〈施案奇闻〉俗字俗语考释》，厦门大学出版社。
曾　良　2009 《明清通俗小说语汇研究》，江西教育出版社。
曾　良、陈　敏　2018 《明清小说俗字典》，广陵书社。
张贵喜、张　伟　2013 《山陕古逸民歌俗调录》，三晋出版社。
张梦露　2018 《〈清车王府藏曲本〉俗字考》，安徽大学硕士学位论文。
张涌泉　2010 《汉语俗字研究》（增订本），商务印书馆。
郑贤章　2004 《〈龙龛手镜〉研究》，湖南师范大学出版社。
朱一玄等主编　1999 《〈金瓶梅〉续书集成》（下），延边大学出版社。
厦门市台湾艺术研究所编　2009 《厦门高甲戏优秀传统剧目选》，中国戏剧出版社。

《浙江畲族文书集成·文成卷》字词考校*

倪荣强

（浙江师范大学人文学院，金华，321004）

提　要：《浙江畲族文书集成·文成卷》中讹俗字、方俗词众多，导致释文存在误释、缺文等问题，影响了文本的整理质量和科学利用。本文撷取七则字词进行考校，以正定是非，扫除语言文字障碍，恢复文书原貌，更好地发挥学术价值。

关键词：《浙江畲族文书集成·文成卷》；俗字；词语；考释；校勘

《浙江畲族文书集成·文成卷》整理了浙江省温州市文成县900余件文书，包括600余件契约、200余件收据以及少量分关书人情簿、证件、婚书等，类型丰富，可以反映清代以来当地畲民的物权概念、交易形式、生计模式、社会关系等信息，具有重要的学术价值。然文书中讹俗字、方俗词丰富，并且许多字词不见于古今字书，这给文书的释读和整理带来了一定的困难。《畲族文书》（2019）释文存在的误释、缺文等问题多是由于辑录者不识方俗字词造成的。本文撷取七则字词进行考校，求其确诂，正定是非，以扫除语言文字障碍，恢复文书原貌。

1. [illegible]

《光绪二十六年十二月雷陈和立卖尽契》："今因缺钱应用，自心情愿将自己有山园一片，坐落本都土名三甲虎住山降安着，计园九[illegible]，计□□□正，四至□□□明，亲手凭中出契，送卖与雷金木为业。"（冯筱才主编，2019：1—96）①

按："[illegible]"，释文作"凭"，盖因"凭"有作"[illegible]"者，形体相近，故作此释。然"计园九凭"文意不通，显误。细审字形，似"块"，"土"上移至左上角，并简省

* 本文是国家社科基金重点项目"明清汉语字词关系研究及数据库建设"（编号：22AYY017）、四川省高等学校人文社会科学重点研究基地西华师范大学写本研究中心2023年度一般项目"《龙泉司法档案选编》字词研究"（编号：XBYJC2302）阶段性成果。

① 冒号后两个数字分别表示册和页码；若为三个数字，则分别表示辑、册和页码。下同。

了构件“厶”。文契中见“塊”作“塊”，《民国四年十二月蒋京生立卖契》：“计园数塊，并及松、杉、榲木、杂柴一应在内。”（冯筱才主编，2019：1—198）《同治十三年六月十三日叶怀仁立拚杂木字》：“今因无钱因用，自情愿将祖父遗下兄弟均分自己阄内杂木一塊……出拚曹东富。”（曹树基等，2011—2015：1—3—86）《嘉庆十一年三月十三日杨正清断卖山坡杉木约》：“自愿将土名高岑□一塊，杉山木不拘大小，其数左右凭领（岭）为界，断与石德隆名下承业。”（李斌主编，2017：1—2—372）提供了“塊”字演变的直接依据。字义上，“塊”可作量词，用于块状或片状、条状的东西。上揭“塊”作“园”的计量单位，意安。文契中多见量词“塊”称量“园”例子，例如：

《民国二年十二月赵瑞迪立卖契》：“本家有园一塊，坐季山塆土名平头安着，计园一塊，其至上至坟，下［至］田，左右山为界，俱立四至分明。”（冯筱才主编，2019：1—197）

《光绪二十三年十二月赵宗善立卖契》：“又一号并上条塆园坪四塊在内，开垦成田。”（冯筱才主编，2019：1—217）

《道光二十一年金碎田立卖契》：“本家父手合分有园一塊，坐落八都十源土名牛塘垄大屋基安着。”（冯筱才主编，2019：4—73）

《咸丰八年十月叶刘氏立卖字》：“园一塊，又田外边园一塊，共计园两塊。”（冯筱才主编，2019：4—120）

2. 拜投

《民国五年九月雷法胜立拜师帖》：“今据大民国浙江省温州府瑞安县五十三都五甲济下居住奉新罡弟子雷法胜，本命甲戌年十月初六午时，行年四十三岁，于丙辰年九月三十日，多有拜投大洞法主雷千八十九郎为本师，拜传老君三十六阶符法，护身保命。”（冯筱才主编，2019：1—153）

按：“投”，释文作“授”，文意未安且字形不类，当为“投”。“投”，构件“几”变作了“口”。文献中习见此字形，北魏《穆纂墓志》作“投”，北魏《元略墓志》作“投”，隋《李肃墓志》作“投”，唐《张羊墓志》作“投”，《钟有财等诉状》作“投”（冯筱才主编，2019：1—206），《宣统二年三月十八日卓文浩为控周高立等案已批讯抗提不到事呈状》作“投”（包伟民主编，2012—2019：1—下—426），不备举。《俗书刊误·尤韵》：“投，俗作投，非。”《汉语大字典·手部》：“投，同‘投’。见《敦煌俗字谱》。”《明清小说俗字典》（2017）“投”字下收载“投”。皆为明证。构件“几”有一部分类推，如“设”作“設”，“没”作“沒”，“殴”作

“㪍”，“慗”作“㦎”，皆其例。考其义，“投”，走向、进入。《世说新语·排调》：“千里投公，始得蛮府参军。”明《三宝太监西洋记》第十一回：“投师开蒙。”“拜”，通过一定仪式结成某种关系。《清平山堂话本·风月相思》：“二人拜为兄妹。”《莲须阁集》卷二十四：“十九入阴那山投师出家，祝发学佛。”“拜投”意指新从业或学艺者通过仪式与授业授艺者结成师徒关系，投入门下从师学习。载籍见“拜投”一词，《警世通言》卷四十：“闻许先生施行德惠，参悟仙机，特来拜投为师。”明正统道藏本《金丹大要》卷九：“若遇真师，急拜投。”《汉语大词典》等辞书失收“拜投”，似可据补。

3. 肩

《立主婚书》：“仝天地久，永结同心，白发齐肩，移花接木，生子传芳，宗枝后裔。”（冯筱才主编，2019：1—188）

按：“肩”，释文作“肩”，误，当为“眉”字。“白发齐眉”意思是夫妻二人相敬如宾，一直到老，比喻夫妻双方一直和谐恩爱。“白发”喻指人老，“齐眉”，为“举案齐眉”的略语，比喻夫妻相敬如宾，语出《后汉书·梁鸿传》：“为人赁舂，每归，妻为具食，不敢于鸿前仰视，举案齐眉。”同书婚书可见“白发齐眉”，如：

《李氏主婚书》：“仝天地久，百年好合，五世其昌，永结同心，白发齐眉，移花接木，生子传芳，宗枝后代。”（冯筱才主编，2019：1—189）

《立主婚书》：“同天地久，白发齐眉，永结同心，五世其昌，百年好合，接枝承祀传芳。”（冯筱才主编，2019：1—190）

载籍亦经见“白发齐眉”，如：

（同治）《来凤县志》卷二十四《人物志》：“夫妇白发齐眉，眼观五代。”

（乾隆）《新田李氏宗谱》卷三十六：“正所谓光鸿佳偶，白发齐眉，子孙绕膝，采舞班斓。”

（乾隆）《飞龙全传》第六回：“实指望百年偕老，白发齐眉，谁知聚首无多，恩情四月，即便早使分离，怎的不叫我心痛。”

4. 粐

《光绪九年十二月雷和启立卖加找尽契》：“此田既经卖尽并荒塾（熟）在内，听周边起佃耕种，收租管业，嗣内并听周边再有开垦，一并升科报亩完粐，吾边不得妄向算粐之理。”（冯筱才主编，2019：4—21）

按：“粐”，释文作“补”，误，当是“糧”的俗字。《汉语大字典·米部》（2010）：“粐，同‘粮’”，引《宋元以来俗字谱·米部》：“粮，《目连记》作‘粐’。”

《明清小说俗字典》（2017）“糧”字下收录“朴”。清代龙泉司法档案亦见“糧”作“朴”，《民国十七年十二月陈文贤立贴批》：“此祭田本年应轮及昌德公派下子孙办祭完朴。”（包伟民主编，2012—2019：3—1933—1360）右旁书作“卜”，成了简化符号。俗书中又见“娘”作“外”，《明清小说俗字典》（2017）“娘”字下收“外”。《中华字海·女部》：“外，同‘娘’。字见《字音会集》。”“短”作“矢卜”，《道光二十三年柴李氏卖地连二契》：“并无矢卜少。”（宋格文、郑秦主编，2001：1—60）是其类。“粎”左旁“米”省末笔，作“朴”，《民国十五年古历正月初十日吴月试等立合同拍约抄件粘呈》：“生朴一亩三分二厘。”（包伟民主编，2012—2019：3—1934—121）《民国二十三年十一月二十四日胡廷义等立卖契抄件》：“其田自卖之后，任凭周边过割完朴，另佃收租管业。”（包伟民主编，2012—2019：3—1934—948）《民国十一年七月歙县唐润璋立杜卖大小买田税赤契》：“其税比即推入三十七区十段郑惠安户内支解输朴。”（黄山学院编，2010：1—125）可参证。俗书中又见“粮”省点作“粮”的情况，例见《民国二十五年三月十六日龙泉地方法院言词辩论笔录》：“是一镇的公产，为什么完粮也是汤陈二姓完的？”（包伟民主编，2012—2019：3—1936—54）可以比参。“完粮”指交纳钱粮、田税，此为文契习语，例如：

《同治八年十二月叶岳妹立找契》：“自找之后，其田一听周边起佃耕种，贴税完粮管业。”（冯筱才主编，2019：4—126）

《民国三十六年十月周运海立卖契》：“此田既卖之后，任听雷边收租完粮，起佃耕种。”（冯筱才主编，2019：4—189）

《民国十三年七月陈信荣立贴批》：“本年应轮已分名下办祭完粮。”（包伟民主编，2012—2019：3—1933—1411）

《同治十二年十二月卢日元立卖大小苗田契》：“自卖受价之后，前大小苗田任凭卖者登田耕佃管业，收租完粮，推收过户。”（陈支平主编，2007：4—76）

“算粮”，义谓征收钱粮、田税。“算”有“征税”义。汉荀悦《汉纪·武帝纪六》：“算至船车，租及六畜。”《新唐书·陆贽传》：“方且税侯王之卢，算裨贩之缗。”“算粮”一词辞书无考，而典籍有征，例如：

（康熙）《说安堂集》卷二：“计亩算粮，计粮算银，庶几上不亏国，下不累屯，而亦堪为垂久之章程。”

（康熙）《志壑堂文集》卷九：“州县纳米算粮，水运不通，则脚价太重，此断不可者矣。”

（乾隆）《湖南通志》卷一百四十七：“按田算粮，计亩起科。”

反观“完补”，《汉语大词典》“完补”条：“补救，修复。”《近代汉语词典》“完补”条：“①补救，修复。②补足。”若依释文作“完补”，显然义不可通。“算补”亦不明所指。故当改。

5. □

《光绪二十七年十二月蓝茂汉立卖契》：“既卖之后，息（悉）敢（听）兄边栽插竹木杂柴样（养）籙□业作用，去后年深月久，无找无借无赎之理。”（冯筱才主编，2019：4—65）

按：“□”，释文作“受”。“受业”，《汉语大词典》训：“①从师学习。②继承前人基业。③传授学业。”《汉语方言大词典》“受业”条：“〈动〉受苦；受罪。”“受业”虽成词，但于文意不契，且契约中未见该词用例。“□”，当为“管”字俗体，辑录者未识俗字而误释。“管业”义谓管理产业。“管业”为文契习语，例如：

《民国三十七年冬月雷德楼立卖契》：“既卖之后，听从侄叔边栽种管业。”（冯筱才主编，2019：1—137）

《光绪二十二年十二月钟干仓立卖契》：“已卖之后，一听蓝边自行耕种栽插样（养）籙，永远管业。”（冯筱才主编，2019：4—64）

《嘉庆十三年九月聪梁立卖契》：“其荒坪自卖之后，一听叔边自能开垦耕种管业，本家不得异言。”（冯筱才主编，2019：4—85）

《民国十一年十月阙祥礼仝弟等立当田契》：“如有拖谷，任凭银主起耕改佃，追租管业。”（曹树基等，2011—2015：2—3—388）

字形上，“管”俗写为“□”也是可以解释的，构件“⺮”书作“□”，作“□”，《咸丰二年二月叶学钏立截借退》：“其田自借之后，退还雷边永远耕种□业。”（冯筱才主编，2019：4—115）《光绪八年十二月二日赖招玉立卖茶山契》：“其茶山自卖之后，任凭买主养籙、采摘，永远□业。”（曹树基等，2011—2015：2—4—72）《光绪十八年十二月陈华章立卖契》：“如无原价，仍从买主召佃□业收租，卖主不敢阻挠。”（陈支平主编，2007：4—174）。受草书影响，构件“㠯”竖笔右侧写成“又”，作“□”，《民国五年十二月钟树君等立卖字》：“将此园尽听兄边自能开坎栽插样（养）籙，永远□业。”（冯筱才主编，2019：4—74）《道光十八年十一月雷亚远立找截契》：“既找之后，其房屋愿退叶边掌□作用，永远□业。”（冯筱才主编，2019：4—104）《宋元以来俗字谱·竹部》：“管，《古今杂剧》《三国志平话》《金瓶梅》等作‘□’。”“□”又简省竖笔，作“□”，与“受（shòu）”字形偶合。黑水城文献见此写法，《大德四年军用钱粮文卷》：“皇帝圣旨里，亦集乃达鲁花赤总□府。”（塔拉等，2008：2—398）民国时期契约文书中亦见之，《民国二年十二月歙县江日坤立卖大小买田赤契附民国三年卖契执照》：“其银当即收楚，其业即交受业经管耕种。”（黄山学院编，2010：1—30）《民国二十四年二月二十六日龙泉县法院刑事审判笔录》：“庙里姓詹的有几个人？”（包伟民主编，2012—2019：3—1934—848）

6. 若皷寮

《光绪二十七年十二月蓝茂汉立卖契》：“又段坐落土名若皷寮，计园三块，俱立四至分明。”（冯筱才主编，2019：4—65）

按：“皷”，俗“鼓”字，释文不识俗字而代之以“□”。“鼓”，《说文·鼓部》“从壴、支，象手击之也”，而“皷”则从壴从皮，强调鼓面的皮革材料。《玉篇·鼓部》：“鼓，瓦为椌，革为面，可以击也。”鼓有一面蒙皮者，如板鼓、定音鼓等；有两面蒙皮者，如堂鼓、书鼓等。《经典文字辨证书·鼓部》：“鼓，正；皷，俗。”《正字通·皮部》：“皷，俗鼓字。”《中华字海·皮部》：“皷，同‘鼓’。字见汉《张景碑》。”“鼓”，东汉《鲁相韩敕造孔庙礼器碑》作“鼓”，北魏《孙秋生等造像记》作“鼓”，《敦煌俗字典》引S.76《食疗本草》作“鼓”，皆为明证。“皷”作构件亦类推，如“鼙”俗作“鞞”，“瞽”俗作“瞽”，“鼕”俗作“鼕”，适其类比。“寮”，释文作“寮”，是也，构件“夾”讹写成了“又”。龙泉司法档案中见相类的写法，如“寮”或作“寮”，《民国四年六月二十六日翁宗崙等为伪造证据伪证诬告事民事辩诉状（状稿）》：“该山土名靛青塘即三浙寮，前与龚姓互争界址，所有杉木被龚姓盗砍一光。”（包伟民主编，2012—2019：2—1914—886）考其义，“寮”，指茅草搭的窝棚。上揭“若鼓寮”，初为形似鼓的茅屋，后来指称其所在地名。浙江多见地以“寮”命名地名，如“茶寮”，（文成县地名委员会，1985：59）“该地古时有一株高大的茶树，村民在树旁建一座草寮（草屋），因名茶寮”；“坟头寮”，（文成县地名委员会，1985：89）“该地有坐刘姓祖坟，坟头左边盖有草寮，故称坟头寮”；“郑寮”，（文成县地名委员会，1985：90）“郑姓在此开基时建一草寮，人称‘郑寮’”，可参证。

7. 柱

《同治十二年十二月雷创财立当字》：“又有屋一增，上瓦片、下地基、屋柱在内。”（冯筱才主编，2019：5—146）

按：“柱”，“柱”字讹俗，释文作“桂”，显误。从字形分析，“柱”字声旁“主”或增加一横，作“柱”，《民国三十四年仲春月雷德楼立对字》：“立对字雷德楼兄，今因缺钱应用，自心情愿，将已有山园一匹，坐落本都双柱乡第二保浮路上驮猎园安着。”（冯筱才主编，2019：1—133）构件“主”点与竖画连笔而成“圭”，便作“桂”。与“桂（guì）”偶合同形。《说文·木部》：“柱，楹也。”段玉裁注：“柱之言主也，屋之主也。”“柱”本义为支撑屋宇的直立构件。《现代汉语方言大词典》“屋柱”条：“房屋的柱子，直立起支撑作用。”在有关房屋交易的契约中常见类似的程式化表述，例如：

《民国二十年十二月雷相明立卖契》：“上及权（椽）头、瓦片，下及磉石、地基在内。”（冯筱才主编，2019：5—214）

《道光二十二年二月李克炳立当房屋字》：“上连瓦桷，下并地基、柱磉、门窗壁，出入门路，一应在内。”（曹树基等，2011—2015：1—2—220）

《嘉庆十七年十月张明先立典契》：“上至椽头、瓦片，下至磉石、地基。”（陈支平主编，2007：4—92）

立契时会言及瓦片、椽头、屋柱、磉石等房屋构件，实际上代表房屋中所有部分。

参考文献

包伟民主编　2012—2019　《龙泉司法档案选编》，中华书局。
曹树基、潘星辉、阙龙兴　2011—2015　《石仓契约》（第1—4辑），浙江大学出版社。
陈支平主编　2007　《福建民间文书》，广西师范大学出版社。
冯筱才主编　2019　《浙江畲族文书集成》，浙江大学出版社。
汉语大字典编辑委员会编纂　2010　《汉语大字典》（第二版），四川辞书出版社、崇文书局。
黄山学院编　2010　《中国徽州文书（民国编）》，清华大学出版社。
黄　征　2020　《敦煌俗字典》（第二版），上海教育出版社有限公司。
冷玉龙等　2000　《中华字海》，中国友谊出版公司。
李　斌主编，凯里学院编、黎平县档案馆编　2017　《清水江文书·黎平文书》，贵州民族出版社。
潘重规　1978　《敦煌俗字谱》，石门图书公司。
（美）宋格文、郑　秦主编　2001　《田藏契约文书粹编》，中华书局。
塔　拉、杜建禄、高国祥　2008　《中国藏黑水城汉文文献》，北京图书馆出版社。
文成县地名委员会　1985　《浙江省文成县地名志》（内部发行）。
曾　良、陈　敏　2017　《明清小说俗字典》，广陵书社。

黄生《义府》质疑

富金璧
（哈尔滨师范大学人文学院，哈尔滨，150025）

提　要：本文剌取黄生《义府》中若干考证疏失之条目，略加考察评析，力求得到确切中正之解释。
关键词：黄生；义府；疏失；质疑

《义府》，清朝黄生所撰考证札记之书。《四库全书总目提要》谓“生于古音古训，皆考究淹通，引据精确，不为无稽臆度之谈。……根柢训典，凿凿可凭。……虽篇帙无多，而可取者要不在方以智《通雅》下也”，评价甚高。细读之，觉实际亦确实如此。然窃以为间或亦有百密一疏而可商者。今略举数端，以就正于学者方家（《义府》原文以黑体标出）。

一、少艾

古外与艾同音，故谓美男为少艾。《孟子》“慕少艾”，赵注但以为“美好”，朱注云：“《楚辞》、《战国策》‘幼艾’义与此同。”亦例引之耳，其义故未晰也。按《国策》，赵牟谓赵王：“王不以予臣（金璧按，当作工），乃与幼艾。”盖谓其幸臣建信君。《国语》云“国君好艾，则大夫殆，好内，则適子殆。”以艾与内对举，可证艾即外矣。又《曲礼》：“五十曰艾。”《方言》：“东齐鲁卫之间，凡尊老谓之傛，或谓之艾。”则艾本老称，今反训美好，思之似误。

按，黄生谓“艾”与“外”同音，故谓美男为少艾；又谓“艾”本老称，训为美好是错误的：此为误解。“艾”或训“美好”，或训“苍老”。因艾少则绿，像人之发青，故可喻少美；老则苍白，像人之发白，故亦可喻苍老。“少艾”既可指少年美女，又可指少年美男：依具体语境而定。

如《孟子·万章上》：“人少，则慕父母；知好色，则慕少艾。”赵岐注：“少，年少也；艾，美好也。”少艾，指年轻美丽的女子。《战国策·齐策三》“齐王夫人死，有七孺子皆近”高诱注：“孺子，幼艾美女也。”《战国策·赵策》：“而王不以予工，乃与幼艾。”高诱于此“幼艾”无注，说明他认为此“幼艾”无疑义，也即妙龄美女。赵王重用嬖臣建信君，赵牟欲谏之。见赵王有帛，专等工匠制帽，便巧用譬喻，说治国也必靠能臣，如同制帽。帛若不交给能工巧匠，却交给少年美姬，便会毁了珍贵的帛：以影射王重用嬖臣建信君。至于黄生所引《国语·晋语一》“国君好艾，大夫殆；好内，適子殆，社稷危”，是信了吴韦昭注：“艾当为外，声相似误也。好外，多嬖臣也。嬖臣害正，故大夫殆。殆，危也。好内，多嬖妾也。嬖专宠，故適子殆，国家乱，则社稷危。周幽王是也”，徐元诰谓《韩非子·内储说下》引此作“好外”，为韦昭所本。而清焦循正义谓“韦昭注以‘艾’为嬖臣，乃指男色之美好者”。这说明焦循仍以此“艾”为少美。而愚以为《韩非子》作“好外”，是指“好外宠”，即臣色之美好者，与“好内”相对，可不改字；《国语》作“好艾”，也即好臣色之美好者，亦不必改字也。

至于以“艾”为苍老，《礼记·曲礼上》：“五十曰艾。”郑玄注：“艾，老也。”孔颖达疏：“髪苍白色如艾也。”

《楚辞·九歌·少司命》“竦长剑兮拥幼艾”，此“幼艾”则兼指“少长”，王逸注：“幼，少也；艾，长也。”唐白居易《画西方帧记》：“无贤愚，无贵贱，无幼艾。”

愚以为，有“绿发”一词，状人发美。东坡《戚氏词》：“稚颜皓齿，绿发方瞳圆。”《佩文韵府·广群芳谱·一萼红》：“唤琼姬皎皎，绿发萧萧。”又杜牧《阿房宫赋》：“绿云扰扰，梳晓鬟也。”绿状美好，与艾训美好相同。

二、蒲卢

《中庸》：“地道敏树。夫政也者，蒲卢也。”陆佃以为瓠之细腰者，得之。以为蒲苇者，固非；以为土蜂者，尤谬。吾乡至今作此音。（《埤雅》、《解颐新语》因《尔雅》“螺蠃，蒲卢”之文，遂以蒲卢为细腰土蜂）盖蜂以细腰故，亦有蒲卢之名。此处则指地之所植者言耳。蒲苇虽易生，弟不须种植；瓠是种植所生之物，始与上文树字相应。故沈括说亦似是而非。

按，宋陆佃《埤雅·果蠃》：“果蠃一名蠮螉，一名蒲卢。《中庸》曰：‘政也者，蒲卢也。'《化书》曰：'婴儿似乳母。'斯不远矣。"是谓蠮螉（即细腰蜂）为蒲卢。又《蒲卢》："细要曰蒲，一曰蒲卢。细要土蜂谓之蒲卢，义取诸此。《中庸》曰：'夫政也者，蒲卢也。'亦或谓之果蠃。今蒲，其根著在土而浮蔓常缘于木，故亦或谓之果蠃也。"这一条说细腰的"蒲"也叫蒲卢，也叫果蠃，是一种植物（其实即栝楼，亦作"栝蒌"、"栝楼"）。而"细要土蜂谓之蒲卢"，即因土蜂亦细腰，形似植物蒲卢；《礼记·中庸》所谓"夫政也者，蒲卢也"，即指此土蜂。后又说植物蒲卢亦名果蠃。

《埤雅·蒲卢》重提细腰土蜂，谓之蒲卢，并《礼记·中庸》文，是为说明土蜂亦谓之蒲卢之缘由，与其"果蠃"条谓果蠃一名蠮螉、一名蒲卢相映照。不料黄生误以此处之《礼记·中庸》所谓"夫政也者，蒲卢也"，是说植物蒲卢，故曰"陆佃以为瓠之细腰者"，实乃误读《埤雅·蒲卢》文，可谓遗憾。

黄生以为"似是而非"之沈括说，见于《梦溪笔谈·辩证》："蒲芦，说者以为蜾蠃，疑不然，蒲芦即蒲苇耳。故曰：'人道敏政，地道敏艺。'夫政犹蒲芦也，人之为政，犹地之艺蒲苇，遂之而已，亦行其所无事也。"沈括谓蒲芦即蒲苇，固如黄生所讥，并非合理：蒲苇野生，非人所树艺，故不能与"人道敏政，地道敏艺"（"树"字改为"艺"，盖为避讳）相合。

黄生、沈括皆以蒲卢非蜾蠃，则不然。古人以为政者为蒲卢，即蜾蠃，谓土蜂也，是成说，且有《诗经》为证。《礼记·中庸》："人道敏政，地道敏树。夫政也者，蒲卢也。"郑玄注："敏犹勉也，树谓殖草木也。人之无政，若地无草木矣。蒲卢，蜾蠃，谓土蜂也。《诗》曰：'螟蛉有子，蜾蠃负之。'螟蛉，桑虫也。蒲卢取桑虫之子，去而变化之，以成为己子。政之于百姓，若蒲卢之于桑虫然。"

按，郑玄所举《诗》，为《小雅·小宛》："螟蛉有子，蜾蠃负之。教训尔子，式谷似之。"毛传："螟蛉，桑虫也；蜾蠃，蒲卢也；负，持也。"郑玄笺："蒲卢取螟蛉之子负持而去，煦妪养之以成己子。喻有万民不能治，则能治者将得之。"郑玄语"去而变化之"，"去"为"弆"的古字，收藏。蜾蠃常捕螟蛉幼虫而藏之，在其体中产卵，用其体液哺育己子。幼虫发育成熟，破螟蛉之体而出，螟蛉则呜呼毙命。而古人误认为蜾蠃养螟蛉为己子。古代政治家以为，为政者养育教化百姓如己之子，故将为政者比作蜾蠃。《尔雅·释虫》也说："果蠃，蒲卢，即细腰蜂也。俗呼为蠮螉。螟蛉，桑虫，俗谓之桑蟃，亦曰戎女。"邢昺疏："《方言》云：'蜂，燕赵之间谓之蠓螉，其小者谓之蠮螉，郑注《中庸》，以蒲卢为土蜂。'《说文》云：'细要土蜂也。天地之性，细要纯雄无子。'螟蛉，一名桑虫，一名桑蟃，一名戎女。陆机云：'螟蛉者，桑上小青虫也。似步屈，其色青而细小，或在草莱上。蜾蠃，土蜂也，似蜂而小腰。取桑虫负之于木空中，七日而化为子。’《法言》云：‘螟蛉之子殪而逢蜾蠃，祝之曰：类我类我！久则肖之’是也。”也是一样的意思。其意思还是好的，谓执政者当黾勉养民、化民，化小民为君子。但不知细腰蜂捕捉青虫，为育己子，而用其比喻化民，则是古人观察不细之弊。

且黄生以《礼记·中庸》“夫政犹蒲芦也”之“蒲芦”为植物之细腰瓠，义无可取：细腰之瓠有何深刻寓意，而可与“人道敏政，地道敏树”之政为比？人之所黾勉种植者，岂必细腰之葫芦乎？

故沈括说固似是而非，而黄生误读陆佃《埤雅》，兼未明《礼记·中庸》用譬之理，其说亦误也。

三、臧

《左·文十八》：“毁则为贼，掩贼为藏，窃贿为盗，盗器为奸。主藏之名，赖奸之用，为大凶德，有常无赦。”又云：“盗贼藏奸为凶德。”藏字，杜不注，疏：主为藏匿罪人之名。按，藏乃臧之误也。古藏、赃字皆作臧，后人传写误加草耳。考《国语》正作臧，掩贼为臧，言得贼之物而隐庇其人，犹今窝主之谓，故曰：“主臧之名，赖奸之用，盗贼臧奸，俱为凶德。”取本文读之，其意自显：作臧则藏、赃二义皆具，作藏则义不备而意不明矣。又，此数句左氏皆以意释字：贼从则从戈，戈有残毁之意，故曰：“毁则为贼。”臧从戕从臣，臣即贼也，而在中掩之义也，故曰：“掩贼为臧。”窃财贿，盗之小者，故于文，次皿为盗（次，古涎字，贪欲之意）。盗国家之重器，则非小盗可比，故加以大奸之名。臧字之义，左氏已自为注脚，何烦加草乎？

按，以形声为会意，或以意说文字而不顾古字形，乃古人陋习，虽左氏亦未能免俗；即如许慎引孔子所谓“一贯三为王”、“黍可为酒，禾入水也”，亦此类。贼，本从戈，则声（今京戏演员犹读贼为“则”音），而黄生谓“毁则为贼”，以为会意字。臧，虽许慎《说文·臣部》释为“臧，善也，从臣，戕声”，而杨树达《积微居小学述林·释臧》：“盖臧本从臣从戈会意，后乃加爿声……甲文臧字皆象以戈刺臣之形，据形求义，初盖不得为善。以愚考之，臧当以臧获为本义也。”按此说是，杨雄《方言》卷三：“臧、甬、侮、获，奴婢贱称也。荆淮海岱杂齐之间，骂奴曰臧，骂婢曰获。齐之北鄙、燕之北郊，凡民男而壻婢谓之臧，女而妇奴谓之获；亡奴谓之臧，亡婢谓之获：皆异方骂奴婢之丑称也。”司马迁《报任安书》：“且夫臧获婢妾，犹能引绝。”释“臧”为奴，与字形相合。“臧”字中之“臣”字即指奴，而黄生谓“臣即贼也，而在中掩之义也”，毫无根据：“臣”向无“贼”义。左氏“掩贼为藏”本无此意，不过释何为“藏”罢了。“臧”本义为奴，无“掩藏”义，借为“善”义之“臧”，及“赃物”之“臧”与“躲藏”之“臧”，后来加“贝”、“艹”而成赃、藏字。是左氏误释“贼”字，黄生沿其误；《左传》“藏”字未必误，而黄生以未必误之“藏”字为误，又误释“臧”字也。

四、面缚

《史记·宋世家》载，微子肉袒面缚，解者以为反缚向后，仅见其面，此说陋甚。凡缚者必反接，所以防他变。若微子则是自为出降之礼，但缚手而不反接，故以面字著之，此见古人用字之妙。从来为陋解所晦，可恨也。又《项羽纪》：“顾见汉骑司马吕马童，曰：‘若非吾故人乎？’吕马童面之，指王翳曰：‘此项王也。’解者训面为背，亦误。详上下文语意，项王此时虽在围中，然去马童尚远，故曰‘顾见’”云云。时项王一行尚有二十余骑，先尚未辨孰为项王，因其呼而谛视之，然后指示王翳云云。面之，即谛视之谓。……若面之训背，乃偭字耳。且此时汉视羽如几肉矣，尚何所讳而背之言乎？

按，面缚，解以为“反缚向后，仅见其面”，其说固陋。然解作反接，则是。面，背，相背对。古代仅作面，后作“偭”，其例甚多。《史记·项羽本纪》“马童面之”裴骃集解引张晏曰：“以故人故，难视斫之；故背之。”《汉书·张欧传》：“上具狱事，有可却，却之；不可者，不得已，为涕泣，面而封之。”颜师古注：“面谓偝之也，言不忍视之，与吕马童面之同义。”《后汉书·光武帝纪上》：“赤眉望见震怖，遣使乞降。丙午，赤眉君臣面缚。”李贤注：“面，偝也，谓反偝而缚之。”可见两汉以前“背向”义即作面。

又，据《项羽本纪》“顾见”之文，难以断定项王去马童尚远。当时项王一行虽尚有二十余骑，然追者必无时无刻不眈眈虎视而辨之。又既云项王“顾见”，而“曰”，则马童当时必与项王四目相对；且项王已直呼马童为故人，马童又何待“因其呼而谛视之，然后指示王翳”？只因先为故人，素已慑于其威；今项王生死关头，又以故人之情责之，略有人心者，孰能坦然？且己方将士，亦必审知己与项王原来之关系：凡此种种，必使其难以直面项王，而只能背对，指而示之王翳。万户侯之巨大诱惑，故人绝命前之切责，利欲与道德良心之矛盾——刹那间交汇周回于其心，又迅即隐忍抉择——一“面之”之文，蕴含多少机杼：吕马童难以直面故主之畏葸惭恧，项羽临终之从容风神，宛然皆在眼前。谓此时汉视羽已如几肉，吕马童便应无所讳者，岂足以察吕马童其人彼时复杂之心态，而太史公文笔下之波澜乎？

五、物故

《汉书·霍去病传》“士马物故”，又，《霍光传》“卒有物故”，师古云：“物，无也；故，事也，人死无所复能为事也。”《释名》云：“人死诸物皆朽故也。”按，二解皆非。物犹事也。不正言死，但讳云“事故”，犹孟子所谓“大故”耳。

物（mò）故，“物”通“殁”，死亡。《荀子·君道》：“人主不能不有游观安燕之时，则不能不有疾病物故之变焉。”《汉书·苏武传》：“前以降及物故，凡随武还者九人。”王先谦补注引宋祁曰：“物，当从南本作殁，音没。”即后来之“殁”，死，去世。《国语·晋语四》：“管仲殁矣，多谗在侧。”《史记·屈原贾生列传》：“伯乐既殁兮，骥将焉程兮？”《周书·郑孝穆传》：“父叔四人并早殁。”《红楼梦》第六三回：“〔贾敬〕系道教中吞金服砂，烧胀而殁。”故，亦死亡，言已为故旧。亦说“殁故”。《旧唐书·德宗本纪上》：“皆陇右牧守，至德已来，陷吐蕃而殁故，至是西蕃通和，方得归葬也。”宋陈次升《谠论集》：“虽足显亲，而思慕之心无极，若其殁故之日，未尝闻知，不曾行服。”

六、窭数

东方朔云：“著树为寄生，盆下为窭数。”师古注：“窭数，戴器也。以盆物戴于头者，以窭数荐之。”或疑窭数与寄生截然二物，何以朔语如此？盖窭数常在盆下，今寄生亦覆盆下，故朔先谬言窭数，以绐郭舍人；舍人遂谓朔射不中，朔乃云云。非真谓寄生为窭数也。

按，《汉书·东方朔传》原文为：

> 时有幸倡郭舍人，滑稽不穷，常侍左右。曰：“朔狂，幸中耳，非至数也。臣愿令朔复射。朔中之，臣榜百；朔不能中，臣赐帛。”乃覆树上寄生，令朔射之。朔曰：“是窭数也。”舍人曰：“果知朔不能中也。”朔曰：“生肉为脍，干肉为脯；著树为寄生，盆下为窭数。”

黄生未读懂原文，兼未深思，而疑窭数与寄生截然二物。朔本谓寄生、窭数者一物而二名：著树为寄生，盆下为窭数；如同“生肉为脍，干肉为脯”一样；本皆是肉，然生肉与干肉名又不同，一名脍，一名脯。寄生为树病而生之瘿瘤，取下后锯之，则成圆形木片；掏空之，则成木环（树之瘿瘤亦多中空，遇此者，则锯之即近为木环），顶戴盆物于头上时，以之荐于盆物下，取稳固而不易倾覆，是为窭数。人亦常编草为圈而用之，虽较为方便，固不如以树之寄生加工之取于天然而牢固耐用也。郭舍人但知树生之瘿瘤为寄生，而不知窭数即略为加工之寄生，故以东方朔答语“是窭数也”为误。而东方朔则以“生肉为脍，干肉为脯”为喻，说明寄生、窭数亦一物而二名：著树为寄生，盆下为窭数（此盆下，指荐于盆物下，以顶戴盆物，非打赌时覆于盆下也，而东方朔一语双关）——是真谓寄生为窭数也。故汉武帝一听即明郭舍人之“完败”，而“令倡监榜舍人”。

颜师古注曰：“窭数，戴器也。以盆盛物，戴于头者，则以窭数荐之，今卖白团饼人所用者是也。寄生者，芝菌之类。淋潦之日，著树而生，形有周圜，象窭数者，今关中俗亦呼为寄生。”其释“窭数”则是，而谓“寄生者，……形有周圜，象窭数者”则非：岂其“象窭数者”即可谓之“窭数”乎？乃可以用之为窭数也。如寄生与窭数非为一物，则“生肉为脍，干肉为脯”句岂非赘语？故知黄生之说，本之师古注，而师古注固非也。

明郑真《读东方朔传》即说“窭数分明是寄生，狝吽空复口相争。”而明杨慎《广性情说》：“性则根柢，情其旁荣侧秀；性其枝干，情其窭数寄生也。”旁荣、侧秀为一物，则窭数、寄生亦为一物。

杨慎之论，盖出《庄子·骈拇》：“骈拇枝指，出乎性哉，而侈于德；附赘县疣，出乎形哉，而侈于性。”故知人有附赘县疣，树有窭数寄生。附赘县疣，为人之瘿瘤；窭数寄生者，亦树之瘿瘤，而非芝菌之类也。

七、涎

《汉书·赵后传》：“燕，燕，尾涎涎（堂练切）。”今误本作“涏”，非。涎从廷乃得声。《韵会》“涎”字引《汉书》此语，则知当时本固不误也。水滴谓之涎，此形容小鸟张尾之状极肖。字书训光泽貌，亦属臆说。

按，《汉书·外戚列传》：“有童谣曰：‘燕，燕，尾涏涏。张公子，时相见。’”颜师古注：“涏涏，光泽之貌也。音徒见反。”知“涏”字不误，作“涎”字乃误耳。

《韵会》“涏”字引《汉书》此语，乃因袭《集韵·霰韵》、《广韵·霰韵》“涏”字而误。其实入《霰韵》的当是“涏”字（《集韵》释“光泽貌”,《广韵》释“美好貌”，其义一也），堂练切，音 diàn。《玉台新咏》于是据音引作“尾殿殿”,《四库全书总目提要》说：“汉成帝时童谣‘燕燕尾涏涏’句，有旧本《汉书》可证，宋刻误为‘尾殿殿’。”且汉荀悦《前汉纪》作“尾涏涏”，宋罗愿《尔雅翼》：“燕尾尤为光泽，故《汉书》曰‘燕燕，尾涏涏’，美好之貌也。”

韦应物诗《燕衔泥》：“衔泥燕，声窭窭，尾涏涏。秋去何所归？春还复相见。”

陆游《长歌行》：“燕燕尾涏涏，横穿乞巧楼，低入吹笙院。”

元马祖常《问燕》：“紫燕尾涏涏，巢成引雏去，秋风巢泥落。”

皆可证作“尾涏涏”是。

八、督亢

《史·荆轲传》“献燕督亢之地图”，注以为地名，非也。地图当尽全燕，岂得仅献一处？盖此时秦已有天下大半，非仅前时割地以讲之比，故若为举版图以内附者。督亢，犹言首尾。人身督脉在尾间穴，亢为咽喉，故首尾谓之督亢。言尽燕地之所至为图也。注谓督亢坡在范阳县东南，又按《水经注》有督亢沟、督亢泽,《涿志》有督亢亭、督亢陌。予谓此皆后人因二字以名其处耳。《路史·舜纪》云：“历阳之耕侵畔，乃往耕焉。田父推畔，争以督亢授。”此督亢乃疆界之意，益证史之非地名矣。

按，黄生谓人身督脉在尾间穴，亢为咽喉，是。然以“督亢”为首尾，后又以督亢为疆界，谓“督亢”非地名，则非。盖“督亢”本非地名，乃人身体之要害，因以喻重要部分，膏腴之地。《史记·燕召公世家》“使荆轲献督亢地图于秦”索隐引徐广云：“督亢之田在燕东，甚良沃，欲献秦，故画其图而献焉。”看来燕时已称其东部良沃之田为督亢，故“督亢”当时容为地名。未见他国膏腴之地称为“督亢”者，盖即因燕原已有其名也。至如《路史》，宋人罗泌作，乃晚出之书，其“历阳之耕侵畔，乃往耕焉。田父推畔，争以督亢授”，“督亢”与“畔”相对，以喻重要部分无疑。

《汉语大词典》“督亢”条以“古地名。战国燕的膏腴之地。今河北省涿州市东南有督亢陂，其附近定兴、新城、固安诸县一带平衍之区，皆燕之督亢地”为第一义项，以“泛指膏腴之地”为第二义项，尚属合理。

此事与“牧野”事颇相类。《尚书·泰誓下》：“王朝至于商郊牧野，乃誓。”孔传：“纣近郊三十里地，名牧。”是孔传以“牧”为地名，“牧野”为“牧之野”。《逸周书·武寤》：“王赫奋烈，八方咸发。高城若地，商庶若化。约期于牧，案用师旅。”《诗·鲁颂·閟宫》：“致天之届，于牧之野。”与孔传合。而《史记·殷本纪》“周武王于是遂率诸侯伐纣，纣亦发兵距之牧野。”集解引郑玄曰：“牧野，纣南郊地名也。”是郑玄已误以“牧野”为地名矣。

实际“牧”原来也可能非地名。《尔雅·释地》：“邑外谓之郊，郊外谓之牧，牧外谓之野，野外谓之林，林外谓之坰。”本皆指近郊远郊之地，任何都邑郊外地区皆可称之。武王本于商都之牧、野与纣决战，后人误会，遂以“牧野”为专名。

九、所

《仓公传》：“不为爱公所。”所之为言许也，俗谓不多曰几许。缘仓公更欲受方，公孙光曰：“我方尽矣，不为爱公所。”言于公更不吝惜纤毫也。又《周亚夫传》“帝曰：‘此非不足公所乎？’时赐食不置箸，亚夫心不平，顾尚席取箸。帝视而笑”云云。不足犹不重也，意谓此主者偶忘置箸耳，不然不至轻慢如许也。又《佞幸传》：“上有酒所，从容谓贤”云云此所字亦不多之意，犹俗云微有酒意也。

按，所，意。谓流露的情态。《汉书·董贤传》“上有酒所”王先谦补注：“酒所，犹酒意。”《汉书·周亚夫传》：“此非不足君所乎？”杨树达《古书疑义举例续补》卷二：“所者，意也；不足君所者，于君意有不足者也。”王、杨说皆优于黄。

十、不自喜

《史·外戚世家》“壹何不自喜”，《郦生传》“足下何不自喜”，《魏其武安侯列传》“君侯何不自喜”，按诸云“不自喜”即今俗云“好不思量”之意，必当时方言如此。《世家》《郦传》并不注，惟《魏其传》苏林注：“何不自解释为喜乐。”索隐引师古云：“何不自谦逊为可喜之事。”二解俱牵强，且于《世家》《郦传》所言不可通。

按，日人泷川资言《史记会注考证》引张照“不自喜犹言不自爱，下文所谓‘无大体’是也。”谓“自喜犹言自好，谓自爱重也”。按，自喜即自好自爱自重，为自珍重而谨言慎行。非“好不思量”之意。

十一、雕悍少虑

《史·货殖列传》："民雕悍少虑。"雕与彫通，朴之反也。今俗用刁，字同。

按，司马贞索隐："人雕悍，言如雕性之捷捍也。"此注是，"雕"不必为"彫琢"之"彫"，而作雕鸟之雕，言其凶悍。若作彫，朴之反，则为巧饰，与文义不合：岂有凶悍剽疾之人而反巧饰乎？

十二、生平毁程不识

《史·魏其武安列传》："夫无所发怒，乃骂临汝侯曰：'生平毁程不识不值一钱，今日长者为寿，乃效女儿呫嗫耳语！'言我目中素无程不识，今尔值我为寿，乃与程耳语而不顾我，是知有程，不知有我矣。口中虽骂贤，意中兼骂程不识。"

按，黄生之意，"生平毁程不识不值一钱"者，非临汝侯灌贤，乃灌夫自谓，此与文义不合：关键在一"毁"字。"毁"者，毁谤，诋毁，詈骂，为贬义词。《论语·子张》："叔孙武叔毁仲尼。子贡曰：'无以为也！ 仲尼不可毁也。'"《史记·孟尝君列传》："齐王惑于秦楚之毁，以为孟尝君名高其主而擅齐国之权，遂废孟尝君。"《袁盎晁错列传》："已而绛侯望袁盎曰：'吾与而兄善，今儿廷毁我！'"灌夫纵使"目中素无程不识"，又岂能自谓己毁人乎？观文义，灌夫无所发怒，之所以骂灌贤者，灌贤是颍阴侯灌婴之孙，而灌夫父张孟尝为灌婴舍人，得以富贵，故蒙灌氏姓为灌孟。吴楚反时，颍阴侯灌婴子灌何为将军，请灌夫父灌孟为校尉，时灌孟年老，灌夫时与父俱，年龄当与灌何不相上下。而临汝侯灌贤为灌何之子，辈分年龄地位都比灌夫小，故灌夫只能骂临汝侯灌贤以泄气，非骂程不识也。而田蚡谓"程李俱东西宫卫尉，今众辱程将军，仲孺独不为李将军地乎"云云，是既挑程不识之怒，又兼挑李广之怒，又拉扯东西二宫，意尤阴险。

参考文献

（一）古籍

（汉）班　固　1962 《汉书》，中华书局。

（宋）丁　度　1983 《集韵》，北京市中国书店。

（宋）范　晔撰，（唐）李　贤等注　1965 《后汉书》，中华书局。

（宋）洪兴祖　1983 《楚辞补注》，中华书局。
（清）黄　生《义府》，《四库全书》本。
（汉）刘　向编订 《战国策》，《四部备要》本。
（宋）陆　佃 《埤雅》，《四库全书》本。
（清）阮　元校刻　1980 《十三经注疏》，中华书局。
（汉）司马迁　1959 《史记》，中华书局。

（二）现代论著

徐元诰　2002 《国语集解》，中华书局。
杨树达　1983 《积微居小学述林》，中华书局。

认知参照点视角下歇后语语义推导机制研究*

——以太谷方言歇后语为例

马启红

（山西省社会科学院语言研究所 太原，030032）

提 要：歇后语由“前引”和“后注”两个语节组成，从“引”到“注”，再到歇后语语义完全输出需要两次语义推导。Langacker 创制的认知参照点模型，可完美对应歇后语的构语与理解机制，阐释大脑如何应用参照点能力达到认知目标概念的两段心理过程。本文在认知语言学的框架下，运用认知参照点理论（Cognitive Reference Point Theory）分析太谷方言歇后语的构语及语义推导机制。

关键词：认知参照点理论；太谷方言歇后语；构语；语义推导

一、引言

歇后语结构独特，由前后两个语节组成。从二十世纪二三十年代开始，学者们就两个语节的名称进行了热烈的讨论，有“起语”和“目的语”之称（白启明，1924）；有“譬”与“解”（陈望道，1932/2011：130），“喻体”与“后语”（程达明、黎运汉，1963），“比喻语”与“解说语”（《辞海》修订本，1978：15—16），“譬况”与“释义”（《辞海》第六版，2010：2097）之称；有“谜面”和“谜底”的叫法（《现代汉语词典》第七版，2016：1448）；也有“引子”和“注释”之说（温端政，1980、2005）。其实这么多称谓都旨在说明前后语节之间的关系，意在解决是什么的问题，却鲜有论及前后语节之间的贯通——前一语节到后一语节的语义推导机制。隐喻映射

* 本文为山西省社会科学院（山西省人民政府发展研究中心）第一批特色学科建设项目“语言学研究”阶段性成果；为山西省社会科学院 2022 年度规划课题研究成果。

理论（Lakoff G，2003：10）、概念合成理论（Fauconnier G，1997：8）以及基于心理模型语用推理理论（徐盛桓，2006）试图揭示歇后语前一语节如何映射、合成或触发后一语节，通过对概念之间“相似性”机制的探讨，阐释语汇内部加工的认知操作。其中，后两种理论对歇后语理解的认知操作论述较为具体，认为歇后语需要通过“概念合成”或“触发—补足/阐释”完成语义通达。（转引自马利军、张积家，2016）

本文也拟在认知语言学的框架之下，运用认知参照点理论分析太谷方言歇后语，以揭示歇后语从“引”到“注”，再到歇后语语义完全输出的两次语义推导机制，同时从认知参照点的设置类型论及歇后语的主要构语模式。

二、关于“认知参照点”理论

“认知参照点”这一理论由心理学家 Rosch 提出，她在研究语义原型概念之后，通过一系列非对称比较，发现原型范畴往往能够发挥“固定维度”（anchoring dimension）的效应，有利于判断非原型成员。这些研究证实了认知参照点的巨大作用，并证明原型“可以作为判定范畴内其他成员的认知参照点”（Rosch，1975：532）。（转引自杨彬，2019）后由著名认知语言学家 Langacker 用于语言学研究，主要用以解释英语中的领属结构和转喻机制等。后来又有学者运用该模型研究回指现象和语篇连贯。（李丛禾，2008）Langacker 认为认知参照点是普遍存在于人们每时每刻日常经验中的一种基本认知能力，并将其定义为：通过激活某一实体概念来建立与另一实体的心理接触。（周阳，2016）并建立了认知参照点模型，阐释大脑应用参照点能力认知目标概念的心理过程。如下图 1 所示：

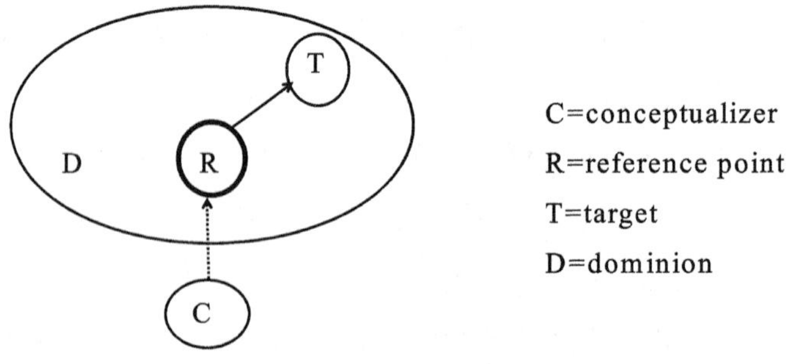

图 1　参照点结构示意

图 1 中 C 为认知主体，R 为认知参照点，T 为在认知参照点的引导下被激活的目标，D 是由 R 激活的认知参照域，虚线箭头表示认知路径的向度。该认知模型可

作如此表述：为了通达目标概念 T，概念认知主体 C 调用自身的参照点能力，先选定某一具有高突显度的实体 R 作为参照点，然后将之作为依据，在参照点所处的认知区域 D 内，确定通往其他相对潜隐的实体的心理路径，对目标概念 T 进行定位或解释，从而实现对语言世界的认知与理解。（杨彬，2019）

认知参照点对于自然语言的理解具有重要意义，具有较强的解释力，可以从认知成因解释诸多语言现象。歇后语结构特殊，我们对其的理解与分析应该从其动态组合的机制入手，运用认知参照点理论，分析人们是如何通过心智活动进行概念表达。张楠（2006）的《汉语歇后语的认知参照点阐释》首先做了有益的尝试，运用 Langacker 的认知参照点，对歇后语的理解进行了分析研究。本文进行一个接力，对认知参照点视角下的歇后语两次语义推导机制进行研究。

三、认知参照点视角下的太谷方言歇后语构语与语义推导机制

Langacker 创制的认知参照点模型，可完美对应歇后语的构语与理解机制，阐释了认知主体如何应用参照点能力来认知目标概念的两段心理过程：第一段认知心理过程是模型中的“虚线”，认知主体通过认知参照点所营造或激活的认知参照域进行情境式思维；第二段认知路径是模型中从 R 到 T 的实线，是第一段情境式思维之后进行归纳、判断或双关推理。通过两段式认知推理，领域内的认知主体才能通过“参照点 R”与目标概念 T 进行完整的心理通达，才能完整地理解歇后语。

对于歇后语整体理解的两段认知路径，束定芳（2017）在《歇后语的结构与功能再探》中有另外一种认识：一般情况下，我们把语言理解分为“自上而下”（top-down）和“自下而上”（bottom-up）两种。前者指语境信息充分情况下的言语理解，后者指语境信息缺乏情况下的言语理解。……在歇后语理解中，特别是在不大熟悉的歇后语理解中还有一个特点，即“回顾”，或称“自下而上”（bottom-up）然后“自上而下”（backward or retrospective interpretation）：也就是说，在理解一个新的或不熟悉的歇后语时，听话者首先从字面来理解（自下而上），但由于说话者马上给出了“谜底”，即使用歇后语前半部分的“理由”或“喻底”，他（她）马上对整个歇后语进行整体的理解和评估（自上而下）。

相比较而言，认知参照点视角下的歇后语理解，强调的是认知主体的能动性，这个从下文的歇后语认知参照点模型中可见，侧重于对歇后语构语及语义推导的探讨；“回顾”式理解是基于语境之下，听说双方对于歇后语的互动理解。两段式认知路径的推导在认知主体的连贯思维下产生，实际上是不可分割的，本文分开来陈述

为的是清晰地讨论歇后语的构语及语义推导机制。但在以下探讨认知主体进入认知参照域进行第一段情境式思维时，也不免会把目标概念 T（注解）带出。

（一）认知主体（C）进入参照点（R）激活的认知域（D）进行情境式思维

太谷方言歇后语的“引语”或是人们熟知的事物，或是人们共知的事件，或是对于反常、怪诞、稀奇事物或现象的联想，或是人们认为愚蠢的行为，这些特征突显的事物被选为认知参照点，参照点会激活一个又一个相关的认知域，当认知主体进入认知域时会自觉进行推导思维，寻求最佳关联，意图寻求正确的“注解”。

1. 通过铺排现实生活中的事理引出认知参照点

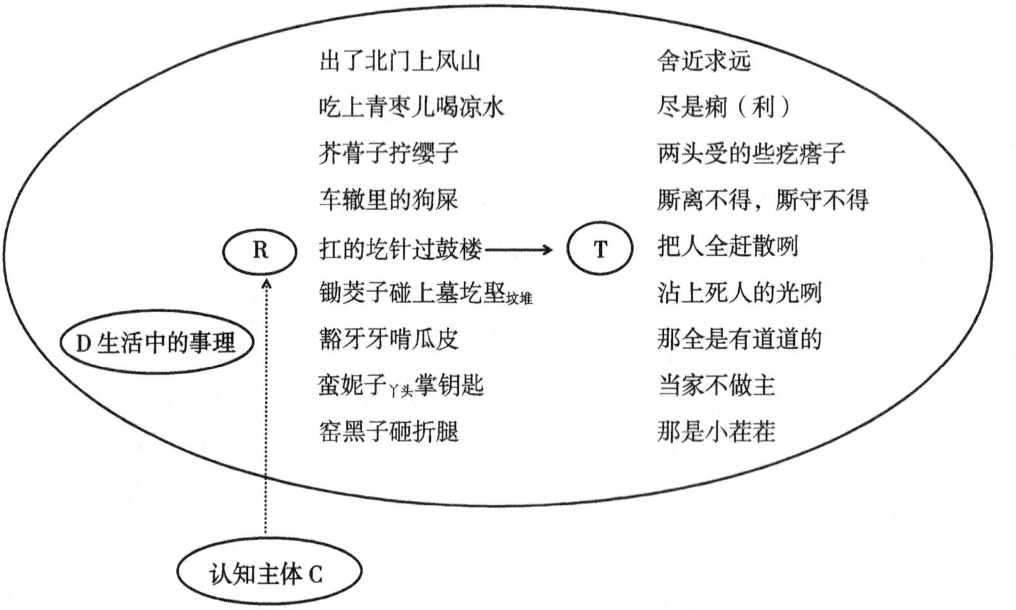

图 2　以生活事理为认知域引出认知参照点

如图 2 所示，生活中的事理丰富多彩，太谷方言歇后语以人们熟知或常见的事理作为认知参照点，认知主体根据生活体验即可通过参照点提供的信息推导出想要表达的语义。如：

①出了北门上凤山——舍近求远。凤山在太谷县城的南面，从南门出可直接去凤山，如果从北门出来绕道去凤山自然远了些，是舍近求远。

②芥菁子芥菜疙瘩拧缨子——两头受的些疙瘩子。芥菁子还在土里长着就往下拧缨子，“芥菁子”在“两头受力”，转指人两头受气、受逼挤。

③车辙里的狗屎——厮［səʔ³］相离不得，厮守不得。车辙里的狗屎被来回过往的车辆一会儿碾开，一会儿又聚拢回来。这种现象再平常不过，歇后语将

“车辙里的狗屎”作为参照对象，转喻两人合不来，但又无法分开。

④锄［fuo^{33}］茭子碰上墓圪墼①［mu^{24}kəʔ^{3}tɕy^{33}］坟堆——沾上死人的光咧。锄高粱时遇上坟堆可少锄一大片，显然是沾了死人的光。

⑤窑黑子砸折腿——那是小茬茬［sɒ^{33}］。以前煤矿工人被砸折腿，对于经常面对的生命危险来说是小事。转指小事一桩，无须大惊小怪。

2. 通过历史神话人物的特征或行为引出认知参照点

太谷方言歇后语常出现人们熟知的历史故事或神话传说，以这些历史人物和故事的特征作为认识参照点，指引认知主体在特定的认知域内推导思维。比如在“姜太公”这一历史人物认知域内，构语时选取了三个显性认知参照点，如下图3所示：

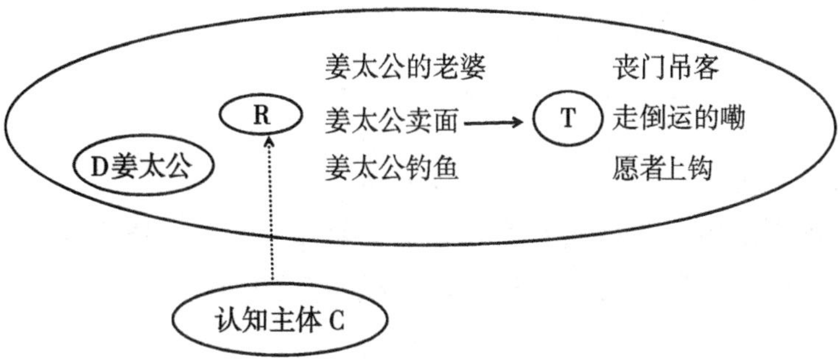

图3　以历史神话人物为认知域引出认知参照点

关于姜太公这一人物，其故事本身很复杂，一两句话讲不完，也讲不清。而在歇后语中选取了非常凸显的几个认知参照点：如说到“姜太公的老婆”，《封神演义》中姜太公的老婆马氏势利的形象跃然而出，马氏嫌弃姜子牙贫穷，提出离婚，待子牙功成名就，马氏十分后悔，上吊自尽，子牙念旧情，封她做了扫帚星，因而会有“丧门吊客”之说；如说到“姜太公卖面”，则很快能想到做生意赔本，穷困潦倒，衰运缠身的姜子牙，自然是“走倒运”；如说到“姜太公钓鱼”，历史上有名的“渭水直钩垂钓”故事很快会引导人联想到“愿者上钩”。

三国人物众所周知，太谷方言歇后语也多选取其经典故事作为认知参照点，认知主体根据参照点的提示很快推导出目标概念T，推导出的目标概念通常是对故事、传说本身的说明或判断。如下图4所示：

《三国演义》中曹操头疾顽固，怎么治疗都无济于事，即便“吃砒霜”也无所谓，已经“面熟［fəʔ^{423}］皮顽”了，转指被折磨或磨炼过的人，做事情一副无所谓

① 墼，《广韵》才句切，去遇从。侯部。《说文·土部》：“墼，土积也。”段玉裁注：“捊下曰：引墼也。引申为凡聚之称。各书多借为聚字。”太谷方言称聚拢为“圪墼［kəʔ^{3}tɕy^{53}］”，称土堆为“圪墼［kəʔ^{3}tɕy^{33}］”。

的模样。“刘备哭荆州”，这人人皆知是在“用计”。

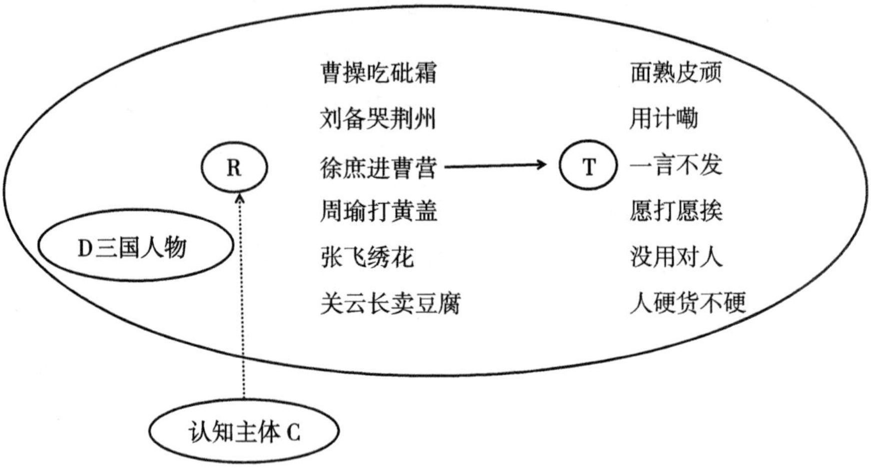

图 4　以三国人物的行为作为认知参照点

同样以《西游记》为认知参照域，选取猪八戒的凸显特征“贪吃、无能”作为认知参照点，即可推出“猪八戒的菜园子，啥菜也会有”，“猪八戒挂洋刀，再怎么威风也是累兵一将”，“猪八戒贪嘴喝上磨刀水，那是内锈（秀）在肚里”。

3. 通过联想，设定虚拟情境引出认知参照点

太谷方言歇后语有时通过联想，设定一个虚拟情境，在给定的认知域中引出参照对象，当认知主体进入虚拟情境时，思绪跟随参照背景活动，自然而然推导出目标概念，这种独特而新奇的心理体验，能让认知主体产生豁然开朗的感觉。虚拟的认知域具体可分为三类：其一通过夸张创造失真失实的情境；其二创建违背常理的认知区域，设定反常规的路径或情境；其三创设无稽之谈的认知域，让认知主体按参照点推导“谜底”似的注解。

（1）通过夸张引导认知主体进行联想推导，如下图 5 所示：

当认知主体进入一个失真失实的情境中时，具有高突显度的参照事项在认知主体头脑里立即会形成夸大或缩小的具象，因夸张而联想，那些非常合理的目标概念，如事物的状态、结果，以及对事物的评论和判断随即可得出。

①不担架梯子上了房——德行催的嘞。没架梯子就上了房顶，人的那股倔犟劲儿、傻劲儿自然显露。其带有极强的讽刺性。

②二十四位子——打算得可到嘞。药方里有二十四味药，可谓是什么都考虑到了。

③笔筒儿里睡觉——细人人。能在笔筒儿里睡觉，一定是苗条之人，也定然是心细、爱挑人毛病之人。

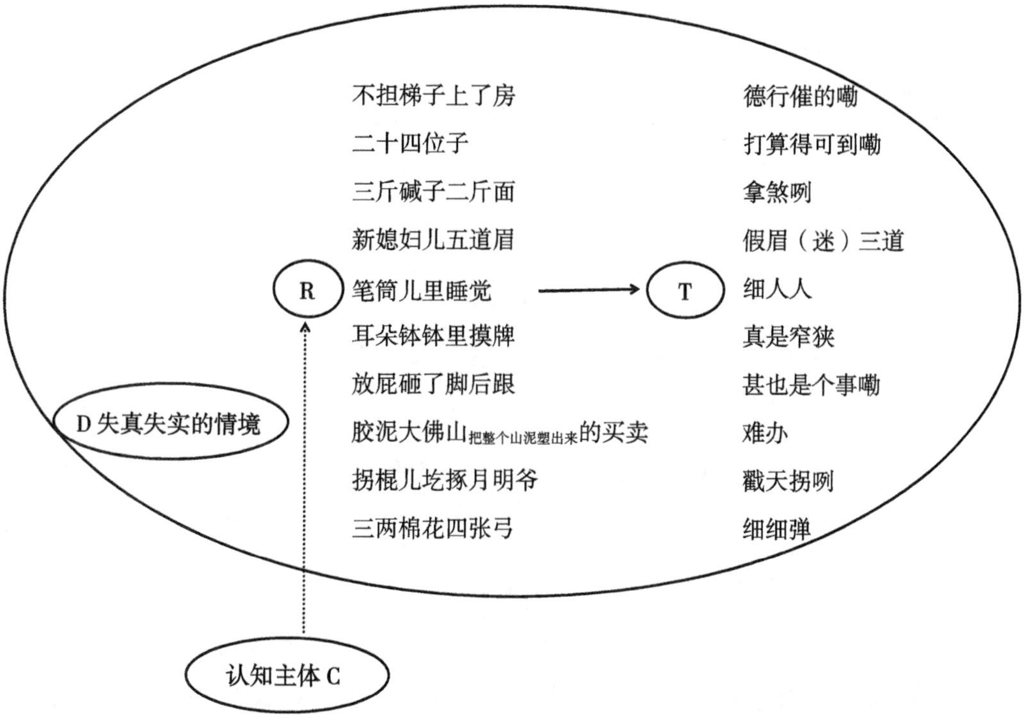

图 5 在失真失实的认知域中引出参照点

④耳朵钵钵［paʔ³］指耳垂之上的耳甲腔里摸牌——真是窄狭［xaʔ³］。耳朵钵钵里摸牌，好似在小人国活动，场地太过狭窄了。

⑤拐棍儿圪掭［tuəʔ³］击、捅[①]月明爷月亮——戳天拐咧。用拐棍击打月明爷，闯下大祸了。

这些夸张性歇后语虚构出诸多新颖生动的形象，看似不合乎生活逻辑，可推导下来却又真实可感。

（2）通过创建反常规的路径或情境引出认知参照点，如下图 6 所示：

当认知主体进入一反常规的认知区域，虽然各事体荒唐不可思议，但根据参照点的引导也确能推导出合理的目标概念。如：

①麻袋片上绣花花——不是那材地；冰凌上种糜子软米——滑溜籽子。现实生活中谁都不会在麻袋片上绣花，也不会在冰面上种糜子，但在歇后语中却可以存现这样不合常理的情境。

②茅石板上嗑瓜子——入不敷出。在臭气熏天的茅厕里，谁都不会蹲在茅石板上嗑瓜子，然而在这种不合常理的情境中竟也能推导出“入不敷出”的事理。

① 掭，上古属端母屋部，拟音 teŏk；《广韵》竹角切，入觉知。《玉篇·手部》：“掭，刺木也。”同“豥”，豥，《说文》：“击也。”太谷方言的掭［tuəʔ³］既留存了古义，又保留了舌头音的读法。

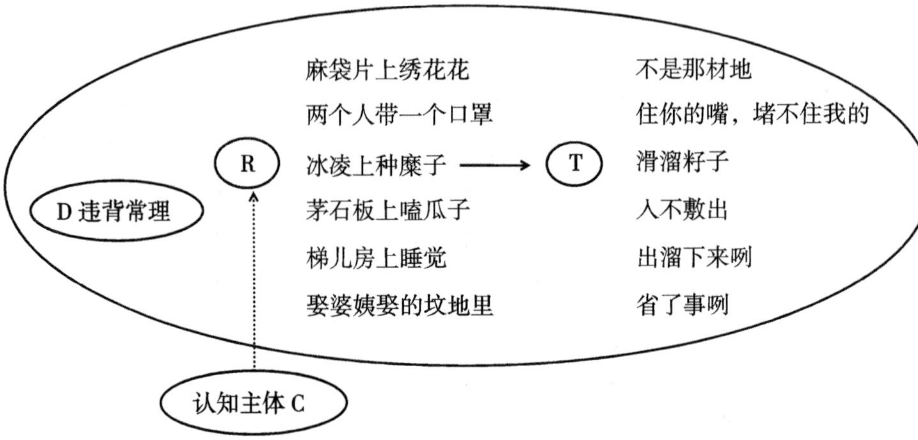

图 6 在违背常理的认知域中设定参照点

③梯儿房房屋为单坡顶，坡度较大上睡觉——出=溜滑下来咧。不用说睡觉，就是在梯儿房上面行走也实属罕见，而歇后语就把认知主体置于这违反常理的情境之中。

④娶［tsʰəʔ^{3}］婆姨娶的坟地里——省了事咧。娶老婆直接娶到坟地，省下将来死去再抬到墓地。此情境荒唐至极，但参照点就这样设置了，认知主体也顺着推导了。

这种反常理推导方式在太谷方言歇后语中非常常见，语义的推导常常给人豁然开朗的感觉，从中可清晰观测到人们的认知过程及理念。如：戴的孝帽子拜天地——不是对对好夫妻；肚里疼吃眼药——解疑心嘞；棺材黑=里擩出的老脑袋来——死不要脸；檀香木割做成了茅桶——屈材（才）咧。

（3）认知参照点为一个无稽之谈的认知路径，如下图 7 所示：

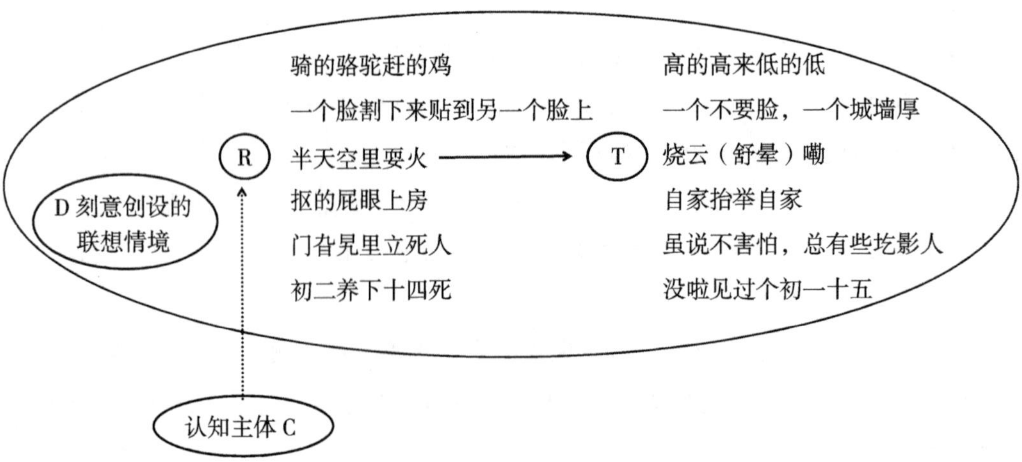

图 7 刻意创设联想情境引出认知参照点

图 7 中呈现的认知参照点皆是无稽之谈，这些大胆离奇的想象，让人一时间不可思议，确如在思索谜底。如“半天空里耍火——烧云（舒晕）嘞”，为了谐“舒晕舒服[$suo^{22}yu^{22}$]”，刻意生造出一个认知路径——在半天空里耍火，做出“烧云彩”的动作。

为了谐音取义，就刻意创造参照路径，如昂老鸱鹞子吃浆子——还嗛糊（谦乎）哩；灯头上往杀烧虱子——煨烤虱皮（下色坯）；过河捂屁眼——小心灌肚（过度）。

图 7 中有的歇后语还让人百思不得其解，如：骑的骆驼赶的鸡——高的高来低的低，骆驼和鸡不可能出现在同一场所，而恰是要推导“高的高来低的低”才特地创设出一个情境“骑着骆驼再赶上一群鸡”。虽然参照路径过于虚幻，但一经刻意创设，也觉得从“前引”到“后注”的推导恰如其分，如：一个脸割下来贴到另一个脸上——一个不要脸，一个城墙厚；门旮旯门背后里立死人——虽说不害怕，总有些圪影⁼[i^{312}]害怕、难受人；初二养下十四死——没啦见过个初一十五。

4. 通过拟人将动物具象化为人，或以动物与人的相通、相融之处，引出认知参照点

太谷方言歇后语中有一大部分是通过拟人，将动物具象化为人引出认知参照点。其一以动物自身活动规律作为认知参照点，将动物活动的结果投射到目标域人身上，如下图 8 所示；其二把人的思维和活动赋予动物，如下图 9 所示；其三基于想象将动物置于一个特定的环境，或让动物做一些出格的动作，认知主体参照设定好的路径进行推导，如下图 10 所示。

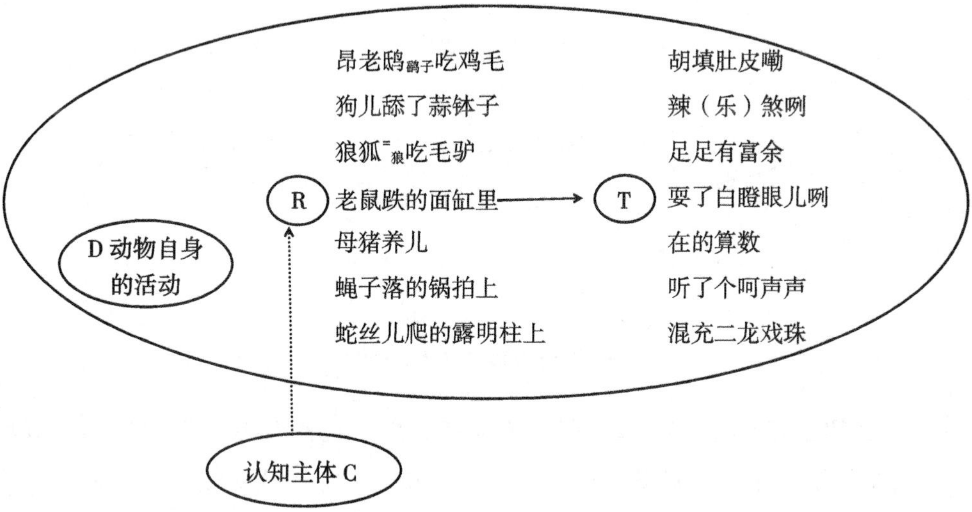

图 8　以动物活动轨迹为认知参照点

图 8 中参照点所显示的内容都是动物常有或可能有的动作，认知主体根据参照点的引导即可联想出这些动作的后果。如母猪养儿，小猪仔被人捉去也不知，只能是在的算

数；苍蝇落在锅盖上，就能听到热气呲呲的声音，转喻人只是听到一丁点儿消息。

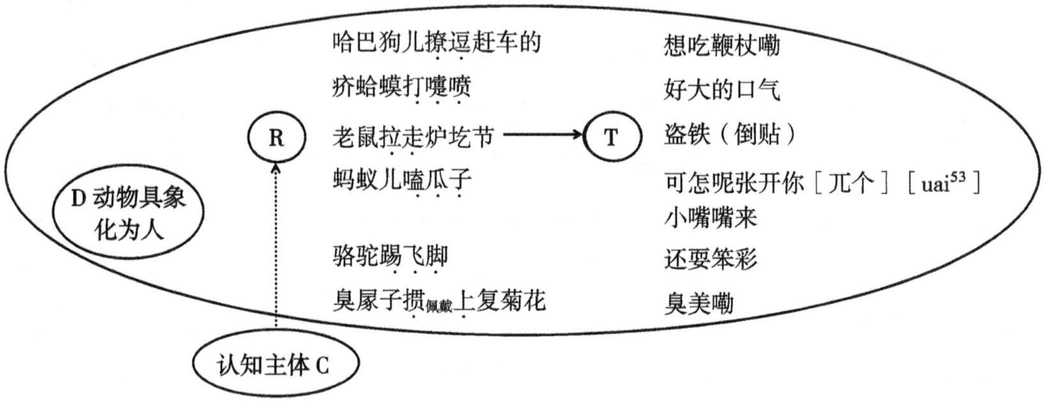

图 9　认知参照点将动物具象化为人

图 9 的认知域中各个动物具备了人的动作和能力，参照点所指引的画面变成异常活跃的场面，认知主体通过这群动物的活动可轻松推导出结果。如：蚂蚁儿嗑瓜子，这里运用夸张性联想，让蚂蚁悠闲地嗑瓜子，在给定的条件下，很自然地提出质疑：你那小嘴能张得开吗？

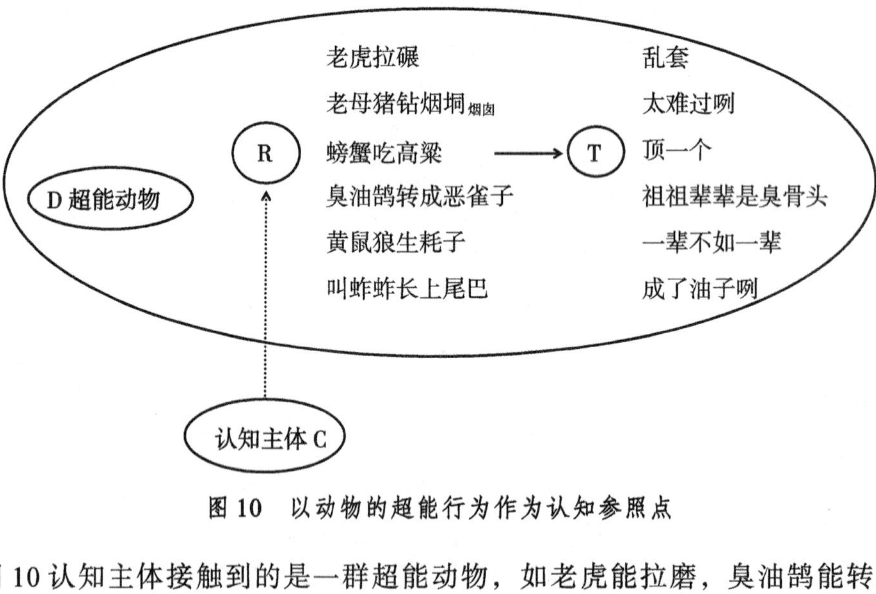

图 10　以动物的超能行为作为认知参照点

图 10 认知主体接触到的是一群超能动物，如老虎能拉磨，臭油鸪能转成恶雀子乌鸦，黄鼠狼能生耗子，螃蟹能吃高粱米，认知主体参照这些动物的超能力行为推导出合情合理的结论。

5. 以“属相”或事物“属性”设定参照点认知路径

动物属相本是我国一种传统的计算年龄的简易方法。它用十二种动物的形象来表示地支，如子鼠、丑牛、寅虎、卯兔等，和动物本身毫无联系。但是自生肖观念在民间出现以后，它随着算命术的盛行在民间流传不衰，民间还认为生肖属相与人的性格也有着某种关系，如属羊的就都驯顺，属鼠的便会卑怯，属蛇的天资聪明等等。因此，在人们的认知思维中总把属相和人进行特征对应，“属相”一定程度上等同于“属性”。太谷方言中就有不少以“属相”或事物“属性”为认知参照点的歇后语。

（1）以“属相”作为认知参照点

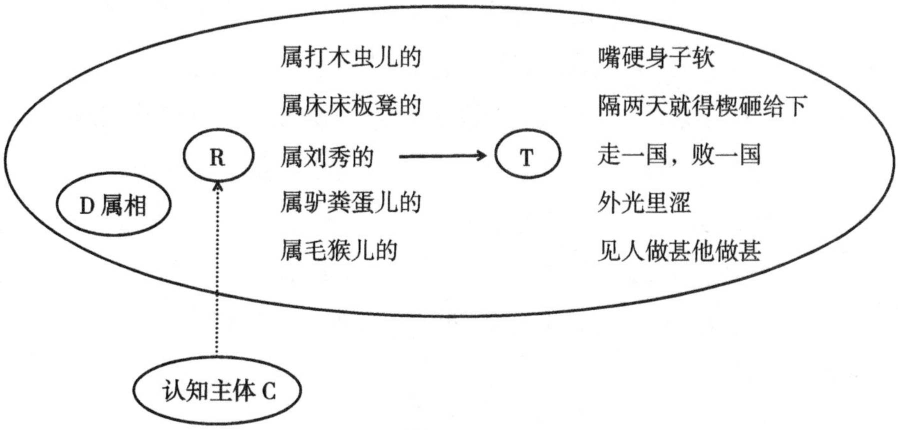

图 11　以属相为认知参照点

太谷方言歇后语中，十二属相之外的其它一些特性明显的动物，以及生活中有性格特点的人物，甚至一些特殊的事物都可以作为“属相”，在其前面冠以“属”，引出认知参照点，认知主体立即会借助“属相”认知路径推导思考。如“属床床[fuo^{33}]小凳子板凳的——隔两天就得楔砸给下”，“床床板凳”隔一段时间就需要修理一番，以保证其稳固，那你“属床床板凳”自然少不下挨打受批评。

（2）以探究事物“属性”引出认知参照点

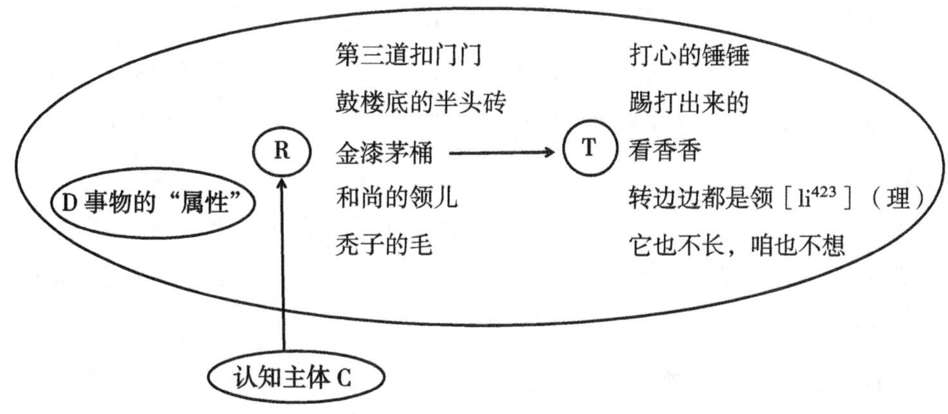

图 12　以事物的“属性”为认知参照点

图 12 中参照点给定的事物都为人们所熟知，一说到这些事物，其属性自显。如“第三道扣门门”，以前衣服的扣子都为盘扣，一边是扣眼，一边是扣疙瘩，形似锤子。第三道扣子正好在人的心脏附近，因而是“打心的锤锤”，用来比喻女儿是妈妈的心肝。

（二）认知主体按参照点提供的信息与路径进行从 R 到 T 的双关推理

从以上歇后语认知参照点模型来看，太谷方言歇后语认知参照域多样，参照点丰富。认知主体根据参照点提供的信息与路径进行推导，或是归纳，或是判断（评判），或是引申，或是隐喻，最终得出想要表达的目标概念。一部分歇后语从 R 到 T 是直达其义，即根据认知参照点的指引可畅通无阻地推导出目标概念；但有一部分歇后语的后注在说明引语来龙去脉的同时，还要进行双关推导，得出“言外之意”，这样才能最终完成对歇后语的理解。也就是说，在认知参照域内，当达到目标概念 T 时，T 变得再次突显，成为新的认知参照点 R_2，然后进行新的 $R_2 \rightarrow T_2$ 的推导。如下图 13 所示：

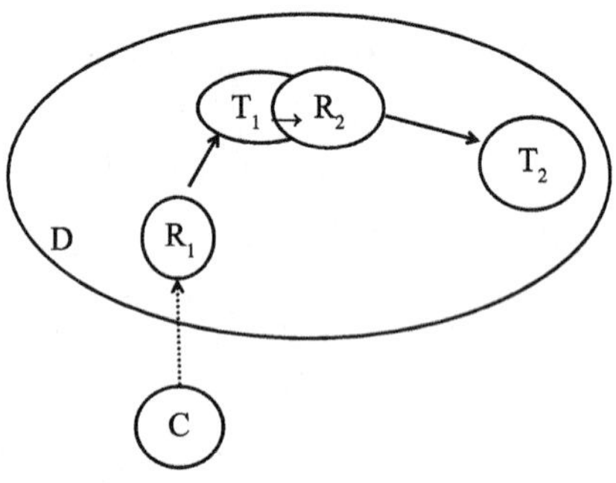

图 13　双关歇后语参照点结构示意

关于双关修辞，美国教授 Archibald A. Hill 指出双关语有三个要素：双重语境（double context）、铰链（hinge 即双关语词）、触机（trigger 即使用双关的动机和背景）。（范家材 1992：182）其中的“铰链”与“触机”正好是图 13 中 $T_1 \rightarrow R_2$ 转换的关键所在。

太谷方言歇后语从 $T_1 \rightarrow R_2 \rightarrow T_2$ 的双关推导一般有四种情况：

1. 转义双关： 目标概念（T_1）中某个词语的多义性突显，产生触机，认知主体可参照 R_2 推导出转义 T_2。如：

①童男女儿跌的河里——衣裳湿了，架子还不倒。纸糊的童男童女掉在河水里，自然湿了纸外衣，空留下架子。由本义的“架子”引申指“装模作样的

架势”。

②茶壶碰了底底——就丢下你可喜煞漂亮的嘴嘴。本义指茶壶打碎壶底，只剩下漂亮的壶嘴儿。“丢下可喜煞的嘴嘴”由“物体的嘴嘴”转指“人能说会道，巧言善辩”。带有一定贬义性。

2. 谐音双关：目标概念（T_1）中一个或几个字的同音或近音相谐正好是“铰链”，触动认知主体利用参照点 R_2 联想推导出别义 T_2，通过谐音双关把毫不相关的事理或事物联系在一起，进而把显性的表述转为隐性表达。如：

①脖子里衿系裤带——一顿就衿（精）杀了。裤带是往腰上系的，一反常态系在了脖子上，自然会被“衿”死。用“衿杀失去生命”谐“精杀表示程度很深”，转而推导出绝顶聪明之义。

②灯头上往杀烧虱子——煆[1][ɕiɒ53]靠近火烤虱皮（下色坯）。太谷方言中，手持衣物等靠近火烤称“煆”，如“煆干烤干”“煆杀人火力旺，感觉在炙烤”。灯头上往杀烧虱子，可自然推导出是在“煆虱皮”，谐音转义为“下色坯”。

3. 假借双关：利用目标概念（T_1）中的某个字同音、同形但异义作为触机推导出别义 T_2。如：

①阎王爷吃蒜——有些鬼捣。“鬼捣”原指阎王这个大鬼捣蒜，这里由名词（名称）“鬼”转变为形容词“阴险，不光明”的用法。

②姜太公的老婆——丧门吊客。“吊客”原指姜太公的老婆上吊，恰好转指了太谷方言的“吊客生”，指一些不安分的女子，打扮得花枝招展到处招摇乱窜。

4. 组合双关：利用目标概念（T_1）中词与词的组合，生成一个新的词语，形成“铰链”触发认知主体推导出别义 T_2。生成新义 T_2 后，本义与转义之间意义无联系，有的内部结构也要发生变化。如：

①老鼠住的到书店里——还咬文吃字嘞。“咬文吃字”是老鼠“咬文”和老鼠“吃字”的组合，这里转指“死抠字眼，为难人”。

②扫帚疙瘩刻人人——抠扒不出个眉和眼来。本义指用扫帚疙瘩雕刻不出人的眉毛和眼睛，“眉”和“眼”原来的组合是指人的容貌，但重新组合后即转指“头绪、端倪”。

---

① 《汉语大字典》2379 页文：煆，xiā（又读 xià）《广韵》许加切，平麻晓。又呼呀切。[1] 热，火气。《广雅·释诂二》：“煆，热也。”王念孙疏证：“《方言》：‘煦煆，热也。’”《广韵·麻韵》：“煆，火气猛也。”[2] 干燥。《玉篇·火部》：“煆，干也。”而《汉语大字典》2406 页文：热，烘烤。《徐霞客游记·粤西游日记三》：“淋漓雨中，仅行二十三里，煨湿木热衣罗氓邨。”太谷方言中“煆人”指火气盛，如炙烤一般；“煆干”指靠近火边烘烤手或衣物等，使干燥。

四、结语

歇后语中的参照点既是路径又是障碍，需要认知主体在其激活的认知域中进行联想和推导，障碍让人百思不得其解，路径又让人豁然开朗，这恰是歇后语的魅力所在。

参考文献

白启明　1924 《采辑歌谣所宜兼收的——歇后语》，《歌谣周刊》第 44 号。

陈望道　1923/2011 《修辞学发凡》，复旦大学出版社。

程达明、黎运汉　1963 《试谈歇后语》，《中山大学学报》（社会科学）第 1 期。

辞海编辑委员会编纂　1978 《辞海》（修订本），上海辞书出版社。

辞海编辑委员会编纂　2010 《辞海》（第 6 版），上海辞书出版社。

范家材　1992 《英语修辞赏析》，上海交通大学出版社。

李丛禾　2008 《认知参照点模型及其语言体现》，《四川外语学院学报》第 2 期。

马利军、张积家　2016 《汉语歇后语前、后语节相互作用关系研究》，《苏州大学学报》（教育科学版）第 3 期。

束定芳　2017 《歇后语的结构与功能再探》，《当代修辞学》第 2 期。

温端政　1980 《关于"歇后语"的名称问题》，《语文研究》第 1 期。

温端政　2005 《汉语语汇学》，商务印书馆。

徐盛桓　2006 《话语理解的意向性解释》，《中国外语》第 4 期。

杨　彬　2019 《基于认知参照视域的超常规组配研究》，《当代修辞学》第 4 期。

张　楠　2006 《汉语歇后语的认知参照点阐释》，《郑州航空工业管理学院学报》（社会科学版）第 5 期。

周　阳　2016 《概念隐喻理论的认知参照点阐释》，《上海理工大学学报》（社会科学版）第 1 期。

中国社会科学院语言研究所词典编辑室编　2016 《现代汉语词典》（第 7 版），商务印书馆。

Fauconnier G　1997 《Mappings in Thought and Language》，Cambridge University Press.

Lakoff G, Johnson M　2003 《Metaphors we live by》, The University of Chicago Press.

Rosch E　1975　Cognitive reference points, Cognitive Psychology (7).

“稀朗”“稀拉”“稀落”音义关系再探*

汤传扬

（北京师范大学文学院，北京，100875）

提　要：表“稀疏”义的“稀朗”“稀拉”“稀落”各有其理据，而不是音变的结果。表“稀疏”义的“朗”主要分布在南方方言中。“稀拉”主要分布在北方方言，“拉”是“词缀”。“稀落”是同义并列双音词。

关键词：稀朗；稀拉；稀落；音义

在现代汉语中，“稀拉”“稀稀拉拉”“稀落”“稀稀落落”等都可以形容“稀疏”的状态。这些词是怎么产生的？其内部的结构如何？王云路在《中古汉语词汇史》（2010：1002—1003）中指出：“稀拉，又称‘稀稀拉拉’，又有‘稀落’、‘稀稀落落’，都是稀疏、稀朗的意思。如‘稀稀拉拉的小雨’，‘稀稀落落的掌声’。‘拉’、‘落’都是‘朗’的音变。”我们认为这一问题还可以再讨论。下文中引用了《汉语大词典》《近代汉语词典》（2015）中的一些例句。

一、稀朗

关于“稀朗”，王著第1003页举清张春帆《九尾龟》第69回：“气得他双眉倒竖，两眼圆睁睁，嘴上的几根稀稀朗朗的胡子，一根根都直立起来。”清胡文英《吴下方言考》卷2：“吴中谓物之稀者曰稀㝗㝗。”“㝗”亦“朗”。事实上，“稀朗”在明代文献中已见用例。如《西游记》第74回：“行不数里，见一老者，鬓蓬松，白发

* 本文是国家社科基金重大项目“近代汉语常用词词库与常用词历史演变研究”（编号：11&ZD125）、国家社科基金一般项目“基于深加工语料库实践的汉语史分词规范研究”（编号：22BYY108）、国家社科基金一般项目“汉语介词的语义地图研究”（编号：23BYY041）。

飘搔；须稀朗，银丝摆动。”明王肯堂《证治准绳》卷 49：“凡大红点发于皮肤之上者谓之斑，小红靥行于皮中不出起者谓之疹，盖疹轻而斑重也。大抵一发鲜红稀朗者吉，若一发如针头稠密紫赤者凶。杂黑者难治。”明徐谦《仁端录》卷 1：“若报点稀朗明润，纵各部稠密终保无恙。”王著认为“稀罠罠”含贬义，恐未安。我们认为“稀朗”只是对客观状态的描述。

王著又引入“疏朗”，所举例证如《三国志·魏志·崔琰传》：“琰声姿高畅，眉目疏朗，须长四尺，甚有威重。”王著认为“眉目疏朗”谓眉目开阔。我们认为“开阔”只是解释了“疏”。“朗”在这里应该是“明朗；清晰”义。华学诚（2018）指出：“‘朗’的本义与月亮有关……由月明而引申指明亮……由明亮而引申指明白、清晰……由客观的明白、清晰而引申指主观的明白、清晰。”所论甚是。表“明朗；清晰”义的“朗”在“分朗”“森朗”中亦有体现。“分朗”义为“清楚；分明”，如金《刘知远诸宫调》一：“昨宵烧夜香，西厦内着眼频观，见一条蛇儿金色甚分朗，更来往打盘桓。”“森朗”义为“繁密而清晰”，如明李东阳《丁氏半山亭铭》：“群奇罗列，万象森朗。”

“疏朗”中的“朗”为“明朗；清晰”义，那么“稀朗”中的“朗”是否亦是如此？这要具体分析。据曹志耘主编的《汉语方言地图集》（词汇卷）（2008）“173 稀菜种得～”条，现代汉语方言中表“稀疏”义的“朗”在江淮官话（1/42）、吴语（40/119）、赣语（22/92）、客家话（4/69）、闽语（19/102）、土话（2/22）等中有分布。此外，还有一些“合璧词”[①]，如“稀朗”“朗稀”“疏朗”等。表“稀疏”义的“朗”在汉语史语料中亦有“一鳞半爪”的显现。如三国嵇康《琴赋》：“镂会裛厕，朗密调均。”又明冯梦龙编《山歌·木梳》：“朗梳斜连霹脚后跟赶上，剔帚来得殷勤。”再清毛奇龄《西河集》：“腆颐赟眥，黄白其色，鼻垂圜根细而须朗然。”《山歌》是典型的明代吴语语料。毛奇龄，绍兴府萧山县（今浙江杭州市萧山区）人。

本节伊始所举例子中的“朗”理解为“稀疏”义更合适些。《九尾龟》《西游记》分别具有吴方言、江淮官话色彩。《吴下方言考》考察的即是吴语。王肯堂，江苏金坛人。徐谦，槜李（今浙江嘉兴）人。值得一提的是，《仁端录》与《痘疹世医心法》同是明代的“痘疹”专著，《痘疹世医心法》未见“朗”，只有“稀”“稀

---

① “合璧词”是游汝杰提出的一个概念和术语，指一个双音节合成词的两个语素分别来自不同的语言或方言。（游汝杰，2012）

疏""稀少"等。《痘疹世医心法》作者万全罗田（今属湖北）人。这应该是地域方言差异所致。

二、稀拉

关于"稀拉",《汉语大词典》和王著均未给出例证。据笔者考察，在明清语料中，有"稀拉拉""稀稀拉拉"的用例。如明方汝浩《东度记》第90回："挽双髻宛似钟离，睁两眸犹如鬼谷。穿一领百衲道袍，一条条和青白布交加；踏一双两耳棕鞋，稀拉拉横竖绳拴束。"晚清民国郭则沄《红楼真梦》第56回："先至海棠树下，见那花儿正在半开，可惜这年赶上歇枝，开得稀稀拉拉的，未免减兴。"我们认为这里的"拉拉"同"剌剌"，表示状态、情态，是词缀。石锓在《〈元曲选〉状态词用法词典》(2013：74—75）中指出："'剌剌'是叠音词，多接在形容词或拟声词之后……'剌剌'可以接在许多形容词之后，如'歪剌剌、羞剌剌、稀剌剌、粗剌剌、怪剌剌、火剌剌、焦剌剌、热剌剌、大剌剌、涩剌剌、厌剌剌、臜剌剌等。'"据《汉语大词典》，除了石锓所举，汉语史上还有"噪剌剌""扑剌剌""生剌剌""痒剌剌""疏剌剌""赫剌剌""丑剌剌""语剌剌"等。朱德熙（1982）指出："我们可以把汉语方言里常见的重叠形式区分为两种类型，一种是不变形重叠，另一种是变形重叠。所谓不变形重叠，指重叠部分保留基本形式的声韵调不变。换言之，重叠部分和基本形式同音……所谓变形重叠指重叠部分的声韵调三项里至少有一项受到特殊的限制。""剌剌"是"剌"的不变形重叠。此外，"剌"还有其变形重叠形式"剌答""剌擦"，重叠部分"答""擦"保留基本形式"剌"的韵母。相关词语有"可剌答""腌剌答""烟剌答""软剌答""白剌擦"等。

不拘泥于字形，"稀拉"可追溯至《元曲选》曲文中的"稀剌剌"。如元萧德祥《杨氏女杀狗劝夫》第3折："稀剌剌草户扃，破杀杀砖窑静。"又元郑廷玉《布袋和尚忍字记》第2折："我将这稀剌剌斑竹帘儿下，俺这里人静悄不喧哗，那堪独扇门儿研。"

表状态、情态之"拉拉"的其他用例如明兰陵笑笑生《金瓶梅词话》第34回："我才睡起来，心里恶拉拉，懒待吃。"清西周生《醒世姻缘传》第8回："是真个么？大晌午，甚么和尚道士敢打这里大拉拉的出去？"此外,《醒世姻缘传》中还有"大意拉拉""砢碜拉拉""可怜人拉拉""掗掗拉拉""穷拉拉""可怜拉拉""利市拉拉""丑听拉拉"等。

“剌剌”同“拉拉”还有以下两方面证据。首先，“X剌剌”与“X拉拉”一样都构成象声词。据《汉语大词典》，由“X剌剌”构成的象声词有“不剌剌”“率剌剌”“刮剌剌”“刷剌剌”“古剌剌”“吃剌剌”“合剌剌”“各剌剌”“屹剌剌”“泼剌剌”“扑剌剌”“忽剌剌”“疏剌剌”“豁剌剌”“骨剌剌”“飒剌剌”等。由“X拉拉”构成的象声词有“嗗拉拉”“豁拉拉”“刷拉拉”“括拉拉”“劈劈拉拉”“沙拉拉”“忽拉拉”等。事实上，此种类型的象声词字形不唯“剌剌”“拉拉”，还有“喇喇”“啦啦”“辣辣”等。其次，《汉语大词典》“剌”字条义项6“犹拉，排泄。”所举例证为清无名氏《双林坐化》：“死了王屠，连毛吃猪，无屁股不剌屎，无僚子不撒尿。”该例中的“剌”是“拉”的记音形式。

据前文的考察，表状态、情态的词缀“剌剌/拉拉”主要分布在北方系语料中，其在现代汉语方言中的分布与近代汉语时期一脉相承。据李荣主编《现代汉语方言大词典》（2002：4411—4412），表示“稀疏”的样子的“稀拉巴叽”“稀拉拉”“稀拉呱叽”“稀拉（儿）的”等词分布在哈尔滨（东北官话），“稀稀拉拉”分布在洛阳（中原官话）。

三、稀落

关于“稀落”“稀稀落落”，《汉语大词典》“稀落”条首举巴金《星》，“稀稀落落”条首举杨沫《青春之歌》，嫌晚。据笔者考察，“稀稀落落”在晚清语料中已见。如清贪梦道人《彭公案》第167回：“正往前走，远远见一带村庄。及至身临且近，一瞧，稀稀落落，有七、八十户人家。”又有“稀落落”“稀零稀落”，如网蛛生《人海潮》第31回：“不要瞎说，我的眉毛生病落掉不少，所以稀落落不大好看。”清陆士谔《十尾龟》第21回：“稀零稀落几根黄毛发。”

“落”有“零落；稀疏”义，如《史记·汲郑列传》：“郑庄、汲黯始列为九卿，廉，内行修洁。此两人中废，家贫，宾客益落。”《水浒传》第24回：“那篮雪梨，四分五落，滚了开去。”“稀落”为同义连文。“落”的“稀疏”义在以下双音词中亦有体现：

博落：广疏貌。《文选·何晏〈景福殿赋〉》：“既栉比明逸而欑集，又宏琏以丰敞。兼苞博落，不常一象。”李周翰注：“栉，梳；宏，大；琏，美；敞，高也。博落，广疏也。言殿宇相连接如梳齿相比而欑集，大美敞广而且疏。丹青奇异，故不常一象也。”

寥落：稀疏；稀少。《文选·谢朓〈京路夜发〉》：“晓星正寥落，晨光复泱漭。”李善注：“寥落，星稀之貌也。”唐谷神子《博异志·崔无隐》：“渐暮，遇寥落三两家，乃欲寄宿耳。”清钱泳《履园丛话·臆论·五福》：“今人既寿矣，既富矣，而不康宁，以后子孙寥落，讼狱频仍，或水火为灾，或盗贼时发，则亦何取乎寿富哉！”

历落：稀疏貌。北魏郦道元《水经注·河水四》：“轻崖秀举，百有余丈。峰次青松，岩悬赪石，于中历落有翠柏生焉。”明归有光《归府君墓志铭》：“其始居民鲜少，茅舍历落，数家而已。”清蒋溥《桐花歌》：“花朵历落庭阶中，疏帘一幅潇湘雨。”

牢落：犹寥落。《文选·司马相如〈上林赋〉》：“牢落陆离，烂熳远迁。”李善注：“牢落陆离，群奔走也。牢落，犹辽落也。”晋左思《魏都赋》：“伊洛榛旷，崤函荒芜，临灾牢落，鄢郢丘墟。”唐韩愈《天星送杨凝郎中贺正》：“天星牢落鸡喔咿，仆夫起餐车载脂。”唐罗邺《仆射陂晚望》：“田园牢落东归晚，道路辛勤北去长。”清李重华《拟魏武帝纪行》：“秦原莽牢落，空舍无炊烟。”

落落：稀疏；零落。汉杜笃《首阳山赋》：“长松落落，卉木蒙蒙。”《文选·陆机〈叹逝赋〉》：“亲落落而日稀，友靡靡而愈索。”李善注：“落落，稀貌；靡靡，尽貌。”唐韩愈《东都遇春》：“悠悠度朝昏，落落捐季孟。”

疏落：明《普济方》卷223：“菖蒲丸，治脏腑衰惫，面色萎黄，牙齿疏落，眼目昏暗及腰脚酸痛、四肢困乏，口苦舌干。”明郎瑛《七修类稿》卷34：“三度饥年一病身，二毛疏落不胜贫。”清孔尚任《桃花扇》第4出“侦戏”：“花林疏落石斑斓，收入倪黄画眼。”清李绿园《歧路灯》第96回：“篑初托人找着他的荐卷，头场、二场，黑、蓝圈点俱疏疏落落有些儿。”清文康《儿女英雄传》第17回：“只见那人是个端正清奇不胖不瘦的容长脸儿，一口微带苍白疏疏落落的胡须。”清张春帆《九尾龟》第5回：“到了张园，在安垲第泡了一碗茶，坐下看时，倌人来得不多，疏疏落落的。”

以上对“稀朗”“稀拉”“稀落”的内部形式进行了分析，可知它们各有其理据。

四、余论

除了上面一组词，王云路（2010：1002—1003）还列举了“糊弄—哝哝—唬弄—愚弄”“蛮好—满好”，认为它们也是音近通假的例子。陈明娥（2014：154）则认为：“北京官话中有‘糊弄’一词，应是‘侮弄’一词的音变。”我们认为这些系联还难以让人信服。首先，“糊弄”“哝哝”“唬弄”均产生在清代之后，而“愚弄”在先秦已见，“侮弄”在魏晋已见，时代差距太大；“糊弄”主要分布在北方方言中，而“哝哝”是吴方言词；“糊”的“蒙混；敷衍”义应是从“用较浓的糊状物涂抹、封闭”义引申而来；而关于“唬”，刘君敬（2008）指出：“諕，本义是老虎的叫声，虎声很大，自然会让人害怕。于是引申出‘使害怕’义，如果是人为的歪曲事实让人害怕，这就是欺骗了……以‘唬’替代‘諕’是比较晚近的事情。”其次，“蛮”“满”发展为程度副词各有其路径。王著分析了“满”从形容词发展为程度副词，在此不赘。关于“蛮”，李崇兴、祖生利（2010：78）指出：“副词‘很（哏）’当由形容词‘狠’变来。现代方言有用‘蛮’作程度副词的。‘蛮’、‘狠’语义相通，两者转为程度副词的心理基础是一致的。”综上所述，我们认为如果其内部结构能够各自进行分析或各有其引申路径，就不必诉诸音转或音变。

参考文献

白维国主编　2015 《近代汉语词典》，上海教育出版社。

曹志耘　2008 《汉语方言地图集》（词汇卷），商务印书馆。

陈明娥　2014 《日本明治时期北京官话课本词汇研究》，厦门大学出版社。

华学诚　2018 《〈方言〉郭注“党朗”解》，《语文研究》第2期。

李崇兴、祖生利　2010 《〈元典章·刑部〉语法研究》，河南大学出版社。

李　荣主编　2002 《现代汉语方言大词典》，江苏教育出版社。

刘君敬　2008 《〈逆臣录〉词汇研究》，南京大学硕士学位论文。

罗竹风主编　1986 《汉语大词典》，上海辞书出版社。

石　锓　2013 《〈元曲选〉状态词用法词典》，中国社会科学出版社。

王云路　2010 《中古汉语词汇史》，商务印书馆。

游汝杰　2012 《合璧词与汉语词汇的双音节化》，《语言研究集刊》第9辑。

朱德熙　1982 《潮阳话和北京话重叠式象声词的构造》，《方言》第3期。

抹不去的记忆

——记王师母的南京一夕谈

鲁国尧

人，所言所行，所经所历，恒河沙数；能留下记忆的，却是一掬而已。“刺激”深刻，该是大脑留下记忆的重要因素吧。

二十年前，即1985年秋季，在南京举行了纪念黄侃先生诞生一百周年、逝世五十周年学术讨论会，王力先生原定出席这次会议的，但是会议前不久我却突然收到王先生的短笺，那时我是这个研讨会筹备会秘书处的成员。王先生来信的大意是，已经做好到南京参加黄季刚先生纪念会的准备，但是在临湖轩接待外宾时，跌倒就医，医嘱不能外出，深表遗憾。南京，王先生还是在20世纪30年代到过的，王先生很想在老年的时候体验一下沧桑变化。王先生一病不起，于次年辞世，我们在南京的学生失去了一次在金陵古都迎候、侍奉恩师的机会。

为使师母夏蔚霞女士不过分悲痛，我们南京的几个老学生邀请师母在返故乡苏州省亲前后光临南京游览。1987年10月秋高气爽之时，在玄武湖畔的南京站我们迎来了敬爱的师母。

每晚，师母总是跟我们几个老学生慈祥地叙谈往事。有次谈起朱自清先生，师母说，抗日战争的时候，北大、清华、南开三校迁到昆明，组成西南联大，日本飞机经常来狂轰滥炸，西南联大的教授们不得不住到昆明的乡下去。朱自清先生和王力先生也是，但是彼此住得并不近。朱师母当时还没来昆明，所以朱先生每逢星期天都来王先生家，边吃饭边谈国事论学问。

王师母接着又笑嘻嘻地谈了一件两位先生的更往的往事。王先生1931年得到了巴黎大学文学博士学位，翌年回国，在清华大学任副教授。过了两年，按例该升教授了，可是他却没有得到提升。王先生于是就去找系主任朱自清先生，而朱先生只是笑了笑。

听到王师母叙述的这段师辈们的往事，我们感到新鲜有趣，也感到困惑不解。王先生 1926 年入清华国学研究院，1927 年赴法国留学，四年后获博士学位，在那个时代，博士的分量不知比今日重多少！王先生生平著述一千多万字，多数作家也写不了这么多，如今用电脑也难得写这么多。山东教育出版社出版的《王力文集》达 20 卷之巨，而且还不包括散文和译著，像他这样的大学者居然在升职称问题上也有过“坎坷”，而“卡”他的竟是朱自清先生。

且听王师母继续叙述。当时朱自清先生没有回答，王力先生也就退下。王力先生事后悟到，问题出在自己身上。王先生出国留学，借了不少的债，所以他在巴黎的时候就翻译了莫里哀的剧本，给上海的商务印书馆换取稿费。回国后，他要还家里欠下的债务，所以仍然要花很多时间搞翻译。王先生知道要务正业了，于是集中全力研究、著作，写成了《〈类音〉研究》(1935)、《从元音的性质说到中国语的声调》(1935)、《中国文法学初探》(1936)、《南北朝诗人用韵考》(1936)和《中国音韵学》(1836)。水到渠成，王先生自然也就得到晋升了。

在“史无前例”的“文化大革命”后，中国恢复了职称，实行了学位制度，几乎每个单位年年都要爆发职称大战。我所在的单位自不能免，所以我也不时将王师母讲的这个真实的“故事”讲给别人听。

有一次，听讲的对象是 D 公，他在“文革”前当研究生的时候，我是助教。我们在单身教师宿舍里同住过一两年吧，此时他已经是校级干部了。因为也算是贫贱之交，所以我也跟他聊起这个故事，听我讲完后，他脱口而出：“要是人人都像王力就好了。”

又有一次，我讲给 T 君听，他听了后不假思索地说道：“如果个个领导都像朱自清就好了。”面略现愠色，盖欠奥援而偃蹇也。

2004 年 8 月 30 日

"信""博""细"的典范之作

——黄耀堃先生的《韵海镜源——音韵文字论集》读后

乔全生

（陕西师范大学文学院/语言科学研究所，西安 710119）

黄耀堃先生的论集取名为《韵海镜源——音韵文字论集》，实乃意蕴隽永，耐人寻味。因为《韵海镜源》是唐颜真卿成书于唐代的一部集音韵、文字之大成的皇皇巨著。黄先生的论文集所收的13篇论文也是集多年音韵、文字研究之大成的鸿篇巨帙，尤其在对某一学说、术语或思想源流的考察方面尤见功底。这是黄先生借取颜真卿书名的一大共性；此外，黄先生与颜真卿还有一个共性的地方就是：颜真卿是唐代著名的书法家，黄先生也是音韵学界藏而不露的书法大家，其隶书古朴淳厚、雄浑苍劲。借《韵海镜源》以命名也足可窥见黄先生的良苦用意，实可谓"绝配"。

论文集共收入黄先生论文13篇，根据内容大致分为三类，一是对具体音韵学相关问题的讨论（第1、2、3、4、5篇），二是对古今音韵学家理论思想的探究（第6、7、8、9、10、11、12篇），三是文献考证（第13篇）。

我对三类论文拜读后的总体感受是：第一类立足文献，注重比较，探求源流。音韵问题考察以《广韵》《卢宗迈切韵法》《四声等子》《解释歌义》等经典文献为基础，在已有研究成果的基础上，深入探讨了唐宋分辨音节结构的方法、汉字三拼制注音的历史、《解释歌义》中的"颂"和"义"的来源、见母列位等问题，考察细致、论证严谨，很多观点颇具创新性。第二类音韵学思想的探究主要对戴震、段玉裁、王力、潘重规等学者的音韵学理论思想的来源及变化进行了分析和总结，一方面使读者能更深入地了解先贤的韵学思想，另一方面也提醒读者要用历史发展的观点来看待。第三类文献考证类论文只有一篇，论文《读刘毓崧〈唐元和写本说文木部笺异跋〉》，对《唐元和写本说文木部笺异》抄本的年代及摹刻问题进行讨论，详细分析文本、揣摩作者言辞用意，从而提出了自己的新认识。

综观 13 篇论文，无论材料，还是观点都具有原始创新性。最为突出的有以下两点：

（1）广征博引，证而有据。文集参考引证了大量的文献资料，古今中外相关研究成果也悉数论及，观其注释及参考文献可见一斑。除经典文献外，还运用了大陆学者难以见到的材料（如日本国立公文书馆藏《重编改正四声全角等子》）及日本学者平田昌司、尾崎雄二郎、上田正、大矢透、木下铁矢等人的学术观点，使读者能够比较全面地了解该问题的研究现状。此外，文集还特别注重文献的版本比勘，如《读戴震〈声韵考〉札记——论段玉裁与韵图之三》，考证《声韵考》版本多达 7 种，通过对稿本和几种版本异同的比较，发现了戴震对声韵学说认识的发展变化，条分缕析，令人信服。

（2）视域广阔，多有创见。文集虽以讨论音韵论题为主，但从多种研究视角切入，得出了许多有独创性的结论。如：根据宋刻本《历代地理指掌图》、元人吴恕《校刻上海图歌活人指掌》[①] 中并无掌图的情况，认为"'指掌'一语，并非专谓掌图"；通过归纳宋元助纽字的特征、分析袁子让《五先堂字学元元》[②] 中的"切脚"，以探究汉字注音"三拼法"的来源；分析段玉裁《说文解字注》对《广韵》的态度，认为段注要"建立起一个贯通古音和今音的体系"；考察见母字列韵首的起源，认为这种做法反映出南宋音韵学风气的转变等等。这些观点的提出，为后辈学者的研究提供了全新的视角。

文集在解决学界疑惑问题的同时，也提出了一些新的问题，以供学界研究思考。如《四声等子》《切韵指掌图》的成书时间，《四声等子》与《五音集韵》的关系，"考古""审音"两派的划分是否有意义，《声韵考》的修订与两个"皖派"集团的关系等等。这些议题的考证难度很大，但对音韵学、汉语史乃至语言学及相关学科研究有重要意义，值得有志之士潜心钻研。

通读论文集，可以发现黄先生"信""博""细"的治学特点。"信"体现在严谨的逻辑和详实的论证；"博"体现在丰赡的文献引证和跨学科的视角观察；"细"体现在逐字逐句的比勘与客观深入的分析。

---

① 《四库未收书目辑刊》第四辑第 25 册。

② 明万历三十一年（1603）。

鲁国尧先生指出:"对学术而言,'多元'、'争鸣'、'创新'是生命之源,繁荣之本,恒久之根。"(鲁国尧,2000)黄先生十分注重音韵学与信息技术的结合,早在2000年,黄先生就发表文章《中古韵图计算机化研究》,介绍韵图计算机化的经验。这部论文集所收文章,从文献材料、观察视角到观点探讨,处处均体现出"多元""争鸣""创新"的治学理念,是语言学研究的典范之作。

黄先生不仅在音韵学研究方面建树颇高,在词义、诗律、文字和方言研究方面都有涉猎,特别是在粤方言史研究方面也颇有见地。论文《四十年代的粤方言高入声》提出了20世纪40年代粤方言高入声变读为短促高平调的证据。《〈唐字调音英语〉与二十世纪初香港粤语的声调》利用域外文献探讨百余年来香港粤语阴平调以及高平变调的问题,反映了百年前香港粤方言语音面貌,对构建粤方言史具有重要的价值。此外,黄先生也是楚辞研究的专家,《从〈史记〉论〈怀沙〉的文本与韵读》《〈渔父〉的韵文注——〈楚辞章句〉韵文注研究之一》《论〈楚辞〉与〈万叶集〉的反歌——兼论〈抽丝〉的"乱辞"与〈反离骚〉的性质》等多篇论文都值得认真拜读。

无论是音韵学的研究,还是楚辞、汉语方言、文字等方面的研究,黄先生始终坚持从文献出发,以语言事实为依据,文章结论令人信服。这种注重文献考证、无虚妄之言,无浮蔓之辞的文风,这种实证主义的治学方法一直是我们音韵学界的研究传统,也是我们始终倡导和坚持的重要研究方法。前贤给我们留下的巨量的古籍文献正是我们汉语音韵学、方言学、文字学、训诂学等相关学科研究的宝贵财富。学术研究必须以充分的、可靠的、穷尽式的文献为基石。近百年来,我们的语言学研究,尤其是汉语语言学研究主要是在"亦步亦趋"的模仿西方理论,跟着"西方语言学理论",用印欧语的眼光看待汉语。西方语言学理论认为汉语的历史仅仅依靠历史文献是无法构建的,历史文献记录的总是历史上的某个片段,甚至说这些历史记录也未必就是符合"语言学"标准的记录,所以必须放弃"汉语历史文献"。这种学说或指导思想对于我们的研究是十分危险的,甚至是极其错误的。汉语有浩如烟海的文献典籍可作研究资料,这是任何西方语言学都无法媲及的,放弃基于历史文献的语言实证,而一味追随西方语言学的理论假设,无异于邯郸学步、鹦鹉学舌,很难有学术创见和突破。只有充分利用历史文献,从中国的语言实际出发,才能摆脱对西方语言学研究理论的盲目崇拜,构建属于我们自己的学科体系、学术体系和话语体系。在这方面,黄先生给我们语言学人树立了一个正确的典范。

鲁国尧先生曾在《黄耀堃语言学论文集》序言中赞誉黄先生的研究具有"实

实在在”、“高深”、“治学面比较宽”、“促进中日学术交流”的特点，并引用《晋书·孙绰传》孙兴公的话，称赞黄先生的研究是“卿试掷地，要作金石声”。《韵海镜源》依然体现了黄先生强调确凿语言事实，注重文献推究考订，提倡原典充分解读的治学风范，这是我们所有语言学人都值得学习的朴实文风，更是年轻学者应该继承和发扬的治学之道。

2022 年 8 月 8 日于陕西师范大学语言科学研究所

参考文献

鲁国尧　2000 《“多元”“争鸣”“创新”的音韵学——中国音韵学研究会第十一届学术讨论会暨汉语音韵学第六届国际学术研讨会开幕辞》,《古汉语研究》第 4 期。

博观而约取，厚积而薄发

——评《汉语俗语词词源研究》

党海艳　游　帅
（北京语言大学文学院，北京，100083）

提　要：20 世纪 80 年代以来，俗语词研究越来越受到学界的重视，但在词义探源和理据分析方面仍做得不够。杨琳教授的《汉语俗语词词源研究》从方法论的高度，系统性地进行了俗语词探源工作，弥补了原有研究的不足。该书贯穿系统思维，立足语言事实，材料丰富厚重，考证深入细致，是俗语词词源研究的典范之作。

关键词：俗语词；词源；考证；材料

语言文字之学（古称“小学”）虽然在我国历代学科体系中均占有一席之地，但其却始终处于经学的附庸地位，这也决定了传统训诂学是为解经服务的，它的研究内容被自觉或不自觉地限定在先秦的古字词中。所以，郭在贻先生在《训诂学》中提出开辟训诂学研究的新领域，即对汉魏六朝以来的方俗语词进行研究，指明了俗语词研究的意义：既能丰富汉语词汇史研究，又有助于古籍整理。同时对俗语词研究要用到的材料和方法做了前瞻性的指导。20 世纪 80 年代以来，俗语词研究越来越受到学界的重视，文章和专著大量涌现。王虎、赵红宇（2017）曾对 20 世纪 80 年代以来的俗语词研究现状做过介绍，提到“研究的材料越来越广泛，包括小说、笔记、诗词曲戏剧、敦煌文献、佛典材料、禅宗宋儒语录甚至还有一些异域文献等；研究的内容不再局限于词语考释，而是拓展至俗语词构词法、词义的演变轨迹、词义与语音语法的关系等理论探讨和俗语词词汇发展规律等；研究的方法除了传统训诂所使用的审字辨音、比类综合、即音求义、探求语源外，还有用方言与文献互证、注重构词理据和词汇系统等。”同时，他们也指出了俗语词研究的不足，其中之一便是“俗语词考释的文章虽然多，但大都偏重于用传统训诂的方法确定词义，却忽视对词义探源和理据的分析。”而杨琳先生的《汉语俗语词词源研究》从方法论的高度，系统性地进行了词义探源工作，很大程度上弥补了原有研究的不足。

杨琳先生长年在训诂学、汉语词汇学等领域深耕，《汉语俗语词词源研究》是其多年来多篇俗语词考源论文的合集，但这一合集并非只是简单地汇总，而是在整合的过程中加以增补修改，使之更为完善、更为系统。本书分为七大部分，第一部分为“俗语词概论”，对俗语词的内涵作了界定，分析了俗语词的研究现状、研究价值、研究方法，指明了俗语词的流变规律。其余六部分以不同的视角对俗语词词源进行研究，分别为生动化视角的研究、系统化视角的研究、陌生义视角的研究、音变视角的研究、义衍视角的研究、文化视角的研究。这六种俗语词考源的门径，不仅对俗语词研究，而且对整个汉语词汇史甚至普通词汇学都“具有演示方法、启迪思路的作用”。据著者言，该书共考释俗语词（包括主条及涉及到的词语）八百多个。如此丰富的条目，既体现了俗语词研究的系统观（将相关词语搜集到一起通盘考虑）和规律观（对同类词汇现象进行观察分析，找出其相同的产生机制和演变路径），同时也为将来《汉语俗语词词源词典》《汉语历史大词典》的编纂提供了材料。该书优点甚多，其荦荦大者可约举如下：

第一，讲求证据，立足事实。对于俗语词词源的解释，很容易流于编造看似“合理”的故事（这样的故事往往容易被一般民众接受而广为流传），从而掩盖真正的词源研究。如：对“拍马屁”的解释，最流行的说法是认为西北地区百姓重视马，视马为第二生命，马肥则两股隆起，拍其股表示赞赏，在阶级社会奉承人便拍其马的两股，说“大人的好马”，所以“拍马屁”的谄媚奉承义便由此而来。但这一说法实属想象，缺乏令人信服的证据。杨琳教授根据语言事实，指出“拍马屁”的早期文献用例都出自南方，这说明“拍马屁”最早在南方方言中使用，从而否定了“西北地区重视马”这一理据。又如“吃醋”多用来表示嫉妒情绪，特别是男女关系方面。其理据如何？目前来看最为流行的解释是：唐太宗欲为其宰相房玄龄纳妾，但房玄龄的妻子好妒，唐太宗于是赐其“毒酒”，让其在喝“毒酒”与同意房玄龄纳妾中选择其一，房夫人毅然接过“毒酒”一饮而尽，喝下去之后才发现杯中的不是毒酒，而是醋。于是“吃醋”便有了“嫉妒”之义 。杨琳教授查找原典，此故事见于唐刘餗《隋唐嘉话》和唐张鷟《朝野佥载》，而这两卷书均未载“毒酒”为“醋”之事，只记载“帝曰‘我尚畏见。’”之类的语句。从而证明了这类“故事”的臆想性。

语言研究有时并非求“信”，而是求“真”。词源考释并不仅仅是说服别人，使人相信，获得大众基本认可那么简单，它需要的是立足语言事实、历史事实去追根溯源。纵观《研究》一书，著者或追溯源流，找出俗语词的最早文献用例及其旁支引申；或结合历史资料、方言资料、文化资料仔细考辨，以“求真务实”的精神挖掘词源。

第二，系统思维，平行例证。语音学中，音位的演变以区别特征为单位，一个区别特征的变化往往涉及同一聚合群中具有这一区别特征的所有音位。词汇也同样具有系统性，因为人类思维具有共性及同一语义场之间的词语具有关联性。《研究》一书极其注重词汇的系统性，最明显的体现便是该书的第三章“系统化视角的研究”，仅“赤条条·吊儿郎当·二郎腿·吊膀子考源”一节便考察了“条、片、膊、二、尕”等二十几个词语均有表示性器官的含义。虽说其中有些可信度并不是很高，但这种将相关词语系联起来考察的思路却是正确的。除第三章外，该书还有很多地方都贯彻了“系统思维”，如在考察“上当”一词的语源时，著者将与“上当”具有亲缘关系的“卖当”、“打当”结合起来考察，得出“‘上当’是在‘卖当’的基础上产生的，‘卖当’即‘卖地摊’，‘上当’最初指受骗买了地摊上的物品，后来泛指受骗”的结论。又如：在论证“‘抹子’的‘抹’可能是‘武’的音变异读的记音字”的时候，寻找了“父、母、颈、涂”等字作为平行证据。孟蓬生（2001：7）曾指出“平行互证法的实质是在全面考察的基础上利用归纳和类比的原理从大量同类现象中概括出音转和义转模式，使这些平行的同类现象之间构成互证关系。”“武、父、母、颈、涂”这些字在历史上都发生过韵头脱落的异读现象，著者将这些字放在一起互相参证。

从发生学的观点看，几乎没有一个词是孤立的。若干个音义相近并有共同来源的词组成一个词群，若干个音义相近并有共同来源的词群组成一个词族，若干个词族又构成完整的汉语词汇发生学系统（孟蓬生，2001：2）。词源研究本身就是发生学角度的研究，所以，系统思维在其中的作用当不言自明。

第三，视野广阔，多学科视角。当前学术研究领域的研究范围越来越窄，专业分工越来越细。如果要有所创新，就需要多学科、多领域交叉互融式研究，需要借鉴其他领域的研究成果、研究方法或研究角度，形成多元视域融合。在研究俗语词词源问题时，杨琳教授不仅运用传统训诂学的研究方法，而且还借鉴了比较词源学和词义类型学的成果。如第210页“俄语中男阴叫 дурак，该词也有性交、混账、傻瓜、愚弄、受愚弄等义，与汉语男阴义的演变颇多重合之处。”又如：在考察“猫腻”的词源时，著者联系藏缅、苗瑶语族中某些语言关于猫的名称一起考虑，通过亲属语言及汉语方言比较，论证了“猫腻”源于“猫豼（豼也是猫）”。

此外，因为俗语词本身也是一种特殊的文化现象，某些俗语词与本民族特定的文化习俗、认知方式、心理特征等息息相关，所以，从文化学的视角来对一些俗语词进行考源也十分必要。该书第七章便是“文化视角的研究”，在该章中，著者对“龟、鸭、王八”等十余个词进行了文化考源。对人们熟悉的“黄花闺女”一词，著者认为其中的“黄花”指菊花，古代人普遍认为菊花具有贞洁的品格，因此菊花又有“节花”“女花”“节女”等名称。语言中之所以用“黄花”而不用“菊花”，是因为黄色鲜艳明丽的色彩效果与少女艳丽特征相符合。对于“露马脚”一词，著者详细论证了它是源于古代用驴马装扮麒麟的民俗活动。这些考证是令人信服的。著者的研究视野开阔、研究方法多样，所以才呈现给我们这样一部丰富、厚重、广博的书。

第四，材料丰富，考证深入。汉语史其实就是汉语言在不同历史时期不同语境中应用的历史，也是汉语言的发展史。而语言材料就是最原初的语言应用范例，也是汉语史的原子构成单位。因此，语言材料是汉语史的基本构成，也是它活的灵魂。故汉语史研究一定要立足材料，力避空谈。《研究》一书，所运用的材料十分丰富。既有传世文献，又有出土文献，如在考察“慢条斯理”的语源、论证“条”是“悠”的古音遗存时，利用了郭店楚简《性自命出》中的语料。既有历史材料，如第394页“《考古图》玉东西杯”、“成都老官山汉墓M2出土的漆木耳杯”，也有方言材料，如在考察“赤条条”的语源时，用表格罗列了太原等二十二个方言点的相关说法。总之，在本书中，著者始终以材料和事实说话，力避主观臆想。

词义的概括性将现实世界中特殊的东西一般化，复杂的东西简单化，但在词语进入组合时，又会从简单回到复杂，从一般回到特殊。这就要求研究者在进行词语考释及分析具体语境中的词义时要慎重，尤其是对于关键性的语料更需要深入细致的考索辨析。作者之前曾写文章对泛指物品义的“东西”进行考源，但材料单薄，故而在《研究》一书中又进行了增补，做了一番深入细致的考辨。首先，对前人所认为的物品义“东西”出现时代的文献用例进行一一考察与辨析，列举了大量文献用例指出物品义“东西”真正出现的时代（“东西”一词在五代两宋时期有了泛指事物的用法）；其次，对物品义“东西”理据的九种说法进行一一考辨，指出“东西”一词意义的演变轨迹：

> 任何事情←简单的事情←泛指方位→泛指到处→到处走动、任意走动→外出、离别、逃逸

任何研究都有其研究对象，语言学的研究对象即语言材料、语言事实。只有在全面、深入掌握材料的基础上才有可能做出科学的研究。正如著者所言“老老实实地调查语言事实是语言研究的先决条件，只有在掌握丰富的语言事实的基础上，我

们才有可能看清语言演变的规律，才有可能发现演变产生的原因。”

《研究》一书考释词语数量众多，征引材料十分丰富，加之词源考释本就难度甚大，所以书中难免有个别疏漏之处，我们不揣浅陋，谨就此浅谈两处不成熟的意见，聊供杨先生和读者参酌。

第一，个别词语的理据尚有进一步讨论的空间。《研究》一书在考释词源时，征引材料丰富，内容详实，但由于俗语词向来被认为难登大雅之堂，故多数产生于民间口语，也流传于口语，能被典籍记载下来的少之又少。直到明清时期，市民文学迅速发展，小说创作成为主流，我们才能在文本中检索到大量俗语词。再者，流传于口耳之间的俗语词的形音义变化不定，同一语义和声音可能有多种字形与之对应，字形相同语义相同因使用人群不同语音可能微殊，语音相同字形相同语义又可能微别。总之，材料的缺乏和形音义的不固定使得俗语词考源成为一项极艰深的工作，所以论证疏漏之处在所难免。我们认为杨琳先生关于“吃醋”理据的考察尚有未安之处。杨琳先生根据文献用例指出“将‘吃醋’的出现年代确定在元末明初应该是符合实际的。”但又说“吃醋源于争醋”，然而，其列的文献用例中“争醋”的最早用例是清李百川的《绿野仙踪》。且我们在汉籍全文检索系统（第四版）中检索，发现汉籍检索 4 收录的 900 多种清代文献中，“争醋”仅此一见，而嫉妒义的“吃醋”却有 400 多条，照常理来说，如果“吃醋源于争醋”，则语言中应先有“争醋”的说法，而后才可能如杨琳先生所说“因为在人们心中‘醋’是用来吃的，‘争醋’从字面上不好理解，所以与‘争风’搭配最多的还是‘吃醋’。”然语言事实并非如此，故“吃醋源于争醋”之说难以成立。

我们认为“吃醋”的嫉妒义源于其酸味。《汉语大词典》收录了“酸”的 13 个义项，其中至少有 7 个义项均与“醋”有关。分别是：1. 醋。2. 像醋一样的气味或味道。3. 用醋烹制。4. 指一种用醋烹制的食品。5. 特指胃酸、胃液。（不少方言中有“醋心”一词，其中的一个含义正是“胃里发酸”）6. 寒酸；迂腐。（如“酸文假醋”）7. 指因男女关系而引起的嫉妒（如“吃醋捻酸”）。从这些义项我们似乎可以认为“醋”和“酸”有着天然的联系。再基于隐喻的相似性，由吃醋的口酸联系到心酸①，于是便用吃醋这一生动化的形式来表达心里悲伤、嫉妒。另外，杨琳先生认为“汉文化中心酸是悲伤的情绪反应，而非嫉妒的情绪反应，嫉妒之情更多的是愤恨不

---

① 明宏在《论隐喻与词义拓展》一文指出：“认知语义学认为思维是与躯体有关的，把人类的概念系统联系在一起的结构来源于躯体的经验；思维是想象的，对于不直接根置于经验的概念，人类通过隐喻或转喻等想象的过程得到理解。”

平。”我们对此的回应是：人的感情是多维的、复杂的，尤其对于负面情绪来说，它绝不仅仅是由一种单一的情感导致的，嫉妒之情中包含着一种“他有我无”的伤感。我们再举一平行词例加以说明。“柠檬精”是2019年的网络热词，其基本词义是“嫉妒别人的人或很容易被别人酸到的人”，它的形成正是基于隐喻机制下的柠檬“酸”的口感与心里羡慕、嫉妒别人而产生的伤感情绪的相似性。

第二，某些材料的引用尚有进一步鉴别的必要。材料是文献语言学的根底。结论是在掌握足够多的有效材料的基础上归纳出来的，如果所据的材料有误，那结论的可信度必将大打折扣。在考察“顶呱呱·呱呱叫”的语源时，杨琳先生认为表达“好”的意义的“刮”的本字当为“姡”，他论证时引用了扬雄《方言》中的材料。我们征引如下：

> 《方言》第十：“姡，娗也。”郭璞注：“言恫娗也。”……《方言》姡训作娗，可知姡有好义。郭注恫当为侗之讹误。

针对此条材料，我们引全文如下：《方言》第十：“央亡，嚜杘，姡，獪也。江湘之间或谓之无赖，或谓之漻。凡小儿多诈而獪谓之央亡，或谓之嚜杘，或谓之姡。姡，娗也，或谓之猾。皆通语也。”将整个条目全部征引出来我们便可发现此条材料的各个被释词的词义均是“狡猾”。所以，“姡”和“娗”在此处为“狡猾”之义，而非好义。用这条材料作为“姡”有好义的证据显然是不恰当的。且杨琳先生在论证“娗”为好义时所举的皆是字书、韵书中的例子，字书、韵书中的很多词皆是辗转相因，从而陷入了循环论证。所以我们认为这样的材料恐怕说服力不够。

汉语俗语词从本质上来讲，其实就是汉语口语词，而当前汉语词汇史的研究对象即汉语口语词，因而对俗语词的追源溯流有益于丰富汉语词汇史的研究。由于流俗词源涉及到语言自身结构的变异，所以它也是词语符号结构及其变异研究的重要方面。它牵动着普通语言学、文化语言学、词汇学、符号学等许多领域的许多问题（张绍麒，2000：4）。从实践角度讲，俗语词与民众生活息息相关，所以对俗语词进行探源有利于满足一般民众的求知欲。作者运用传统训诂学、文字学、音韵学、民俗学、方言学、比较词源学、词义类型学等丰富的知识，为我们呈现出这样一部雅俗共鉴的著作，可谓是“博观而约取，厚积而薄发”。

参考文献

郭在贻　2019 《训诂学》，中华书局。

胡　伟　2020 《网络新词“柠檬精”研究》,《宁夏大学学报》(人文社会科学版)第3期。
华学诚、游　帅　译注　2022 《方言》，中华书局。
孟蓬生　2001 《上古汉语同源词语音关系研究》，北京师范大学出版社。
明　宏　2008 《论隐喻与词义拓展》,《理论界》第10期。
王　虎、赵红宇　2017 《二十世纪八十年代以来俗语词研究综述》,《伊犁师范学院学报》(社会科学版)第3期。
杨　琳　2020 《汉语俗语词词源研究》，商务印书馆。
张绍麒　2000 《汉语流俗词源研究》，语文出版社。

·访　谈·

答《语言学微刊》记者问

鲁国尧

时间：2015 年 10 月 23 日

地点：北京大学勺园

受访者：南京大学退休教授鲁国尧

采访者：《语言学微刊》记者向筱路

筱路按：2015 年 10 月 23 日，著名语言学家鲁国尧先生来京参加学术活动，趁此机会，《语言学微刊》记者对鲁先生做了一个简短的访谈，请鲁先生向我们分享他读书治学的思想和经验。下文是鲁先生讲话内容实录。

鲁国尧：筱路学棣，多谢你采访，那就谈谈我的浅见，请你指正。

一、中国语言学的发展道路问题

凡存在的事物，总处在运动中，其前景：或发展，或衰废。中国语言学人当然希望中国语言学奔驰在发展的大道上。论发展，当然不止一种可能，其一是西化，十几年前，在语言学界有股风，就是所谓“跟国际接轨”，甚嚣尘上，实质是西化，更具体地说，是“美国化”。而背离了本民族的沃土，只能根朽叶枯，何从谈发展？这是任何一个堂堂正正的中国学人不能同意的。另一种可能是走老路，故步自封，实是困守井底，自然这也是不可取的。总之，不可崇洋，不可排外。还有其他可能吗？有！我主张，中国语言学图发展，就要自强自信，自力更生，自主创新，原始创新；同时也重视与境外的学术交流，不一定只是西方，任何外国的东西，只要是好的，我们都要认真接受，吸纳其精华。论重要性，自力更生、自主创新更甚。众所周知，中国人对自己语言的研究，如果从孔夫子算起的话，有两千多年的传统，这么一个优秀的传统，这么多的浩如烟海的典籍，我们都应该继承，并且发扬光大，同时也吸收外来文化中有用的成分，千百年来一贯如此。例如，在南北朝隋唐时期，传来了印度的语音学，其精华被吸收，成就了唐宋的切韵学、切韵图。明朝末年利玛窦等西欧传教士来到中国，带来了西洋的一些学问。鸦片战争以后，更多的西方学问传到中国，凡是有价值的，我们都引进。我再强调一下，上述两者之中，自我创新更为重要。十一世纪的中国大科学家沈括在他的伟著《梦溪笔谈》里，就记录了中国几十项科学发明、发现，因而居于当时世界科学的最前沿。近两百年尤其是近四十多年来，无论在人文科学、自然科学、工程技术诸学科，我们中国人有数不尽的发明创造，今天的中国，国力及文化、科学都已经居于世界的前列。我们更要努力，夺取更大的胜利！发展是硬道理，中国语言学人要将新时代的中国语言学推向高峰，屹立于世界学术之林。北京大学出版社出版的《中国语言学》集刊的发刊词云："以中国语言学的优良传统为根，取世界语言学的精华而融通之，坚定地走自主创新之路，为繁荣中国语言学而奋斗"，言简意赅，这就是中国语言学发展的康衢大道！这也是我的学术思想。

二、我的治学道路和学术思想

先谈我个人的研究道路，谈我这十几年的"衰年变法"。人到六十岁以后就进入衰年期了，我老了，但是我要变法。2013 年我在上海古籍出版社出版了一本书《鲁国尧语言学文集：衰年变法丛稿》，表达了我的这一渴求。今年九月我在浙江大学做演讲的时候，我做的 PPT 上有一张幻灯片，只有四个大字："做大学问"。这个词组有两种层次分析法：一种是"做大 | 学问"，意思是要把学问做大；还有一种分析法是"做 | 大学问"。首先，我的决心是"做大 | 学问"，我虽然年老，但是我不想悠游度日安度晚年，我还要"做大 | 学问"，把学问做得比以前大。我做大学问的目的是什么？就是要为中国语言学争一口气。在某些人的眼里、心里，我们中国语言学不如外国语言学，特别是跟西方比，跟美国比。我认为我们中国语言学人，要有志气，使出大力气，把我们的中国语言学推向世界前列，屹立于世界学术之林。以上所言，是第一种层次分析法的含义。

第二种层次分析法是"做 | 大学问"。人，要有志气。一个有志气的学人，在重大的学术问题上，要勇于提出新的见解，甚至理论、思想，发前人之所未发，言前

人之所未言，做到有突破，有开拓，有超越，在学术史上留下痕迹甚至脚印。不揣谫陋，我一直有志于此。回顾数十年的治学历程，略举几例如下。明代官话为后来的国语、普通话之源，它的基础方言是什么，这是汉语史上的一个重要问题。罗常培先生、王力先生都认为是北京话，我则提出南京话说。我研究过晋南北朝隋的语言史，我提出了“颜之推谜题”及北朝通语、南朝通语说。隋文帝仁寿元年（公元601年）陆法言著《切韵》，这是中国音韵学的第一经典，对于《切韵序》的研究，百年来成为热潮，语言学家、历史学家、文学史家相继投身其内，我提出“长安论韵开皇六年说”，否定了董作宾、罗常培等权威专家的旧说。我还提出了“历史文献考证法与历史比较法相结合的二重证据法”，得到很多语言学人的认可。1990年我在日本发现了南宋初年的《卢宗迈切韵法》手抄本，这是宇内孤本。我以20个月之功，读书过万卷，写成了“述评”，在《中国语文》1992年6期、1993年1期连载，使这珍贵古籍回归祖国。《卢宗迈切韵法》的重现使湮没数百年之久的“切韵学”起死回生。我所作的这一贡献，音韵学界一致给予充分的肯定。

我认为，最重要的是自主创新。如何自主创新？我在这儿愿向学界朋友推荐一个方法，就是向语言学以外的其他学科、兄弟学科尤其是哲学“扩张”，开疆拓土。扩大视野，不能只是坐在语言学的“井底”，必须“观于大海”。所以这些年我读了若干中外哲学及其重要分支学科美学的书。例如我曾经花了八个月的工夫，读了十几本中外美学名著，从不懂美学到基本了解美学的路子，而且发表了《语言学与美学的会通：读木华〈海赋〉》。这篇长文，得到北京、上海研究中国文学史及文学批评史专家的认可（筱路按：文载《古汉语研究》2012年第3期）。以后只要身体条件允许，我要在这条路上继续走下去。我学哲学，我在《浙江大学学报》今年第2期发表了一篇文章，是文学、文字学和哲学的札记（筱路按：《文学、文字学、哲学札记各一则》，《浙江大学学报》（人文社会科学版）2015年第2期）。至于历史学、文献学、文学应该是我们治中国语言学史的学人很熟悉的“兄弟学科”。我们是中国人，中国文学应该是我们最切身的，从入小学一年级起就走进了我们的心灵；因为我们治的是语言史，对历史学也应该很为了解；因为我们研究的是古代的语言学，文献学也应该很是熟悉。今后我想继续向哲学、思想史等方面“扩张”，如果能成功，我想我会提高很多。

前天晚上，澳门大学的侍建国教授到南京开会，来看我，我俩谈了好长时间，他说：“鲁老师，你这么大年纪了，创造力还很强嘛！”我说：“是啊，我年轻的时候记忆力很好，博闻强识，我的老师，比如朱德熙先生，总赞许我读书多。现在记忆力不行了，但我觉得我的创造力迸发了，为什么呢？主要是我想去创新。你脑子里不想着创新，你就不可能创新，就像爬山，你如果不想爬山，怎么可能登上山顶呢？你想去创新，就有创新的可能性，经过努力，就有可能真的创新了。爬山，汗流浃背，气喘吁吁，这就是努力，努力了，你就可能立在山顶，如林则徐所说：'山登绝顶我为峰。'”我写了哲学文章，安徽大学校长黄德宽教授感到很惊讶，说语言学的人写哲学文章？我的这篇文章也得到一些哲学专家的认可。我写了美学文章，这是比较难的。而写古人类学的文章，那更是难，但是我有动力，我有兴趣，这就使得我倾全力以赴，去学习、去钻研这门艰难的学问。近几十年外国学者认为我们现代人都是从非洲过来的，这个学说受到了咱们中国很多人的颂扬，推崇为唯一正确的人类起源学说，一些语言学人也跟在后面鼓噪。对这个现代人起源于非洲的学说，开始我也很感兴趣，去了解它，但同时我也在怀疑，真的是这样吗？所以我就去研究，阅读了很多古人类学方面的论著，于是写了一篇文章（筱路按：《一个语言学人的"观战"与"臆说"——关于中国古人类学家对基于分子生物学的"出自非洲说"的诘难（附吴新智院士赐教语）》，《古汉语研究》2012 年第 4 期）。后来厦门大学的人类学教授邓晓华把这篇文章转给著名的古人类学家吴新智先生看，吴先生是中国科学院院士，是当今古人类学界的泰斗，吴先生对我的文章很赞许，也指出了个别不妥的措辞。我认为，对任何外国的学说，我们应该先认真去了解，同时也必须采取一种实事求是的态度：它说的是事实吗？是真的可信吗？我记得一位外国专家讲过，大学教育应该培养人的怀疑精神。我有一篇文章，《学则须疑：反切缘于佛经汉译说》（筱路按：收入《鲁国尧语言学文集：衰年变法丛稿》，上海古籍出版社，2013 年），我在里面引用了宋人张载、今人胡适的话，这些大学者都说做学问的时候要去怀疑，我觉得这种精神应该而且必须继承。所以我对古人类学的问题提出了自己的看法，钻研进去了。我是这么看的：对任何学说，包括外国的学说，不可没有怀疑，怀疑并研究之后，它对的东西我们承认并接受，不对的东西我们批评。这就是我的治学理念、我的治学道路。我这十几年衰年变法，变法之一就是对外国的学说，采取批判地研究的态度，根本的目的是自主创新，做出大学问，提出新思想。今年《汉语学报》上的一篇文章是到目前为止我最新的思想成果（筱路按：《新知：语言学思想家段玉裁及〈六书音均表〉书谱》，《汉语学报》2015 年第 4 期）。2006 年 8 月 24 日我在中国音韵学研究会的南京年会开幕词里倡导要重视中国语言学思想史的研究（筱路按：《团结一致，坚定地走自主创新之路——中国音韵学研究会第十四届学术讨论会暨汉语音韵学第九届国际学术研讨会开幕词》，收入《语言学文集：考证、义理、辞章》，上海人民出版社，2008年），2015年我提出段玉裁是中国语言学思想家，十八世纪中国语言学在世界语言学里最先进，以上这两个观点从来没有人提出过，是我首先提出来的，是我自己的创新，原始创新！

侍建国老师说我创造力很强，那是因为我想去创新，怎么去创新呢？就是要拓宽学术领域，不崇洋，不排外，这就是我的主张。排外是不对的，认为外国的东西都是错的，不值得一看，这不可取；但同时也不崇洋，凡是洋玩意儿都是好的，跟在别人后面走，匍匐在别人的脚下，这也不对。我就想在有生之年，为中国语言学的地位提升做一些贡献。我提出十八世纪中国语言学世界第一（或者谦虚点说居世界前列），十九世纪、二十世纪我们则是跟在人家后面走，到了二十一世纪还继续跟在人家后面走吗？我们国家国力提升了，我们语言学也应该攀登上高峰，这需要我们的努力！加倍努力！这就是我目前的学术思想。

三、关于读书

我主张中国书要读，外国书也要读。比如丹麦学者裴特生的《十九世纪欧洲语言学史》是一本关于西方历史比较语言学史的权威著作，它的英文版，我逐字读过两遍，还给世界图书出版公司北京公司为五十年前的钱晋华中译本做了个新的校订本。你看我的文集里有两篇是关于裴特生这本书的（筱路按:《读议郝尔格·裴特生〈十九世纪欧洲语言学史〉》《郝尔格·裴特生〈十九世纪欧洲语言学史〉校订本后记》，均收入《鲁国尧语言学文集：衰年变法丛稿》，上海古籍出版社，2013年）。

读书，不能急功近利，只读自己专业的书。我读了若干非语言学的书，例如冯友兰先生的《中国哲学史新编》，陈寅恪先生的《金明馆丛稿初编》《金明馆丛稿二编》，朱光潜先生的美学著作以及他翻译的黑格尔《美学》，等等。我甚至还读过《希腊罗马名人传》，那么多册啊，有点像中国的《史记》。我也读过希罗多德的《历史》，这是西方第一本历史著作。还有修昔底德的《伯罗奔尼撒战争史》，我也看了一部分，知道是怎么回事。我认真读过两本最新的全球史的中译本。我认为，一个人的学问要广阔，不光是知道中国的秦始皇、汉武帝，也要知道恺撒、奥古斯都。我认为古书要看，当前的报章杂志也要看。也许现在看起来，这么读书，许多东西好像没有用，浪费了时间。但是一旦有需要，你就比别人熟悉，比别人反应快，比别人视野开阔，思考就广而深，灵感就源源涌出，甚至悟出大道理，大道理，中国古书也叫作“大道”。由于你读了许多书，读了语言学以外的若干其他学科的书，你就可以融会贯通，学科交叉，学科交融会通。宋朝大学者郑樵的名著《通志》开头就说：“会通之义大矣哉！”会通，就可能创新，甚至是原始创新，就可能超越前人，无论中外。

我认为，我们治学，应该悬八字为目标，“坚实、会通、创新、超越”。

我们应该自励、自立、自信、自强，为中国语言学屹立于世界学术之林而奋斗。

编后记：鲁先生应该是当今语言学界一位比较“另类”的学者，我想但凡是拜读过鲁先生文章的人，都会被他渊博的学识、开阔的眼界、斐然的文采所折服，但更重要的是，我们从鲁先生身上切实感受到了一位语言学前辈为中国语言学的发展而不断探索、孜孜以求的使命感，无论是“新二重证据法”“新札记体”“犬马—鬼魅法则”，还是语言学思想史、“书谱”，都凝结了鲁先生的智慧和思考。鲁先生曾说“韶光半逝固堪哀，另半辉煌待我来”，我们衷心祝愿鲁先生健康长寿，“衰年变法”之路更加辉煌，也希望我们后辈学生能够踵继前辈之路，刻苦学习，将来能为中国语言学的发展贡献绵薄之力。